LP 219

www.lenos.ch

Ella Maillart

Der bittere Weg

Mit Annemarie Schwarzenbach unterwegs nach Afghanistan

Aus dem Englischen von Carl Bach

Mit einem Nachwort von Brigitta Kaufmann

Lenos Verlag

Die Autorin
Ella Maillart (1903–1997) wuchs in Genf auf und war in vielerlei Hinsicht eine Wegbereiterin. Die hervorragende Sportlerin vertrat 1924 die Schweiz an den Olympischen Spielen in Paris im Einhandsegeln. Von 1930 bis ins hohe Alter unternahm sie zahlreiche Reisen, u. a. in die Sowjetunion, nach Afghanistan, China, Tibet, Indien und Nepal.
Sie schrieb, fotografierte und hielt Vorträge über ihre Expeditionen. Mit ihren Werken *Verbotene Reise* und *Turkestan Solo* erlangte sie internationale Anerkennung als Asienkennerin, Reiseschriftstellerin und Fotografin.

Titel der englischen Originalausgabe: *The Cruel Way*

Das Buch erschien 1948 im Orell Füssli Verlag unter dem Titel *Auf abenteuerlicher Fahrt durch Iran und Afghanistan* und 1988 im eFeF-Verlag in einer überarbeiteten Neuausgabe unter dem Titel *Flüchtige Idylle.*

LP 219

Fünfte Auflage 2026

Satz und Gestaltung: Lenos Verlag, Basel
Umschlagfotos: *vorn:* Gilbert Meylan. Annemarie Schwarzenbach et Ella Maillart avant de partir pour l'Afghanistan, 6 juin 1939. © Droits réservés. Musée de l'Elysée, Lausanne; *hinten:* Iran, Meshed (Mashhad), Landschaft (SLA-Schwarzenbach-A-5-19/140)
Printed in Germany

ISBN 978 3 85787 819 0

Der bittere Weg

Inhalt

»Du suchst eine ›neue Welt‹. Ich kenne eine, die stets neu ist, weil sie ewig ist. O ihr Abenteurer, ihr Eroberer Amerikas, mein Abenteuer ist schwieriger und heroischer als all die euren. Ich muss durch tausend Leiden gehen, schlimmer als die euren, ich muss einen langen Tod erdulden, ehe der körperliche kommt, ehe ich jene Welt erobern werde, die ewig jung ist. Wagt es, mir zu folgen, und ihr werdet sehen.«

Heilige Theresia von Jesu (1515–1582)

»... die Seelenärzte haben jene Wahrheit erkannt: man lindert Leiden, indem man dem Denken kundtut, was im Herzen liegt. Ich glaube, dass dies ein Teil des kosmischen Vorganges ist, der den Bedürfnissen der Seele dient, für die das Universum geschaffen wurde, eines Vorganges, durch den wir uns klarer erkennen können und den Tiefen in uns und der Wahrheit des Seins nähergebracht werden. Jeder Schritt, so schmerzhaft er auch sein mag, durch den wir eine tiefere Selbsterkenntnis gewinnen, bringt eine Weisheit mit sich, die ein Ausgleich für unseren Kummer ist, und deren Erwachen, wie ich wahrhaft glaube, die Vergebung unserer Sünden bedeutet.«

Æ (Vorwort zu *Mors et Vita*)

1

Die Idee

»Hoffentlich ist es morgen wärmer, wenn ich dich zum Bahnhof bringe, sonst kann's passieren, dass der Wagen zusammenkracht, denn diese Kälte wird er nicht mehr aushalten.« Christina sagte das ganz beiläufig, ich hörte es kaum, denn ich war mit meinen Gedanken noch immer in Prag: sie hatte gerade die Seele jener Stadt beschrieben, das Leben ihrer tschechischen Freunde, deren völlige Verzweiflung und Hilflosigkeit, da Hitler erbarmungslos, unaufhaltsam näherrückte.

Wir blickten aus dem kleinen Fenster ihres Bauernhauses im Engadin. Es war tiefster Winter. Wolken verhüllten die gegenüberliegenden Hänge des Fextales, wo wir am Morgen zwischen schimmernden rotbraunen Lärchen Ski gelaufen waren. Ein niederer, düsterer Himmel drückte auf das Tal – schattenlos lag es da, tot. Trotz der hohen Gebirgslage sah das Land flach aus und weit, denn das Haus stand am Ufer eines Sees, der jetzt unter einer dicken Schneeschicht fest zugefroren war. Nur diese trostlose, weite Fläche lag zwischen uns und dem Horizont im Süden, wo der Malojapass nach Italien führt.

Christina hatte wohl hinzugefügt: »Der Wagen ist ausgeleiert, Vater hat mir aber einen Ford versprochen.« Ich hörte nur den letzten Namen, und dadurch kam alles.

Dieses eine Wort genügte – herumflatternde Gedanken vereinten sich zu richtiger Folge, vage Wünsche kristallisierten sich zu einem festen Plan. Wie ein langgezogenes Echo hörte ich eine Stimme sagen, die die meine zu sein schien:

»Einen Ford! Das ist der Wagen, mit dem man die neue Hasarejdschatstrasse in Afghanistan hinauffahren sollte! Auch Persien sollte man im eigenen Wagen durchqueren. Vor zwei Jahren bin ich in Lastautos von Indien nach der Türkei gerattert – diese Reise werde ich wohl nie vergessen, mit all dem Staub und Dreck, den vielen Pannen, der Inbrunst der Pilger, dem Übernachten im Freien neben der Strasse oder in überfüllten Karawansereien, den Polizeikontrollen in jedem Dorf und – das schlimmste – dem Zwang, bei den Camions zu bleiben, statt nach Belieben umherziehen zu können.«

Ein diffuses Licht in den Wolken über dem Malojapass schien den Weg zu weisen: nach einem Abstieg von fünfzehnhundert Metern in die Wärme der Lombardei würde er sich durch den Balkan winden und uns zum Bosporus führen, dem Tor zur Unendlichkeit Asiens – mein Geist befand sich bereits in Persien.

»Im Osten des Kaspischen Meeres werden wir zum alten Turm Gumbad-i-Kabus fahren und unter den persischen Turkmenen campieren; möglicherweise haben die noch ihre alten Sitten und Bräuche bewahrt, die ich bei ihren von den Sowjets modernisierten Stammesbrüdern vergebens gesucht habe. Wir werden die goldene Kuppel des Grabmales von Imam Reza sehen – eine kompakte, glatte, kostbare Schale, die zum Himmel ragt. Dann kommen wir zu den riesigen Buddhas im klaren Bamiantal und zu den unwahrscheinlich blauen Seen des Bend-i-Emir. Danach geht es weiter die Nordseite des Hindukusch hinunter, das Tal des mächtigen Oxus hinauf, wo wir in den Bergen verschwinden werden, bevor uns ein Verbot aus Kabul daran hindern kann. Dort leben in einer Gegend, in der ich mich glücklich fühle, die Menschen, die ich studieren möchte: Bergbewohner, die nicht durch künstliche Bedürfnisse versklavt sind, freie Menschen ohne den Zwang, ihre tägliche Produktion zu steigern. Lässt man uns nicht nach Kafiristan, können wir durch Indien fahren, die Burmastrasse nehmen und bei den Lolos in Osttibet bleiben. Wenn ich neues Material über diese Stämme gesammelt habe, werde ich endlich in die Gemeinschaft der Ethnologen aufgenommen werden. Dann wird alles gut sein: Ich werde einer wissenschaftlichen Organisation angehören, es wird mein Beruf sein, in der Welt umherzuziehen, ich werde nicht mehr Bücher schreiben müssen, um mir mein Leben zu verdienen.« Eine Macht, die unter meinen Worten schlummerte, hatte einen Plan geboren, der bereits so reif war, dass er sich von selbst aufdrängte; es war wie das Zauberkunststück des Mangobaums.

Schliesslich kam Christina zu Wort: »Als ich in Teheran war, hatte ich mir immer gewünscht, weiter nach dem Osten zu kommen, wo die Menschen ihre alte traditionelle Lebensweise noch nicht aufgegeben haben.«

Ihre Stimme brachte mich in die Gegenwart zurück. Prüfend blickte ich sie an; obwohl sie sich von einer monatelangen, höchst anstrengenden Kur noch nicht ganz erholt hatte, war der Ausdruck ihrer Augen gesund und entschlossen. Um diese neue Strömung mit den erstbesten Steinen, deren ich habhaft werden konnte, einzudämmen, sagte ich: »Christina, ich hab ja Unsinn geredet! Bevor du nicht zehn Kilo zugenommen hast, ist gar nicht daran zu denken, solche Strapazen durchzumachen. Ausserdem, wer würde uns finanzieren? Und der Krieg wird sowieso bald losgehen ... Und wenn nicht, muss ich wohl eine Vortragstournee durch die Staaten machen.« Mein Hauptargument brachte ich gar nicht vor: angenommen, sie wäre bald wieder hergestellt, wie lange könnten wir es miteinander aushalten?

Obwohl sie wahrscheinlich meine Gedanken erriet, erwiderte sie nichts – nichts! Ihre zarte Hand hielt eine Zigarette, die Haut spannte sich dünn wie Seidenpapier über den gelben Knöcheln. Sie sass auf der Bank – die Brust eingefallen, ihr knabenhafter Körper lehnte sich an den grossen Ofen in der Zimmerecke, die Knie hielt sie umklammert. Ohne die Spannung, die von ihr ausging, wäre es in diesem Bauernhaus (die rötliche Maserung der Zimmertäfelung aus Arvenholz mit den mandelförmigen Astmasern wirkte wie Moiréseide) sehr geruhsam gewesen, während draussen der Sturm heulte. Tisch und Wände fühlten sich, fuhr man mit der Handfläche darüber, glatt und wohltuend an.

Obwohl scheinbar gelassen, war Christina mit Unruhe geladen. Äusserlich ruhig wie gewöhnlich, war ihr farbloses Gesicht ein Symbol, das ich zu deuten suchte: es spiegelte nichts vor, es war ein ›einfaches‹ Gesicht, es war offen, ungekünstelt, nicht von sich selbst eingenommen. Unter der Fülle des kurzgeschnittenen Haares schien der Kopf zu gross zu sein, zu schwer mit Gedanken befrachtet für ihren so gebrechlichen Hals. Die Stirn war nicht hoch, aber fesselnd durch ihre Breite, ihre Entschlossenheit – zuweilen fast Starrköpfigkeit.

Ich wusste, dass sich hinter dieser Stirn oft Gedanken zu einem hohen Flug aufschwingen konnten, sowie sie eine Besessenheit überwunden hatten, die mir noch nicht ganz klar war. Die weit auseinanderstehenden Augen zeigten unter Brauen, die viel dunkler als ihr Haar waren, wechselnde Schattierungen von dunkelblauem Grau. Diese Augen gehörten zu einer Seele, die Schönheit liebte und oft vor einer unharmonischen Welt zurückschreckte; sie konnten strahlen vor Begeisterung, vor Liebe, sie konnten einen anlächeln, aber lachen sah ich sie nie. Wenn man die Nase genau betrachtete, stellte man fest, dass sie fleischiger war, als man zuerst annahm; sie deutete darauf hin, dass Christinas Konstitution vielleicht doch nicht so schwach war, wie sie zu sein schien. Um den bleichen, unregelmässig geschnittenen Mund lag Melancholie – die Lippen inhalierten mit stummer Gier Rauch. (Ihre Zähne nahmen stets eine dunklere Färbung an, wenn ihre Vitalität nachliess, hatte sie mir erzählt.) Das kleine Kinn wirkte besonders jugendlich und erinnerte an ein versonnenes Kind, das Schutz sucht. Ihre Hände glichen denen eines geduldigen Künstlers, der mit seinem Meissel eine klare Linie zu ziehen versteht. Ich habe gesehen, wie sie nacheinander sieben Bogen in die Schreibmaschine spannte, bevor ein bestimmter Satz die Vollkommenheit erlangt hatte, die allein sie befriedigen konnte. Schreiben war der Gottesdienst ihres Lebens, er beherrschte sie ganz und gar.

Ihr ernster Ausdruck gehörte zu ihrem Streben nach Einhaltung der Formen. Mit einem unordentlichen Gesicht wie dem meinen würde sie sich nie gezeigt haben. Auf diesen merkwürdigen, gespannten Ernst war es hauptsächlich zurückzuführen, dass sie von einem gemeinsamen Freund der ›gefallene Engel‹ genannt wurde. Die Anmut ihres zarten Körpers, die blassen Schläfen, die die Nachdenklichkeit ihres Gesichtes betonten, wirkte ungemein stark auf jene, die von der tragischen Grösse der Androgynie angezogen werden. Um meine Furcht zu zerstreuen, erwiderte sie schliesslich energisch: »Kini – ich muss fort von hier! Ich bin erledigt, wenn ich in unserem Land bleibe, wo ich keine Hilfe mehr finde, wo ich zu viele Fehler begangen habe, und wo die Vergangenheit zu schwer auf mir lastet … Ich hatte daran gedacht, nach Lappland zu gehen, aber viel lieber möchte ich mit dir nach Afghanistan fahren. Weisst du … ich habe noch nicht gelernt, allein zu leben! Bei deinen ethnologischen Forschungen im Gebirge brauche ich dich ja nicht zu begleiten. Du bist ja mit den Hackins befreundet, und vielleicht könnte ich ihnen bei ihren Ausgrabungen behilflich sein. Du weisst ja, dass ich schon mit Archäologen in Syrien und in Persien zusammengearbeitet habe.«

Nach kurzer Pause fuhr sie fort: »Du machst dir Sorge wegen meiner Gesundheit, und ich gebe zu, dass ich noch schwach bin. Aber du kennst meine Konstitution nicht. Du brauchst nur die Ärzte zu fragen; denen ist es ein Rätsel, dass ich mich immer wieder erhole. Ich verspreche dir, jetzt jeden Tag Ski zu laufen statt so viel zu rauchen; dann bekomme ich mehr Appetit, esse mehr und nehme zu. Und was das Geld anbelangt, so müssen unsere Verleger einspringen. Ich bin gerade mit meinem letzten Buch fertig geworden und kann einen Vorschuss auf eine Geschichte über Afghanistan bekommen. Auch das *Geographical Magazine* wird uns helfen.« Mit noch verhaltenerer Stimme fügte sie hinzu: »Ich bin jetzt dreissig. Es ist die letzte Chance, mich in die Hand zu bekommen. Diese Reise wird keine himmelhochjauchzende Eskapade werden, als wären wir noch zwanzig – das ist unmöglich, da die europäische Krise von Tag zu Tag zunimmt. Diese Reise muss uns endgültig auf die Beine bringen; wir können uns gegenseitig dazu verhelfen, vernünftige, verantwortungsbewusste Menschen zu werden. Mein blindes Herumtappen im Leben ist unerträglich geworden. Was ist der Grund, der Sinn dieses Chaos, das Menschen und ganze Völker vernichtet? Und ich muss doch etwas mit meinem Leben anfangen können, es muss doch etwas geben, wofür ich froh leben oder sterben möchte! Kini ... wie lebst du?«

»Also hör mal. Wir wollen praktisch sein. Wir haben schon lange ausgemacht, dass wir uns erst selbst besser kennenlernen müssen, bevor wir etwas anderes wissen können. Wir haben auch festgestellt, dass das Chaos um uns mit dem Chaos in uns im Zusammenhang steht. Aber vor allem musst du kräftiger werden, darfst nicht mehr deiner Gesundheit auf Gnade und Ungnade ausgeliefert sein. Bist du gewillt, in den nächsten Monaten deine wunderbare Energie dazu zu verwenden, einen neuen Körper für deine wiederhergestellten Nerven zu schaffen? Wirst du aufhören, dir den Kopf über Probleme zu zerbrechen, die du doch noch nicht lösen kannst? Sag nicht einfach ja, um mich zu beruhigen, sondern mache dir klar, was du dir selbst schuldig bist. Du hast zum Beispiel oft gesagt, du würdest mit deinen ganzen Kräften gegen Hitler kämpfen, wenn der Krieg ausbricht; aber wie willst du das tun, wenn du nur ein Schatten bist?«

Ich sprach so kategorisch wie möglich, aber ich wusste, welche Qual sich hinter Christinas einfachen Worten verbarg. Und tief im Innern, wo das Leben geheimnisvoll und ruhig dahinfliesst, sprach ich ein stilles Gebet: »Hätte ich doch nur die Möglichkeit, dir zu helfen, ungeduldige Christina, die du so gequält wirst von der Unvollkommenheit der menschlichen Natur, so bedrückt von der Falschheit des Lebens, von der Parodie der Liebe um uns herum. Möge es mir, wenn wir zusammen reisen, vergönnt sein, dich nicht zu enttäuschen, mögen meine Schultern so stark sein, dass du dich auf sie stützen kannst. Ich werde mit dir auf der weiten Erde auf denselben Strassen wandern, auf denen ich schon gewandert bin – in meinem Innern habe ich schon längst begonnen, mir Fragen zu stellen, die den deinen gleichen; möge das Geringe, das ich habe erkennen können, dir helfen, das zu finden, was jeder von uns allein finden muss!«

2

Der Start

Wenn unsere Gedanken nach den grossen Wasserscheiden Asiens schwebten, so war Silvaplana im Engadin das Sprungbrett gewesen. Der wirkliche Startplatz aber war der felsige Simplonpass, von dem aus wir holterdiepolter die Gebirgsstrasse hinunter und durch die dunkle Schlucht nach Italien fuhren.

Schneefetzen, die in dem milden Wind unsichtbar tauten, betupften die grauen Berghänge. Kein Verkehr, kein Lärm störte uns auf dieser Strasse, die noch immer von schmutzigen gefrorenen Schneemauern eingefasst war. Tausend Meter unter uns bahnte sich wahrscheinlich gerade ein Zug seinen Weg durch den fast zwanzig Kilometer langen Tunnel – wir waren hier oben glücklicher, zwischen der Ebene und dem Hochgebirge, zwischen Süd- und Mitteleuropa, zwischen dem Zauber lateinischer Herzlichkeit und der Schwere germanischer Zurückhaltung, und wir bewunderten diese natürliche Grenze, die keine Politik ändern kann.

Hier wollen wir einen Moment verweilen, bevor wir zum letztenmal zur Schweiz blicken, wir wollen uns ins Gedächtnis zurückrufen, was wir damals, im Jahre 1939, hinter uns gelassen hatten. Unsere Abschiedstour hatte uns nach Paris, London und Berlin geführt, diesen Stadtungeheuern, die betrieb- und lärmerfüllt wie stets waren. Sie bildeten den Hintergrund unserer Welt, einer Welt, die wir dem Untergang geweiht wussten. Bis ›es‹ geschah, mussten wir unseren Weg verfolgen, weil wir ihn für weniger nichtig hielten als jede andere Betätigung.

Paris – vom Konsulat zum Verleger, von der Schneiderin zum Museum, von der Bank zum Ratschläge erteilenden Journalisten, vom Autohändler zur Redaktion, vom Anthropologen zum Kameramann, vom Arzt zur Bibliothek rasend, fand ich mich eines Tages auf den Champs-Elysées. Die Blüten der Kastanien schienen in der Morgenluft zu funkeln, der Himmel war hellblau, heiter, klar. Ich bog in die Avenue Montaigne ein, um in mein stilvolles Zimmer im Haus meiner Freunde am Seineufer zu gehen. Ich war glücklich, doch trotz des schönen Augenblicks schnürte sich mir die Kehle zu. Tränen flossen meine Wangen hinunter, unaufhaltsam; tief bewegt, halb geblendet, musste ich mich auf eine Bank setzen, um mich wieder zu sammeln.

Ganz langsam formte sich dieses übermächtige, unpersönliche Gefühl zum Gedanken – ich litt um Paris. Es kam mir vor, als würden Körper und Geist der Stadt gemartert, verstümmelt, in Stücke gerissen, und als sei ich eine Masse von Mitleid geworden, gross genug, um die ganze geistreiche Kapitale, die ich so gut kannte, einzuhüllen. Was konnte ich angesichts dieses Elends anderes tun als weinen – weinen mit einer Intensität, über die ich selbst staunte.

Nach einer Weile begannen sich normalere Gedanken zu formen; ›es‹ war noch nicht geschehen, und selbst wenn es geschehen sollte, würde es vielleicht nicht ganz so entsetzlich werden ... Jetzt wusste ich nur, dass ich von Paris Abschied nahm. Ich musste mit Inbrunst daran denken, denn ich fühlte, dass ich die Stadt nie wieder so sehen würde, wie sie jetzt war.

Dieses erschütternde Gefühl war durch nichts zu erklären. Noch am letzten Abend hatte mich Blaise Cendrars eingeladen, den Sommer in den Ardennen zu verbringen – er behauptete, es würde keinen Krieg geben. Da er so viel Zeit in der Redaktion des *Paris Soir* verbrachte und besser Bescheid wissen musste als gewöhnliche Sterbliche, hatte mich das aufgerichtet. Der charmante, aber schwankende Robert, der im Begriff war, in aller Ruhe ein Bourgeois zu werden, gab vor, er mache sich keine Sorgen um die Zukunft. Hackin war gerade vom Musée Guimet fortgegangen und nach Afghanistan aufgebrochen, als sei das Leben in Europa ganz normal. Wir hatten ausgemacht, ihn im Juli in Begram zu treffen, wo er Ausgrabungen vornehmen wollte, und er hatte sich bereit erklärt, Christina bei sich arbeiten zu lassen.

Mein Freund, Professor Rivet, wurde in gewissen Häusern nicht mehr empfangen, weil er aktiver Sozialist war – ein kleines Zeichen dafür, dass eine böse Kluft breiter wurde, dass die Weltanschauungen nun auch im persönlichen Verkehr eine Rolle spielten. Politische Flüchtlinge waren ausgewiesen worden, Jeans Linkszeitung war verboten, einige seiner Freunde hatte man verhaftet. »Der Faschismus wird lange Zeit herrschen«, erklärte er. Und beim Abschied verkündete er: »Diesmal, das versichere ich Ihnen, steht der Krieg vor der Tür!« Aber das hatte er auch vor Hitlers Einmarsch in Wien gesagt. Was Paul Valéry und Lucien Fabre anbelangte, war ich überzeugt, dass sie sich nicht aus der Fassung bringen liessen, was auch immer geschehen möge. Fabre schien mein unbestimmtes Suchen zu verstehen. »Die rationale Erklärung der Welt führt zu nichts«, sagte er. »Wir bedecken sie mit einem Netzwerk von Meridianen und Breitengraden, aber die umfassen nicht alles und erklären nichts. Gehen Sie und schauen Sie sich noch mehr vom Orient an, da er Sie so sehr anzieht. Vielleicht gibt es in Indien, wo so viele an ein geistiges Leben glauben, ein für Offenbarungen günstiges Klima.«

In London herrschte eine ganz andere Atmosphäre – viel einmütiger, viel frischer als bei meinem letzten Aufenthalt. Es sah aus, als hätten die Engländer die Gewohnheit angenommen, zum Frühstück einen Löwen zu verzehren. Aber ich musste daran denken, wie im September 1938 sowohl Hilary St. George Saunders als auch Denison Ross den Kopf verloren hatten, als es schien, England könnte bombardiert werden. In der Wut und Verzweiflung ihrer Überraschung hatten sie damals nach dem Leben von sechzig Millionen Deutschen geschrien. Jetzt gestand jeder der beiden ein, dass er, überrumpelt, damals in einem schlimmen Zustand gewesen sei, dass aber nun er und sein Land bereit seien, wieder auf Leben und Tod zu kämpfen.

Steve King-Hall hatte einen klaren Blick für die Geschehnisse, und mir gefiel seine einleuchtende Darlegung, dass moderne Kriege Sintfluten darstellten, die aber eine dauerhafte Regelung der Weltordnung lediglich verzögern könnten. Die Probleme mancher Leute könnten einfacher werden, wenn sie wüssten, dass sie für ihr Land kämpfen müssen, aber die Leiden, die ein Krieg mit sich bringt, wären nutzlos, wenn die Überlebenden nicht wüssten, wofür sie leben.

Frere-Reeves fand Zeit, einmal mit mir im Savoy zu lunchen, obwohl er im Arbeitsministerium beschäftigt war und auch weiterhin bei meinem Verleger arbeitete. Er hat sich eine grosse Überlegenheit erworben und ist weise geworden – schwatzen oder Witze reissen gehören der Vergangenheit an. Er ging so weit zu behaupten, dass die Krise Europas durch geistige Probleme bedingt sei.

Die Royal Geographical Society hatte aufgehört, erhaben und majestätisch zu sein; in geschäftiger Atmosphäre wurden kostbare Bücher und Dokumente verpackt, um auf dem Land in Sicherheit gebracht zu werden. Als ich die Landkarten für unsere Reise aussuchte, traf ich Eric Shipton und Campbell Secord, die am nächsten Tag nach dem Karakorum aufbrachen. Falls die Afghanen meine Reisepläne vereitelten, sollte ich zu Shipton in sein abgelegenes Tal gehen, dort bei den Schimschalis überwintern und deren Frauen studieren, während er sich mit den Männern beschäftigte. (Zur Zeit unseres geplanten Treffens ereignete sich lediglich, dass ihre Expedition infolge des Krieges zurückkehrte; aber einer von Shiptons Kameraden verkleidete sich und gab sich für mich aus, und ›meine‹ Ankunft wurde in Gilgit gespielt; der dortige politische Agent liess sich auch für eine Weile täuschen.)

Während der Londoner Tage wohnte ich bei Irene, die Christina im Jahre 1935 in Teheran kennengelernt hatte. Sie hielt es für unklug, eine solche Reisegefährtin mitzunehmen – sie prophezeite, dass wir niemals nach Kabul kommen würden, nicht einmal nach Persien. Ich versicherte ihr, dass sie sich irre, und versuchte sie zu überzeugen, dass ich den ›gefallenen Engel‹ besser kenne als sie. Tief im Innern hatte ich ein unerschütterliches Vertrauen zu Christina und war sicher, dass ich mein doppeltes Ziel – Kabul, und ihr zu helfen – erreichen würde.

Als ich aber mit Audrey in London herumschwirrte – auf der Suche nach einem Schlafsack, der mich warmhalten sollte, wenn ich in Pamir im Schnee nächtigen müsste –, erkannte ich, was für ein Vergnügen es ist, in witziger, von Lebensfreude übersprudelnder Begleitung herumzuziehen. Und ich war nicht mehr so fest überzeugt, dass unsere Unternehmung ein Erfolg werden würde.

Von London flog ich nach Deutschland, um Dr. Herrlich zu sprechen, dessen Buch über Kafiristan (jetzt Nuristan genannt) gerade erschienen war. Die afghanische Regierung hatte seiner Expedition eine Eskorte von einundzwanzig Soldaten aufgezwungen – sie wollte unbedingt verhindern, dass ein Deutscher ein Eingeborenenhaus betrete. Die Soldaten sollten dafür sorgen, dass nichts passierte, was der Welt zeigen könnte, dass der ›Fortschritt‹ noch nicht die höchstgelegenen und verlorensten Täler erreicht hatte. Aber jedesmal, wenn ein Pass zu überschreiten war, gingen die Deutschen als gute Bergsteiger los, liessen die Soldaten hinter sich und gewannen so eine halbe Stunde, in der sie die Kafiren zu studieren vermochten! Jene blondhaarigen Menschen verehrten noch immer den Gott Imra und seine Gemahlin Nurmelli. Einer der Einweihungsriten bestand darin, dem Kriegsgott Gisch eine Ziege zu opfern. Jünglinge und Mädchen tanzen Arm in Arm um das Feuer und singen im Chor. Die Frauen kommen im ›Nurmellihaus‹ nieder, wo sie zwanzig Tage bleiben. Ehe das Abbild eines toten Mannes errichtet worden ist, darf der Hohepriester das Haus des Verstorbenen nicht betreten. In Kafiristan sind auch die Hähne heilige Tiere, die Männer melken die Kühe, und die Leute benutzen Schemel – ausser den weit entfernt wohnenden Chinesen sind sie die einzigen Asiaten, die nicht auf dem Fussboden sitzen.

Ich erfuhr, dass Dr. Herrlich die Erlaubnis zur Erforschung Kafiristans zu einer Zeit erhalten hatte, als die afghanische Regierung von Deutschland zu günstigen Bedingungen Maschinen zu erhalten suchte. Da mir solche Tauschmöglichkeiten fehlten, waren meine Aussichten gering, in jenen Tälern behördlich zugelassen zu werden. Dennoch kaufte ich als trotzige Geste Greifzirkel, um die Schädel jener Bergmenschen zu messen!

Die hölzernen Kunstgegenstände, die die Expedition zurückgebracht hatte, fand ich bezaubernd und hochinteressant – Helden zu Pferd, die auf den Friedhöfen die dicken Särge aus Zedernholz bewachen, geschnitzte Figuren mit starren Gesichtern unter spitzen Helmen; Näpfe mit geometrischen Mustern, die an die Südseekunst erinnern.

Auf der Rückfahrt nach Genf machte ich in Zürich halt, wo Christina die Unterstützung eines Museums zugesagt erhalten hatte.

Ich besuchte C.G. Jung in der (sehr törichten) Hoffnung, von ihm Aufschluss über die Mentalität der sogenannten Primitiven zu erhalten. Ich gab ihm eines meiner Bücher – er betrachtete es und fragte: »Warum reisen Sie eigentlich?« Als Antwort kam mir sofort auf die Lippen: »Um Menschen zu begegnen, die friedlich zu leben verstehen.« Aber der grosse Mann sah mich misstrauisch an. Machte ich den Eindruck einer ruhelosen Verrückten, die geheilt werden möchte?

Mir wurde ganz schwindlig von dem Wissen, das er an den Tag legte: er analysierte die geheimen Hintergründe dessen, was er den ›Geist des alten weisen Mannes‹ nannte, und beschrieb das Überbewusste, das er systematisch durchforschen wollte. Ich fragte, ob solche Forschungen nicht gefährlich seien. Jahre später, als ich in Indien Yogis kennenlernte, erinnerte ich mich an seine

Antwort und den Blick seiner durchdringenden kleinen Augen: »Ja, es ist gefährlich. Aber der, der Wissen erlangen will, muss mit der Möglichkeit rechnen, verrückt zu werden.«

Gebadet im Licht, das der See widerstrahlte, war Zürich in festlicher Stimmung; eine wogende Menschenmenge war begeistert von der klug aufgebauten Schweizer Landesausstellung, die am Vorabend eines neuen Weltkrieges die Eidgenossen daran erinnerte, wofür die Schweiz eintrat, und die jede Fiber ihrer verschiedenen Charaktere zum Schwingen brachte. Blitzartig erinnerte ich mich, dass während der Fête de Juin, dem Festspiel, das 1914 in Genf stattfand, eine ähnliche Atmosphäre geherrscht hatte. Ich sah im Geiste das riesige Freilichttheater, dessen grosse Bühne als natürlichen Hintergrund den Genfersee hatte; der Chor besang das Leben freier Menschen; besonders herzbewegend wirkte die Szene, in der riesige Barken zur Bühne fuhren, angefüllt mit Schweizer Soldaten in historischen Uniformen, die Genf von Napoleon befreien sollten.

Hatte es vielleicht eine Bedeutung, dass zwei grossartige Schaustellungen den Geist der Schweizer vor den beiden Welttragödien anfeuerten? Weshalb, zu welchem Zweck sollte die Schweiz zweimal verschont bleiben? Aber hat das Leben überhaupt einen Zweck? Und wenn ja, wie können wir es wissen? Jeder Gedankengang brachte mich zur gleichen Frage zurück, die ich 1918 zum erstenmal stellte, als ich sah, wie viele Menschenleben irrsinnigerweise verschwendet wurden.

In Genf sagte ich Freunden: »Ich fahre morgen nach Kabul«, so ruhig, als hätte ich gesagt: »Ich gehe nach Paris.« Bedeutete das, dass ich mich von nun an im Orient zu Hause fühlen würde? Ich war auch ganz ruhig, als ich meine Mutter auf dem Flur vor dem Lift zum Abschied küsste, und sie mich noch einmal fragte: »Hast du auch nichts vergessen?«

Aus der Höhe unseres vierten Stockes sah unser Roadster, der auf der dunklen Strasse zwischen zwei weissen Felswänden moderner Mietshäuser bewegungslos dastand, klein, kompakt und leistungsfähig aus: vorn an der Motorhaube schmal, hinten breit – er war das Schiff, das uns in weitgespanntem Bogen während vieler Monate Europa und Asien erschliessen sollte.

Wir waren unterwegs – wir rollten auf den seidenglatt asphaltierten Strassen, die ich so gut kannte, fuhren über den Pont du Mont-Blanc, folgten den Quais, wo rote Tulpen auf ihren Beeten in der blauen Brise des Sees tanzten.

Es war der 6. Juni 1939.

Obwohl wir ganz und gar auf ein ungeduldig ersehntes Ziel eingestellt waren, fuhren wir langsam von zu Hause fort. Wir sehnten uns nach der öden Weite der persischen Wüste und den scharfen Winden des Hindukusch, und doch waren unsere Augen empfindsam für das ›Pays Romand‹. Wie sehr rührte mich dieses Land, das so abwechslungsreich ist, ein Land, in dem es keine Übertreibung gibt, in dem die Felsenberge so stolz sind, die Gletscher, die von vorüberziehenden Wolken geliebkost werden, so strahlend, wo das hohe Gras mit Gänseblümchen duftet, wo das Wasser so klar, das flüsternde Blätterwerk der Gärten und Parks so dicht ist, die Giebel der alten grauen Häuser so klassisch wirken. Wie unglaubhaft wird einem all das vorkommen, wenn man in den monotonen Ebenen Persiens daran denkt! Eidechsengleiche Städtchen unter den braunen Schuppen ihrer Dachziegel, Gasthöfe, deren beschattete Tische hinter Mauern stehen, die von durchsichtigen kleinen Wellen bespült werden, Terrassen mit goldenen Weinbergen, die die Sonne anbeten! Das ganze Ufer, ein Amphitheater, das den Alpen gegenüber, der flüssigen Arena des Genfersees entlang emporsteigt – welcher Überfluss, welche Vollkommenheit, welche Ruhe atmete es aus, als gäbe es unter dem Himmel Deutschlands keine wahnsinnigen Menschen!

Aber wie eine gesättigte Katze, die mit geschlossenen Augen scheinbar in Wonne vergeht, war das Land dennoch auf der Hut; seine zerklüfteten Berge verbargen Wagen, seine Antennen standen bereit, das geringste Omen aufzufangen.

Leb wohl, du sauberes Land, leb wohl, du gewaltiges Rhonetal mit den zitternden Pappeln, wo jeder herunterstürzende Gebirgsbach, an dem wir vorüberkommen, an Orte voller Schönheit erinnert – Arolla, Zermatt, Saas-Fee! Ich drückte mich an einem Wasserfall unter dem Vorwand herum, Probeaufnahmen mit der Kinokamera zu machen, mochte aber nur den Zauber brechen, den die vielen Meilen der glitzernden Strasse unter unseren singenden Rädern hervorriefen. Ich wollte deine Erde noch einmal berühren!

3

Italien

Das erste Nachtlager war angenehm.

Als wir aus unseren Schlafsäcken krabbelten, glitzerte unser blaugraues Zelt unter dem diamantenen Puder des Taues. Zart wie gelber Satin zitterten neue Blätter, begierig darauf, von der jungen Sonne bemerkt zu werden. Sogar das Wasser unseres Flüsschens war neu, schneegeboren in den Bergen über Domodossola.

Weder ein Carabiniere noch der Besitzer des Ackers hatten uns festgenommen – wie uns das ein aufgeblasener Jüngling, der sich vor völlig schwarzgekleideten Bauernfrauen wichtig machte, gestern abend prophezeit hatte. Schüchtern hatten sie zugesehen, wie wir unseren Primuskocher anzündeten. Das köstliche Aroma unseres Nescafés rief die Bemerkung hervor, dass es in ihrem Land keinen Kaffee gebe – Kaffee, das Lieblingsgetränk Italiens! Aus seiner Faltenschürze zog ein Mädchen eine Handvoll gerösteten Weizen hervor: »Das ist unser Ersatz dafür!«

Zu Mittag assen wir am Gardasee. Meine Gedanken wanderten über das Wasser zur ›Villa delle Rupi‹, wohin mich Cecil Lewis für den Sommer eingeladen hatte. Ich zog einen Vergleich zwischen der unsicheren Unternehmung, zu der wir uns aufgemacht hatten, und der friedlichen Arbeit, die ich während einiger Monate an jenem idyllischen Fleck hätte vollbringen können. Liebte ich vielleicht Schwierigkeiten?

Ich fahre nicht gerne Auto, und Autostrassen hasse ich – Autofahren stumpft mich zu einem Automaten ab, der nur noch auf das Surren des Motors zu lauschen vermag. Wir mussten bereits in der Nähe Mailands sein, doch von unserer Billardstrasse aus konnten wir nichts sehen, nicht einmal die Felder. Wir begegneten nur wenigen Autos, alles deutsche; die Frauen darin trugen Kopftücher um ihre dicken, von zuviel Wind geröteten Gesichter.

Wir machten an einer Tankstelle halt, die ich wiedererkannte. Zwei Jahre zuvor waren wir aus der Türkei nachts hierhergekommen, wir hatten kein Benzin mehr und kein Geld; wegen der verrückten Devisenvorschriften war es uns nicht möglich gewesen, Lire zu kriegen. Bedrückt fragte ich mich: »Welcher Engel wird uns helfen?« Gegen Mitternacht gab es kaum Verkehr. Als daher ein anderer Wagen vor der Pumpe hielt, wandte ich mich kühn an den Besitzer und machte den Vorschlag, ihm das Geld von Genf aus zu schicken. Er traute uns und kaufte uns Benzin. Als er mir seine Visitenkarte gab, sah ich, dass sein Vorname Angelo war!

Christina sass die meiste Zeit am Volant; entweder litt ihr geübter ›Strassensinn‹ unter meiner Ungeschicklichkeit, oder sie traute mir nicht, solange der Motor unseres neuen Ford noch nicht eingefahren war. Da der Wagen zu ihrem Pflichtenbereich gehörte, erhob ich keine Einwände.

Wir mussten halten, um eine lange Prozession vorüberziehen zu lassen: die Männer in Schwarz, die kleinen Erstkommunikantinnen in Weiss, die Geistlichkeit in leuchtendem Rot, die heiligen Statuen vergoldet auf ihren tragbaren Podesten, dahinter schüchterne Frauen; zertretene Blumen lagen sterbend auf der Strasse. Das

Bild kam mir sehr orientalisch vor mit diesen müden Menschen, die wie im Traum dahinwandelten; es erinnerte mich an ähnliche Zeremonien, die ich in Indien und in China gesehen hatte.

* * *

Die Zufahrt zum bezaubernden Triest war noch immer entstellt durch riesige Inschriften DUCE, die jeder Mauer an der Küstenstrasse aufgepinselt waren.

Wir assen Eis am Quai, wo braune Fischernetze am Ufer der grünen Adria hingen. Jene beflaggte Piazza wird mir stets in Verbindung mit Worten Christinas in Erinnerung bleiben. In Triest hatte sie sich seinerzeit nach dem Nahen Osten eingeschifft, wo sie Francis heiraten sollte. »Ich hatte das Gefühl, als führe ich in ein Gefängnis. Ich weiss nicht warum«, sagte sie mit verlorener Stimme, »aber ich war zu schwach, meine Freiheit zu retten, als es noch möglich war.« Ich konnte mir vorstellen, wie schwierig es für diese beiden Menschen gewesen sein muss, ein Paar zu werden. Solange man allein ist, unverheiratet, spielt es keine Rolle, ob man sehr ichbezogen ist, aber in einer Ehe ist es fast unausbleiblich, dass der eine für den andern leben muss. Christina lebte nur für ihre Schriftstellerei. Während Francis gelernt hatte, einen Kompromiss zwischen seinem Privatleben und seinem Diplomatendasein zu schliessen, vermochte Christina niemals auch nur den Versuch zu solch einer Kraftanstrengung zu unternehmen: sie wusste, dass Gesandtschaften nur Schaukästen des Lebens sind, nur für den Moment angenehm. Francis hatte ihr daher versichert, dass sie ihre Gewohnheiten überhaupt nicht zu ändern brauche.

Sie hatten einander in Teheran kennengelernt, wo er Sekretär bei der Gesandtschaft war und sie mit Archäologen in Ray in der Nähe der Hauptstadt arbeitete. Sie waren gern zusammen, und ihre Diskussionen dauerten oft bis spät in die Nacht. Die Leute begannen zu klatschen; die Frau des Gesandten, bei der Christina wohnte, wenn sie in der Stadt war, riet ihr: entweder Ehe oder Zurückhaltung. Es schien verrückt, ihre Freundschaft aufzugeben, die erstgenannte Lösung schien die einfachere zu sein, obwohl beide entschlossen waren, in jeder Hinsicht weiterhin so unabhängig zu leben wie bisher.

Nach ihrer Heirat war Francis Geschäftsträger geworden – als die Gattin von Nummer eins musste sie nun bei Empfängen erscheinen. Ungeschickt, mit ungeheurer Anstrengung, versuchte sie – oder glaubte ihr Äusserstes zu versuchen – mit diesem verhassten neuen Leben fertig zu werden. Sie gab ihre Arbeit auf – wenn der Koch grobe Böcke schiesst, verliert das Land, das man vertritt, für lange Zeit an Ansehen! Sie glaubte, dass Francis ihr zunehmendes Elend nicht bemerke, dass er kein Mitgefühl, keine Ermutigung, kein Verständnis zeige, während sie in ihrem Schaukasten keuchte.

Das Leben schleppte sich in einer Atmosphäre latenter Krisen hin. Ein Ausweg wäre vielleicht gewesen, über sich selbst zu lachen, aber diejenigen, die mit grosser Intensität leben, sind mit dem Leben so stark beschäftigt, dass sie keine Musse für das Heilmittel des Humors besitzen. Sie lehnte sich auf, erlitt einen Nervenzusammenbruch. Wie sie mir erzählte, hatte sie durch ihre Heirat mit Francis vor allem bezweckt, sich von ihrer Mutter frei zu machen. Ich stelle mir vor, dass dieser schlummernde Antagonismus zum Teil auf die Liebe zurückzuführen ist, die Christina in ihrer Kindheit für die grossartige Reiterin, ihre Mutter, empfand. Mit den Jahren war dieses Gefühl komplizierter geworden, und es schien, dass weder Mutter noch Tochter sich je an einen anderen Zustand gewöhnen könnten.

»Mutter prophezeite mir eine Katastrophe, wenn ich heiratete, und so kam es auch. Es gab keinen Ausweg, denn Francis' Familie ist streng katholisch. Es war sehr dumm von mir, immer das Gegenteil von dem zu tun, was meine Mutter mir riet – der Mensch, der mich am besten kennt. Ich hatte keine Hoffnung, mich von ihr frei zu machen, keine Hoffnung, jemals einfach ich selbst zu sein.«

Von da an machte Christina von neuem eine jener Höllen durch, die sie sich selbst zu bereiten pflegte. Einige Andeutungen darüber genügten mir, um zu wissen, dass Hunger und Armut weniger schlimm sind als Gemütskrankheit. Eine schlimme Wunde am Bein und eine quälende Freundschaft mit einem schönen türkischen Mädchen steigerten noch ihre Verzweiflung. Aber eines Tages hatte sie genug und benutzte eine Gelegenheit, den Ärzten und Drogen davonzulaufen – sie ging zu Marjorie in deren Sommercamp hoch oben an den Abhängen des Demawend, wo Pferde frei herumlaufen dürfen, wo der Gebirgsbach kristallklar einherhüpft und wo die Luft strahlt wie die Schneefelder, auf denen sie geboren wird. Die Stille dort flüsterte ihrem gekränkten Stolz zu, dass noch nicht alles verloren sei, dass sie aber, wenn sie wieder leben wollte, sich allein durchkämpfen müsste.

Drei Jahre später machte sie sich endlich frei von ihrem Teheraner Alpdruck, indem sie ein langes Gedicht in Prosa schrieb. Ich hatte sie während ihrer Rekonvaleszenz in Neuchâtel besucht, wo sie eine Beute ihrer Inspirationen und vor den Ärzten verheimlichter Zigaretten und Kaffees war. Dieses schöne, fieberhafte Gedicht erschöpfte sie zwar, flösste ihr aber neues Leben ein. »Man schüttet seine Krankheit in Bücher – wiederholt und stellt die Gefühle dar, um ihrer Herr zu werden«, hatte D. H. Lawrence geschrieben. Das traf auch auf Christina zu.

Jetzt, da sie den Dämon Vergangenheit ausgetrieben hatte und sich wieder jungfräulich fühlte, war sie bereit, von neuem eine Beute des Lebens zu werden. Aber konnte sie nicht ein weniger heftiges Tempo einschlagen? Gab es eine schwache Möglichkeit, dass mein normales Wesen ein wenig ansteckend auf sie wirken könnte?

* * *

Bevor wir Triest verliessen, kauften wir uns Hüte – für den Fall einer Panne in der sengenden Wüste. Als wir aus einem Warenhaus mit den neuesten Fünfzigrappenprodukten auf den Köpfen herauskamen, sagte ich, diese Hüte könnten uns sogar dienlich sein, wenn wir zu einer Gartenparty gehen müssten! Aber Christina lächelte nicht darüber – sie hatte den kleinen flachen Wagenschlüssel verloren, unser Ford war plötzlich ebenso unzugänglich geworden wie der Lancia, der neben ihm parkte. Wir blieben ruhig trotz diesem Schlag, dem ersten, den wir gemeinsam erhielten. Mit klopfenden Herzen verfolgten wir behutsam unsere Schritte zurück … wir hatten das Glück, in dem grossen Laden unseren Schlüssel auf dem Boden liegend zu finden.

Dann liessen wir leichten Sinnes den Wagen die grosse Strasse hinaufbrausen, die den steinigen Karst bezwingt, eine trübselige graue Ebene, in der Bienenwaben gleich unzählige Höhlen klaffen.

Frühling und eine lange Strasse, die offen vor einem liegt, die Freiheit, Tausende von Meilen einherzufahren, nach Belieben zu campieren oder zu essen, nach Laune haltzumachen oder die Route zu ändern – wie herrlich! Nur an eigenem Bord in See zu stechen wäre ein noch grösseres Erlebnis, denn das Meer bietet die ganze Unendlichkeit – keine Strassen, die den Kiel zwingen, vorgeschriebenen Bahnen zu folgen. Oder durch die Luft zu fliegen, ein neues Element zu bezwingen, eine Gabe, die bisher nur den Vögeln gewährt war.

Und doch beschlich mich zum erstenmal ein Gefühl, das sich bald zur Gewissheit verdichtete: Das Reisen hatte nicht mehr denselben Zauber für mich wie früher. Seltsamerweise erschien mir die Welt nun weniger real als das, was unser Innenleben gestaltet. Die Besessenheit, die für meine Gefährtin eine solche Qual bedeutete, war dermassen erbarmungslos, dass sie auf jeden meiner Gedanken abfärbte. So stark vermögen Stimmungswechsel unser Verhältnis zur Umgebung und den Menschen, mit denen wir zusammentreffen, zu beeinflussen.

4

Jugoslawien

Wir hatten noch nicht lange die Grenze Jugoslawiens überschritten, als uns ein wütender Regen, der die üppig grünen Hügel peitschte, zwang, in einem Dorf am Ufer der geschwollenen Save zu übernachten. Der Metzger Medven vermietete Zimmer an Reisende. Trotz seines slawischen Namens bezeichnete er sich als Deutschen, der die Kultur Österreichs vermisste, wo er gelebt hatte, bis ihn der Anschluss zwang, in sein Geburtsland zurückzukehren. Seine Frau erzählte uns, dass im alten Kaiserreich die jungen Burschen von ihrem Militärdienst im Norden in Herren verwandelt zurückkamen. »Aber heute«, erklärte sie, »schicken die Jugoslawen sie genauso blöd wie vorher zurück. Sie sind noch nicht einmal imstande, aus ihrer Armut hochzukommen.«

Am nächsten Tag sah man auf dem schönen Marktplatz des fröhlichen Zagreb keine Zeichen von Armut. Mit Körben auf den Köpfen und umfangreichen Röcken um ihre wippenden Hüften gingen gesunde Bauernmädchen in bunten Blusen einher. Der ganze Platz war ein Farbenmeer von riesigen Schirmen. In ihrem Schatten häuften sich Berge von saftigen schwarzen Kirschen, roten Erdbeeren, schneeweissen Spitzen, Leder mit Blumenmustern bestickt, und Gemüse, wie wir es monatelang nicht mehr zu Gesicht bekommen sollten.

Wir hörten, dass Hochwasser die Strassen weiter im Süden fortgeschwemmt hatten. In Klostar kam uns dann der Gedanke, einen Spaten zu kaufen, und im selben Laden erwarben wir auch blaue Emailtassen; die meine sollte mir jahrelang treue Dienste leisten, ich koche noch heute meinen Tee darin. Ich erinnere mich noch, wie unscheinbar sie in jenem dunklen alten Laden hing – der letzte Gegenstand, den ich im Frieden in Europa kaufte.

Auf der Strasse grüssten uns die Leute oft mit dem Nazigruss. Ein Schulmeister hob mit grosser Energie seinen Arm, und seine schnatternde Kinderschar folgte dem Beispiel. Hielt man uns für Deutsche? Oder wenn nicht, wollte man uns gleichwohl schmeicheln? Konnte das bedeuten, dass heutzutage nur noch Deutsche die Strassen benutzten? Oder kam es daher, dass wir noch immer in jenem Teil der Welt waren, in dem die Kaiserin Maria Theresia deutsche Kolonisten angesiedelt hatte? Es gab im ganzen Land nur eine halbe Million Deutsche unter dreizehn Millionen Jugoslawen. Am Abend, als wir in der Nähe von Vukovar am Ufer der Donau campierten, war es wieder ein Deutscher, der mit uns sprach, ein kräftiger, blonder Fährmann. Der Strom war eine gleitende Masse grauen Wassers, ein grossartiger breiter Fördergürtel, der Frachtschiffe zu einem fernen Meerhafen führte.

In jedem Land, durch das wir kamen, sahen wir, wie die deutsche Zange zupackte – unterstützt durch ein geschicktes Tauschsystem. Deutschland kaufte die meisten Produkte jener Länder zu einem guten Preis und lieferte dafür zu hohen Ansätzen Maschinen, während inzwischen die Konkurrenten aus anderen Ländern ausgeschaltet worden waren.

Sowie wir in die jugoslawische Ebene kamen, fühlten wir, dass wir uns dem Osten näherten, wo die Erde nicht so eng begrenzt ist wie in Westeuropa. Weite Felder, der ferne Horizont, die dreispurige Strasse – in der Mitte die Autostrasse, zu beiden Seiten je ein von Karren ausgefahrener staubiger Weg. Die Männer tragen weite Blusen, die Frauen gebauschte Unterröcke, Knaben reiten auf ungesattelten kleinen Pferden, die mongolischen Ponys gleichen, Mädchen arbeiten barfüssig in den Feldern, die Männer tun nichts. Lange Stangen schweben über den Ziehbrunnen, ihre Silhouetten heben sich vom Himmel ab. Würdevolle weisse Kühe mit leierförmigen Hörnern erinnern mich an ihre heiligen Schwestern in Indien.

Vor den Schmieden in russisch aussehenden Dörfern stehen die Pferde, die beschlagen werden sollen; sie sind mit ihren Bauchgurten an einer horizontalen Stange festgebunden – aufgehängt –, genau wie in Turkestan. Jeder Bauernhof hat seinen eigenen Backofen, einen kleinen Lehmtunnel, wie ein muslimisches Grab geformt. Die kyrillischen Inschriften über den Ladentüren erinnern ebenfalls an Russland, und auch das Doppelkreuz auf den orthodoxen Kirchen. Viele Männer tragen den roten Fez oder eine schwarze Astrachanmütze, und ihre gestickten Westen sind Vettern der afghanischen.

Wir kamen an einer Braut vorbei, die mit Bändern und Blumen geschmückt war, und mir schien, die geometrischen Muster ihrer Schürze glichen dem gestickten Brustlatz, mit denen die Kleider der Brahuifrauen in Belutschistan verziert sind; beide Muster lassen eine starke, fröhliche Vitalität erkennen. Die gleiche Kühnheit und Symmetrie weisen oft die von Nomaden angefertigten Teppiche auf. Diese Muster ›sprechen‹ so direkt zu mir, dass ich das Gefühl habe, sie seien mir längst vertraut.

In Belgrad, wo wir vor einem Restaurant Kaffee tranken, waren die Strassen von Menschen überfüllt, die geduldig auf eine Prozession warteten. Ungekämmte, zerlumpte Jungen mit glänzenden Augen und flink wie Eichhörnchen schlüpften unter den Ellbogen der Erwachsenen durch; russische Bisprisorni wären nicht anders gewesen. Später, als Hunderte von Karren Belgrad verliessen, hätte es eine Wanderung der alten Kasaken aus Alma Ata sein können. (Als ich vor zwei Jahren aus Zentralasien hierherkam, fiel mir etwas anderes auf: Kinos, Zeitungen, Trambahnschienen, Strassenpflaster, Telefondrähte.)

In der Dämmerung hielten wir neben einem Zigeunerlager, wo Rauchschwaden über den Karren schwebten. Die Zigeuner umdrängten uns; ihre scharfgeschnittenen Gesichter und kühnen Augen machten gar keinen europäischen Eindruck. Gleich baten sie um Zigaretten: Zigeuner sind die einzigen Menschen, die ich kenne, die mit Würde betteln können; Zigeuner blicken drein, als dächten sie: Ob du mir welche gibst oder nicht, ist mir ganz egal.

Ich fragte mich, warum sie mich immer anziehen – sogar in Turkestan, wo man ja nicht behaupten kann, dass sie einen an ferne Länder erinnern würden. Kommt es daher, dass sie das Symbol dessen sind, was ich zu sein versuche? – unbelastet von Besitz, überall zu Hause, unerhört lebendig, ohne Herren über sich, durch keine Nationalität gebunden. (Ich bezweifle, dass russische und deutsche Zigeuner in den Armeen jener Länder gegeneinander kämpfen würden – wenn sie es täten, wären sie degeneriert.) Die Franzosen nennen sie Bohémiens oder Romanichels, die Ungarn Tschiganis, sie selbst aber nennen sich einfach Romani – ›Menschen‹.

Wir sollten ihnen später als Dschatts in Afghanistan begegnen, als Luris weiter im Süden. In den Geschichtsbüchern steht, dass im fünften Jahrhundert der Sassanidenkönig Bahram Gor die Weissen Hunnen an der Grenze Indiens angriff; dafür erhielt er vom Herrscher Indiens die Provinzen Sind und Makran, und als er nach Persien zurückkehrte, brachte er zwölftausend Luris mit sich, die seinem Volk Musik und Tanz vorführen sollten. Zu Beginn des achten Jahrhunderts wurden Dschatts vom Indus nach dem Tigris gebracht, wo sie sich als Strassenräuber zu einer öffentlichen Gefahr auswuchsen; schliesslich wurden sie vom Kalifen Ojayf über die türkische Grenze verjagt, nachdem man sie in Bagdad in ihren Trachten auf Booten ausgestellt hatte, wo sie ihre Instrumente spielten. Durch sie ist der Büffel im Nahen Osten und in Südeuropa eingeführt worden, und bis zum heutigen Tag haben sich in ihrer Sprache Hinduwörter erhalten.

* * *

An diesem Abend konnte man unser Lager ›Zum frischen Heu‹ nennen: um uns duftete alles nach reifem Gras, hoch über uns raschelten die Blätter im Wind. Hinter uns befand sich vor einer Mauer eine Quelle, in der wir badeten, sowie uns die Dunkelheit einhüllte; vor uns, umrahmt von stattlichen Bäumen, breitete sich auf einem Abhang eine Wiese aus – Christina schien aufzuleben.

Obwohl recht einfach, war unser Abendessen international: die Makkaroni hatten wir in Triest gekauft, die Butter kam aus Treviso (in den kühlen engen Strassen jener alten Stadt war uns nicht eine einzige Frau begegnet, auch in den Cafés gab es nur Männer – die italienische Purdah, das Wegschliessen der Frau, schien ebenso strikt zu sein wie die in Kabul). Ein Herz zierte unser Brot, das rund, dunkel, schwer, flach und so kompakt war, dass es knirschte, als das Messer sich den Weg hindurch erzwang; es war ein schmackhaftes Gebirgsbrot, vor einem Monat in einem Dorf am Simplon gebacken, ein Dorf, das so hoch lag, dass das frische Gras noch nicht aus der feuchten Erde hervorgedrungen war. Dieses Schweizer Brot reichte uns bis Istanbul.

Männer, die zum Heuen kamen, weckten uns; vergnügt schrien sie einander durch das Tal zu, dann sangen sie in den jungen Morgen hinein. Leicht und rhythmisch schwangen sie ihre Sensen, mühelos und rhythmisch fielen die halbmondförmigen Grasschwaden auf dem Abhang. Laute Rufe, Vögel, die der Sonne entgegenflogen, unbändige Energie in den sausenden Sensen, Männer, trunken vor Freude über den neuen Tag … die Szene könnte das Prinz-Igor-Ballett an seinem Abendfeuer zu einem morgendlichen Tanz inspiriert haben.

An diesem Tag kamen wir durch Jagodina. Vor dem Dorf exerzierten Soldaten auf einem Wiesenhang, der zwischen der Strassenkurve lag. Da wir zuerst über ihnen und dann unter ihnen fuhren, hatten wir genügend Zeit, den Offizier in seiner weissen Uniform mit schleppendem Säbel zu bewundern, der eifrig rosafarbenes Eis in einer Waffel leckte. Begeistert winkte er uns zu. Endlich waren wir den Menschen entronnen, die mit den Absätzen klappen und den rechten Arm recken! Wir waren von diesem Bild so gefesselt, dass wir beinahe eine Gans überfahren hätten, die vor Furcht wie versteinert ein Bein hochhielt.

* * *

Unser Leben zu zweit hatte vor einigen Tagen begonnen, und wir beobachteten einander immer noch. Mit meiner Gefährtin konnte man leicht auskommen: es machte ihr nichts aus, die Bratpfanne zu säubern oder, wenn wir schon zu Bett lagen, das Licht auszulöschen, auch bestand sie nicht darauf, bloss noch einen Satz fertig zu machen, wenn ein erlöschender Primuskocher Benzin vom Wagen benötigte. Sie verstand gut zu packen und verstaute das Gepäck systematisch. Und ich hatte es mir bald abgewöhnt, etwas gegen ihren reichlichen Kaffee- und Zigarettenkonsum zu unternehmen.

Aber sie schlief schlecht. Weil sie so mager war, konnte sie sich nicht an die harte Erde gewöhnen. Ich zeigte ihr, wie sie auf der Seite liegen müsse, mit hochgezogenem oberen Knie, den Körper vorgebeugt, so dass die Hüfte entlastet ist.

»Ich möchte nicht für schlapp gehalten werden. Warum soll ich meine wehe Hüfte erwähnen, wenn du dich nie beklagst?«

»Aber ich schlafe gerne hart!« entgegnete ich. »Zu Hause lege ich ein Brett in mein Bett, damit ich meinen Hexenschuss nicht spüre!« Sie lächelte über sich selbst – die ganze Zeit hatte sie geglaubt, mir nacheifern zu müssen.

Wir beschlossen, gewisse Regeln zu befolgen, die unsere Reise erleichtern würden: Vor Einbruch der Dunkelheit sollte das Zelt aufgeschlagen und das Abendessen bereit sein. Müdigkeit sollte offen zugegeben werden, da wir uns beide nicht der besten Gesundheit erfreuten (ich hatte chronische Schmerzen im Rückgrat). Der Reiseplan könnte nach Wunsch geändert werden – es war wichtig, mit Verstand zu reisen, all die kleinen Unterschiede zu beachten, die jedes Land aufweist.

Wir nahmen uns vor, aus dem geringsten Anlass haltzumachen – zu diesem Zweck mussten wir unsere achtzehn ›Pferde‹ fest in der Hand halten. Die meisten Automobilisten fahren einher, als sei es ein Verbrechen, den ›Zauber‹ einer dauernden Raserei im Achtzigkilometertempo zu brechen. Sie kommen in einen Zustand, in dem sie alle Initiative verlieren ausser der einen, vorwärts zu rasen. Sie veranlassen zu wollen, einmal dreihundert Meter zurückzufahren, wäre genau so, als wenn man von ihnen den Mond verlangte – das Schweigen, mit dem sie diesen Wunsch beantworten, könnte nicht missbilligender sein, wenn man sie bitten würde, den Wagen zu Fuss zurückzuschieben.

Wir wollten auch nicht zulassen, dass die Geschwindigkeit eine unsichtbare Mauer zwischen uns und dem Leben um uns errichtete – den Stimmen, dem Geruch eines neuen Gewürzes, der aus einem Bauernhof dringt, der Kühle einer linden Brise an einem Bach. Es war unsere Reise und nicht die des Wagens. Ich erzählte von meinem Staunen, als ich in Kabul Baronin Blixen-Finecke getroffen hatte. Sie war gerade allein aus Schweden gekommen – bei der Gelegenheit sei übrigens gesagt, dass es heutzutage sogar für Frauen völlig ungefährlich ist, allein in Afghanistan zu reisen (und so wird meine Geschichte die Leute bitter enttäuschen, die haarsträubende Erlebnisse erwarten). Die Baronin hatte den persischen Gendarmen, die versucht hatten, sie aufzuhalten, ein Schnippchen geschlagen und die ganze Fahrt in Rekordzeit zurückgelegt. Aber sie hatte wenig gesehen, hatte nirgends haltgemacht, und auf ihren Fotos sah man nur ihren Ford im Sand stecken, in einem Fluss stehen, inmitten einer Menschenmenge, in der Wüste. Als sie mich aufforderte, sie zu begleiten, lehnte ich daher ab. Und ich fühlte mich verpflichtet, ihr einen Vortrag zu halten: Wie schade es sei, dass sie mit einem Wagen, der für Fahrten in Asien so herrlich geeignet sei, nicht abseits liegende Gegenden aufsuchte, wo es wenig bekannte Stämme gibt, die am Aussterben sind. Eva Blixen-Finecke reiste mit einem Einführungsschreiben, das ungefähr folgendermassen lautete: »Ich, Sven Hedin, bitte, meinem Patenkind, Baronin Blixen-Finecke, der Überbringerin dieses Schreibens, jegliche Hilfe zu gewähren. Sie ist auf dem Weg nach China, wenn möglich durch Sowjet-Turkestan. Zum Dank verpflichte ich mich, einen von mir geschriebenen Anerkennungsbrief zu senden.«

Wir beschlossen also, uns nicht zum Sklaven unserer Maschine zu machen. Sollte sie krank werden, würden wir uns darüber nicht aufregen – unsere Aufmerksamkeit gebührte all dem, was wir sehen konnten, und nicht dem, worin wir sassen. Wenn der Wagen völlig versagen sollte, würden wir die Reise mit den lokalen Transportmitteln fortsetzen.

Aber wenn ich auch wenig über das dritte Mitglied unserer Gesellschaft sage, darf sich der Leser nicht vorstellen, dass wir zwei Frauen, nachdem wir das Schicksal dazu gebracht hatten, unseren Plänen gnädig zu sein, einfach auf einer Art fliegendem Teppich sassen. Christina war eine ausgezeichnete Fahrerin (ich glaube, ich habe bereits erwähnt, dass Chauffieren meine schwache Seite war), aber das genügte nicht – als wir aufbrachen, fehlte uns der Rat eines Fachmanns; mein Bruder war gerade damals schwerkrank. Ein zweites Ersatzrad, ein Gepäckhalter und ein zweiter Benzintank waren hinter dem Sitz angebracht. Sowie wir aber auf die schlechten

Strassen Jugoslawiens kamen, begann sich das Chassis wie eine überreife Melone zu dehnen: die Türen schlossen nicht mehr, und die Gummiverbindung zwischen den Tanks wurde so undicht, dass wir sie nicht mehr benutzen konnten. Wenn wir Benzin brauchten, saugte ich es mit einem langen Gummischlauch aus dem Zusatztank. Zuweilen funktionierte das aber nicht: wieder und wieder kam mir die stinkige Flüssigkeit in den Mund, so dass ich auf meinem verbrannten Zahnfleisch und meinen Lippen einen Geschmack hatte, als hätte mir der Zahnarzt seinen ganzen Vorrat an Nelkenöl in den Mund geschüttet. Da wir auf den Gepäckhalter verzichten mussten, waren wir gezwungen, Schlafsäcke und Zelt in den Notsitz zu verstauen, der schon mit Kanistern, Hausapotheke, Koffern, Schreibmaschinen, Werkzeugkasten, Ersatzteilen, Filmen für unsere Kameras und einem Rucksack mit Nahrungsmitteln und Geschirr vollgestopft war.

Was für eine Ladung! Und mit was für einer dicken Staubschicht war sie am Abend bedeckt! Und bei jedem Loch in der Strasse, über das wir rumpelten, erhielten wir eine Wolke ›Rachel-Puder‹ direkt in unsere gepeinigten Nasen. Ich frage mich, warum eigentlich Autokonstrukteure annehmen, dass man mit einem Ford nur auf asphaltierten Strassen fahre, und dass daher ein loser Wagenboden gut für ein Cabriolet de luxe sei.

Im Bemühen, weise zu sein, beschlossen wir, in Sofia die Türen reparieren und den ganzen Wagen überholen zu lassen. Ausserdem lebte dort Marjorie, Christinas Freundin aus Teheran; bei ihr könnten wir wohnen. Wenn wir doch nur unser Campleben hätten fortsetzen und Städte für immer meiden können!

5

Sofia

Der erste Fehler war, dass wir zu spät nach Sofia kamen. Durch meine Schuld erlitten wir an der Grenze eine höchst ärgerliche Verzögerung: von den sechs Visen, die wir brauchten, hatte ich vergessen, das bulgarische zu besorgen. Als endlich dieser kleine Zwischenfall geregelt war und wir weiterfahren konnten, fanden wir, dass die Landstrasse repariert wurde; so mussten wir in einem engen Tal auf einem Feldweg im Schneckentempo weiterkriechen. Dort wirkten gegen das Rot der Erde und das Grün der grossen Tabakblätter die schwarzen Schürzen der Frauen eigenartig streng.

Als wir die schöne Ebene um Sofia erreichten, war der Schneegipfel des Berges Vitoscha von der untergehenden Sonne bereits rosa gefärbt. Schweigend fuhren wir weiter. Da wir nicht an das Aufschlagen des Zeltes und die Zubereitung des Abendmahls denken mussten, konnten wir die Fahrt fortsetzen, bis wir ein Hotel fanden.

Christina war so müde, dass sie sofort zu Bett ging. Ich brachte den Wagen zu einer Garage und fuhr dabei zum erstenmal durch das Strassenlabyrinth einer Grossstadt, in der die Menge ohne Furcht oder böses Gewissen mitten auf der Strasse herumspaziert. Der Erfolg meiner Fahrkünste regte mich derart auf, dass all meine Müdigkeit verging. Als ich ins Hotel zurückkam, fand ich Christina angezogen vor; sie hatte Marjorie angerufen, und bald brachte uns ein Taxi zum Boulevard Oswoboditel.

Unter der Obhut und Leitung Marjories assen wir mittags und abends auswärts. Dabei traf ich den schneidigen Silianoff, den einzigen Bulgaren, den ich kannte. Düster sprach er vom Völkerbund in Genf, wo wir uns zum letztenmal gesehen hatten. Wir plauderten über unsere gemeinsamen Freunde, die der grossen Organisation den Rücken gekehrt hatten, bevor sie ihrem Ende zuging – über den lustigen Hilary St. George Saunders, den Gourmet, Clarence Streit, den eleganten Utopisten, der stets das Manuskript seines Buches *Union Now* mit sich führte, das Buch, das dann in den Staaten so grosses Aufsehen erregte. Während der Unterhaltung sah ich einer Gruppe von Schulkindern zu, die in dem nahe gelegenen öffentlichen Park um die Nationalflagge versammelt waren. Es wurde ihnen Patriotismus beigebracht; dabei erfuhren sie, dass ihr Land vor siebzig Jahren von der türkischen Herrschaft befreit worden war. Dann fand ein allgemeines Gebet statt, und am Schluss machten die Kinder Bewegungen, als fingen sie Fliegen auf ihren Nasen – nein doch: sie bekreuzigten sich hastig, bevor bei Sonnenuntergang die Flagge eingezogen wurde.

Am nächsten Tag war es Christina übel; sie erbrach sich und schlief den ganzen Nachmittag hindurch. Selbst als sie die Augen öffnete, mich aus der Tiefe ihrer Hilflosigkeit anblickte und erklärte, es sei ihr sterbensübel, begriff ich nicht, was geschehen war. Ihre Worte klangen so jämmerlich, dass ich erschrocken gewesen wäre, hätte ich nicht geglaubt, es sei alles auf ihre Abspannung zurückzuführen.

Doch blitzartig erkannte ich die Wahrheit, als ich auf dem Boden des Badezimmers die Scherben einer Ampulle liegen sah. Sie war wieder einmal unterlegen, sie hatte unseren Pakt gebrochen, sie hatte das getan, was zu verabscheuen sie vorgab. Meine Gesellschaft, mein Vertrauen in sie, die Furcht, mir zu missfallen, hatten keine Wirkung gehabt.

Was bedeutete das? Was sollten wir tun?

Welche war die wahre Christina? Grau wie Mörtel, sah ihr Gesicht wie tot aus, die Lider waren braun, die Lippen blau angelaufen, das Kinn starr verzerrt. Das konnte nicht die wahre Christina sein, sie hatte sich in einer Welt verloren, zu der ich keinen Zugang hatte. Ich wusste nicht, was ich sagen sollte – meine Worte könnten verletzen oder erbittern. Und ich hatte ja auch nichts zu sagen!

* * *

Wir liessen Sofia hinter uns und fuhren schweigend einher. Marjorie hatte uns auf die richtige Strasse gebracht und uns mit der ganzen Kraft ihres gütigen Herzens gute Reise gewünscht. Am letzten Abend hatte sie zartfühlend versucht, Christina zu helfen, indem sie ihr von einem tiefgehenden eigenen Erlebnis erzählte: Eines Tages, als sie völlig verzweifelt gewesen sei, habe sie auf einmal klar erkannt, wie unwichtig sie eigentlich sei; seitdem sei es ihr unmöglich, ihre Schwierigkeiten tragisch zu nehmen.

Wortlos fuhren wir durch das ›Tal der Rosen‹; aus diesen Blumen wird die berühmte Rosenessenz, das Attar, gewonnen. In den Dörfern trugen die Männer kleine Turbane und tranken aus winzigen türkischen Tassen Kaffee, die Frauen waren in schwarze Tücher gehüllt, alte Weiber sassen auf Bänken und hielten die Spinnrocken wie seltsame Waffen hoch.

Am Rand eines grossen Feldes kauften wir für siebzig Rappen einen kleinen Korb mit Erdbeeren. Die Leute erzählten uns, dass deutsche Studenten, die freiwillig beim Pflücken halfen, gesagt hatten, wenn Hitler ihnen, den Bulgaren, nicht achttausend Tonnen Erdbeeren und ihren Tabak und ihre Blumenessenzen abkaufte, würden sie alle verhungern. Einige der pflückenden Frauen trugen weite türkische Hosen; wir fotografierten sie so nebenbei. Als wir wieder im Wagen sassen, schien auf unseren Schultern eine unsichtbare Schwere zu lasten.

Christina sass neben mir und chauffierte mit ihrer gewohnten Nonchalance. Das Schweigen war direkt greifbar, wie eine zähe Masse, für die ich keinen Lösestoff besass. Wann würde sie aufhören, den lebenden Leichnam zu spielen, wann würde sie von dem sprechen, was gesagt werden musste?

Wahrscheinlich litt sie Qualen … dennoch musste ich festbleiben und wie ein Mann handeln, durfte keine Rührung oder zärtliche Schwäche zeigen, Regungen, die sie zu ihrem eigenen Ruin ausnutzen könnte. Ich fragte mich, ob diejenigen, die ihr früher geholfen hatten, sie nicht zu sehr geliebt hatten, nicht zu bekümmert ob ihres Elends gewesen waren, zu sehr bereit, ihren Neigungen nachzugeben. Ich hoffte, Erfolg zu haben, wo die andern versagt hatten, weil ich anders als jene war, weil ich sie nicht liebte, wie jene es getan hatten – darum könnte ich wahrscheinlich einen gewissen Einfluss auf sie ausüben. In unserem alltäglichen Leben fühlte ich mich ihr zuweilen so fremd, dass ich Mühe hatte, das Du weiterzuführen, eine Zurückhaltung, die bei mir etwas sehr Ungewöhnliches ist.

Trotzdem war ich ihr herzlich zugetan. Ich liebte ihren grosszügigen Mut im Kampf gegen Ungerechtigkeiten, ihre Ehrlichkeit gegen sich selbst, die Art, in der sie ihre innere Einsamkeit ertrug, ihre Überzeugung, dass die Liebe ein Geheimnis sei, das wir erforschen müssen. Doch ein unentrinnbares Schicksal liess sie alles erdrücken, was sie liebend umfasste: sie verlangte zuviel von der Liebe.

Ich war vergangenen Winter aufs Tiefste gerührt, als sie von Neuchâtel aus in ihrer Not an mich schrieb: »Diese Klinik treibt mich zum Wahnsinn. Ich möchte so gerne mit Ihnen sprechen, wenn Sie die Zeit erübrigen könnten.« Ich fühlte mich stark, da ich vom Gebirge kam, wo ich unserer Skimannschaft geholfen hatte. Mit ihrem Wagen holte sie mich am Bahnhof ab. Sie war erschöpft von ihrem Kampf mit den Ärzten; die wollten nicht verstehen, dass Schreiben für sie Nahrung und Leben bedeutete, dass ihr die Liegekur für Magenkranke und Hysteriker nicht bekam. Um uns herum war alles weiss, frischer Schnee war gefallen. Es tat wohl, durch die kräftige, funkelnde Winterluft am See entlang zu gehen. Palazi, mein Eskimohund, ein Knäuel dicker, langer Haare, spielte mit Christina, indem er auf dem einsamen Weg an ihr zerrte. Das kräftige Tier hatte als Führer von Roberts Hundegespann Grönland durchquert. Ein Blick auf dieses brave königliche Tier genügte, um einen aufzuheitern, einem den Beweis zu geben, dass Güte und Adel existieren. Auch in Christinas Gegenwart konnte man keine kleinlichen oder gemeinen Gedanken hegen. Der Kernpunkt unserer Unterhaltung war, dass, wenn sie verrückt sei, ich es ebenfalls sei, denn auch ich wollte mich nicht durch jenes vernünftige Leben, das jedermann empfahl, ersticken lassen. Auch ich war überzeugt davon, dass es unsere Aufgabe sei, nach dem Sinn des Lebens zu forschen – ob wir damit Erfolg hätten oder nicht.

An jenem Abend, ausserhalb Sofias, an einem Bach unter einer grossen Ulme, begann sie schliesslich mürrisch zu sprechen: »Wenn du mich bei dir behältst, nehme ich an, dass ich mich von dir ständig beaufsichtigen lassen muss. Du wirst mir doch nicht mehr trauen?«

»Ich werde es tun, wenn du es willst. Ich habe die Hoffnung nicht aufgegeben. Ich bin sicher, dass, wenn du dich selber besser kennen wirst, dieses selbstgeschaffene Elend schwinden wird wie ein harmloser Nebel.« Ich hätte ihr gerne noch viel mehr gesagt, aber ich wusste, dass sie mir nicht zuhören wollte.

Am nächsten Tag sah sie wie eine gewöhnliche Rekonvaleszentin aus.

* * *

Südlich von Philippopel wurde die Gegend trostlos kahl, nur da und dort standen einige Hütten. Wir stellten unser Radio aufs Geratewohl ein – ein erregender Tschardasch überflutete uns mit seinen leidenschaftlichen Klängen; ich betrat das Niemandsland der Träumereien. Das war meine fünfte Reise nach dem Osten. Ich kannte den Weg bis Herat in Afghanistan, konnte also bis dorthin nicht vom Entdeckergefühl bezaubert werden. Ausserdem war der Hauptzweck dieser Reise, Christina aus ihrer negativen Atmosphäre zu retten, Bedingungen für sie zu finden, damit sie aus freien Stükken ein normales Leben führte. Ich war sicher, dass wir die Hackins erreichen würden, wenn wir dem mir bekannten Weg folgten; das schloss aber jeglichen Abstecher in schwierige (und wirklich interessante) Gegenden aus. Kurz gesagt, mein Hauptzweck war, Selbstbeherrschung zu erlangen und meine Freundin vor sich selbst zu retten.

Das zweite Ziel hing von dem ersten ab. Nur eine klare Erkenntnis meiner selbst würde mir ermöglichen, Christina bei ihrem Grundproblem zu helfen. Natürlich würde mich diese Selbstbeherrschung der Wirklichkeit näher bringen – schon vor langem war ich unter Matrosen und Nomaden auf der Suche nach dem ›wirklichen‹ Leben gewesen. Um mein Ziel zu erreichen, konnte ich mir vorläufig nur ein weiss getünchtes Zimmer in einem Dorf im Pamir vorstellen, wo ich lernen könnte zu denken. Diese Übung sollte morgens stattfinden, bevor ich mich auf die Suche nach Köpfen für meinen Greifzirkel begab.

Lucien Fabre hatte gemeint, dass einem ein muslimisches Land nicht dazu verhelfen könne, sich selbst zu beherrschen; aber ich wollte ja auch keine Hilfe, ich wollte nur fern von dem tobenden, fiebernden Europa mein Inneres erforschen. Meine Suche nach einem in paradiesischem Urzustand lebenden Gebirgsstamm war lediglich ein Vorwand, um der Ratlosigkeit zu entrinnen, die in Europa herrschte. Ich wusste wohl, dass Selbsterkenntnis überall erworben werden kann, aber ich war zu schwach oder zu töricht, um mich in der revolutionären, panischen, militaristischen, chaotischen Atmosphäre, die über Europa einherbrauste, isolieren zu können. Die Ferne würde mir helfen, dessen war ich sicher. Im Abendland jedenfalls schien jeder so verloren wie ich, warum es also nicht mit dem Orient versuchen?

Und nun mein zweites Ziel: Mag zu Beginn mein Wunsch, Christina zu helfen, auf selbstlosem Elan beruht haben, jetzt war er jedenfalls gemischt mit Stolz und

Eitelkeit: ich, Kini, könnte es nicht ertragen, besiegt zu werden – daher durfte ich keinen Fehlschlag erleiden. Aber meine Zweifel am Erfolg waren jetzt ebenso aufrichtig wie das Vertrauen, das ich in London empfand, als ich den Fehdehandschuh aufhob, den mir Irene zugeworfen hatte.

Ich wiederholte Christina die düsteren Prophezeiungen, die ich damals gehört hatte, fügte aber, um ein Gegengewicht zu schaffen, hinzu, dass Blaise Cendrars ihre, Christinas, Qualitäten gespürt habe und darauf brenne, sie wiederzusehen. Christina war andererseits davon abgeraten worden, mit mir zu reisen, da ich eine unmoralische Zynikerin sei: hatte ich nicht in einem Buch geschrieben, dass ich auf eine Reise nach Zentralasien Salvarsan mitgenommen habe? – der Beweis, dass ich entschlossen gewesen sei, ein ausschweifendes Leben zu führen. Christina hatte darauf kühl erwidert: »Kini liebt es, unter Nomaden zu leben, und es ist bekannt, dass unter ihnen venerische Krankheiten verbreitet sind. Daher hat sie Medizin mitgenommen für den Fall, dass sie durch Trinken aus ihren schmutzigen Gefässen angesteckt würde.«

* * *

Beissender Brandgeruch alarmierte uns. Wir machten halt und suchten nach dem Grund. Ich fand heraus, dass er von Christinas erster bulgarischer Zigarette herrührte, die sie gerade angezündet hatte!

Wir fuhren durch die Maritzaebene – weit, baumlos lag sie da. Störche, die geduldig in dem hohen Gras standen, bildeten weisse Flecken. Büffel mit mächtigen Schädeln, flachen Hörnern, müden, verschwollenen Augen und glänzender Haut wälzten sich unter den kleinen Brücken im Schlamm, ein typischer Anblick in diesem heissen, von Moskitos geplagten Land.

Der Wagen kam zur Barriere der türkischen Grenze. Trotz unseren Erklärungen brachte der Beamte ein Durcheinander fertig. Er schrieb auf, dass Madame Silvaplana, née Francis, Legationssekretärin sei.

»Nein, das ist der Beruf ihres Gatten.«

»Wie soll ich sie dann bezeichnen? Professor?«

In dem Augenblick entdeckte der Mann, dass er es mit einem Diplomatenpass zu tun hatte, und drückte eiligst einen Gummistempel nach dem andern auf unsere Papiere. Wahrscheinlich infolge seiner Eile vergass er, uns darauf aufmerksam zu machen, dass wir eine Militärzone betraten.

Aus der Karte sahen wir, dass wir uns Edirne (Adrianopel) näherten, und bald kamen wir zu Gemüsegärten. Aber das, was wir sahen, nachdem wir einen kleinen Hügel umfuhren, hatten wir nicht erwartet: von den waagrechten Strahlen der Abendsonne beleuchtet, schwebte über dem lilafarbenen Nebel eine Vision wie aus Tausendundeiner Nacht; in dem goldenen Licht ragten schlanke Minarette empor; unglaublich hoch wirkten sie neben purpurnen, riesigen Kuppeln und sahen aus wie die Masten eines marmornen Schiffes, das an einem schillernden Himmel verankert ist. Verblassend, hinterliess diese überwältigende Vision nur einige Umrisse, die nach jener glänzenden Pracht trübe und leblos wirkten.

Da wir die Morgenröte in diesem Rahmen erleben wollten, schlugen wir hier unser Zelt auf. Es schwirrten aber so viele Kinder herum, dass wir wieder zusammenpackten, wobei wir ständig antworten mussten, wir seien keine Deutschen. »Aleman iok? – nein, nein« – ein Dementi, das wir von nun an täglich wiederholen mussten.

Nachdem wir durch die Stadt gefahren und wieder im offenen Land waren, hielten wir nach einer Stelle Umschau, wo wir die Nacht verbringen könnten. Aber die Ostseite von Adrianopel lag verlassen da – halbversunkene Grabstellen zeigten einen riesigen Friedhof an, ein sicheres Zeichen, dass die Stadt einst eine muslimische Hauptstadt gewesen war. Wir suchten nicht länger und schlugen das Zelt auf einem Brachfeld auf. (In dieser Nacht beschloss Christina, da der Boden steinhart war, ein rundes Luftkissen für ihre Hüften zu kaufen.)

Im Tageslicht sahen wir die Stadt weit hinter uns liegen. Da wir am Samstag noch vor Einbruch der Dunkelheit nach Istanbul kommen wollten, nahmen wir von unserem Zelt aus Abschied von den Sehenswürdigkeiten Adrianopels. Ein Bauwerk, von dem grossen Sinan im sechzehnten Jahrhundert erbaut, soll sein Meisterstück sein: die Moschee des Sultans Selim II., so gross wie die Hagia Sophia.

Wir hatten sehr recht, dass wir so früh auf gebrochen waren; die internationale Strasse wurde gebaut, und in drei grässlichen Stunden legten wir nur dreissig Kilometer zurück. In den tiefen Geleisen der schweren Lastautos blieb der Ford entweder stecken oder stiess gegen Steine. Als wir endlich bei Tschorlu zur guten Strasse kamen, filmten wir in unserer Begeisterung unser erstes Storchennest auf einem Minarett.

In der Türkei eine Kamera zu benutzen ist eine riskante Angelegenheit, und die Gefahr wächst, je mehr man sich Persien, Russland oder Japan nähert. Ich wusste das sehr gut, hatte aber nie erwartet, dass die erste Verhaftung so bald erfolgen würde. Unsere Störche befanden sich unglücklicherweise zwanzig Schritte von einem Gendarmerieposten entfernt ... sehr bald sassen wir dort drin: es war eines jener alten Holzhäuser, auf deren Besichtigung ich so erpicht war!

Ich wusste nicht, wie ich den Inspektor, der hinter unseren fünf Kameras sass, günstig stimmen sollte. Fünf Kameras, das war höchst verdächtig, und sie waren nicht plombiert, und wir hatten sie in der Militärzone benutzt. Warum wir uns unwissend stellten? Wir sollten über jede Stunde, die wir in der Türkei verbracht hatten, Rechenschaft ablegen. Wo wir die vergangene Nacht geschlafen hätten? Warum in unseren Pässen nicht der obligatorische Stempel des Hotels sei? Ausserhalb Adrianopels im Freien geschlafen! »Das soll ich Ihnen glauben?« fragte der Mann entrüstet. »Ich werde Sie erst freilassen, wenn Ihre Filme entwickelt sind.«

Es dauerte lange Zeit, bis wir das begriffen; der Inspektor sprach nur Türkisch, und in dieser Sprache konnten wir nur »Aleman iok« sagen. Unglücklicherweise wimmelte das Land von deutschen Spionen, die alle das Gleiche sagten. Der Dorffotograf und eine Lehrerin, die Französisch sprach, wurden geholt; angesichts der Behörde zitterten sie vor Furcht. Christinas Geduld war erschöpft. Sie überlegte, was für eine Drohung auf den Inspektor Eindruck machen könnte. Ich bekam es mit der Angst zu tun, wendete all meine Überredungskunst auf und erklärte ihr, in kürzlich modernisierten Ländern lohne es sich, so zu tun, als sei man höchst beeindruckt von den Beamten.

Mit seinen dicken, von Säuren gebräunten Fingern versuchte der Fotograf vergeblich, unsere kleinen Filmkameras zu öffnen. Schliesslich erklärte er, dass er mit solchem Material nicht umgehen und die Filme daher auch nicht entwickeln könne. Zu unserer grössten Überraschung wurden wir dann sofort entlassen. Der Inspektor, der ohne Zweifel menschlich war, hatte Hunger: wir waren über vier Stunden in seinem Bureau gewesen.

Zwischen wogenden gelben Weizenfeldern rasten wir einher, weit im Süden begleitet von der bewegungslosen dunkelblauen Linie des Marmarameeres.

Bei Sonnenuntergang näherten wir uns abermals einer Hauptstadt. Dunkles Laub bedeckte einen wellenförmigen Landstreifen. Darüber türmten sich zwischen Baumgruppen, wie eine Chinesische Mauer, die hohen Stadtmauern von Istanbul. Im Jahre 1453 kämpfte und starb auf diesen Mauern der letzte Kaiser von Byzanz, besiegt von Muhammad II. Der Sultan war so mächtig gewesen, einer Welt das Ende zu bereiten, der Welt des Römischen Reiches, deren Grösse und Herrlichkeit über tausend Jahre gewährt hatte. Dieser schreckliche Türke war erst einundzwanzig Jahre, als er seine 160000 Mann in die Schlacht führte. Vor der Erstürmung sagte er seinen Leuten: »Drei Dinge sind nötig, um einen Krieg zu gewinnen – den Sieg zu begehren, sich vor der Niederlage zu schämen und seinem Herrn zu gehorchen.«

An jenem Samstagabend standen am Adrianopeltor nur einige Männer mit Arbeitermützen, gelangweilt frische Luft schöpfend.

Irgendwo in der riesigen Stadt, die sich zu unseren Füssen ausbreitete, musste es eine Auseinandersetzung zwischen Christina und mir geben.

6

Istanbul

Wir brauchten uns die Stadt nicht anzusehen, denn wir kannten sie beide. Ich ging nur nach Sultan Achmed, der grossen Moschee mit dem gebohnten Parkettboden; von deren stillen Erkerfenstern aus hat man für meinen Begriff den schönsten Blick über den Bosporus. Wenn man an unsere Kathedralen gewöhnt ist, in denen sich alles nach vorne konzentriert, ist es ein Erlebnis besonderer Art, einen Bau mit einer Riesenkuppel zu betreten, in dem man sich nach oben gezogen fühlt.

Im Norden von Istanbul liegt Therapia, das Villenviertel der Reichen. Wir fuhren zum ehemaligen Summer-Palace-Hotel, wo jetzt in grosser Einfachheit der Architekt Holzmeister wohnt, der für Kemal Pascha Ankara gebaut hat. Im ersten Stock befanden sich die Arbeits- und die Wohnzimmer unseres Gastgebers und seines Stabes (österreichische und tschechische Flüchtlinge). Alles strömte eine angenehme Atmosphäre aus, das Bemühen um ausgewogene Proportionen und Einzelheiten, die Sauberkeit, die acht bis zehn Zimmer mit Schreib- und Zeichentischen, die zweckmässig aufeinander abgestimmt waren.

Holzmeister ging mit uns zu dem kleinen Hafen, wo, wie er wusste, Bauernmädchen Himbeeren verkauften. Ruderboote und Yachten lagen in leisem Wiegen vor Anker, Knaben tummelten sich lärmend im Meer. Von einem leichten Nordwind bewegt, plätscherte das tiefe, blaugrüne Wasser gegen den marmornen Quai. Fischer ruderten gemächlich ihre Barken mit dem schöngeschweiften Bug. Die Abendsonne färbte das Ufer purpurrot – das war mein lachendes Mittelmeer, dieses einschmeichelnde Meer, über das sich Bäume neigen, dessen Kultur und Atmosphäre wie für die Menschen geschaffen ist. Wie konnte ich so verrückt sein, der Welt, zu der ich gehörte, den Rücken zu kehren?

Auf einer Terrasse assen wir unter dem weiten Himmel zu Abend: Gemüsesuppe, kaltes Fleisch, Salat, Käse und Früchte. Neben Christina sass ein Arzt, der sie einmal in Ankara behandelt hatte.

Unser Gastgeber – sein weisses Haar schimmerte in der Nacht – wurde von seinen Mitarbeitern hoch verehrt und respektiert. Seine intensive Vitalität liess keine Melancholie aufkommen, als wir über ihre Heimat sprachen. Mein gutaussehender athletischer Tischnachbar sang uns zu Ehren zur Guitarre einige Schweizer Lieder. Dann fielen die andern im Chor ein, und all diese Lieder riefen die Erinnerung an die fernen Alpen in uns wach. Das letzte Lied, das schönste, endete ergreifend:

O Land Tirol,
Mein einzig Glück,
Dir sei geweiht
Mein letzter Blick!

Diese schweren Worte voll ruhiger Entschlossenheit wirkten herzbeklemmend, da sie aus der Kehle dieser Verbannten kamen. Diese Leute waren ganz anders als die Emigranten, die ich bisher kennengelernt hatte, die Russen, die auf das wundersame Wiedererscheinen eines Zaren warten.

Wir fuhren zu unserem ›London Oteli‹ zurück. Christina schwieg – offensichtlich war sie tief bewegt, aber es dauerte nicht lange, so schliefen wir fest.

* * *

Christina lag auf dem Boden, zusammengerollt, blutlos, sie glich eher einem krepierenden Hund denn einem menschlichen Wesen. Ich stand über sie gebeugt, trat sie, brüllte sie wütend an: »Wirst du sprechen? Warum antwortest du nicht?« Ich wusste, dass sie sprechen würde, wenn ich ihr weh genug täte, und dann könnten wir alles in Ordnung bringen ... Ich schlug sie in ihr starres Gesicht ... vergebens ... aber ich musste sie zum Sprechen bringen! Wütend versetzte ich ihr einen solchen Tritt in den weichen Leib, dass mir der Knöchel weh tat ... und erwachte. Ich zitterte jetzt in Wirklichkeit vor der Wut, die ich im Traum empfunden hatte.

Tageslicht ... Christinas Bett ist leer ... Wo ist sie? Ist etwas geschehen? Ich muss etwas tun! Aber was? Ich öffne die Tür, gehe auf den Korridor ... zögere – alle Zimmer des Hauses führen auf einen viereckigen Lichthof. Ich bewege mich wie ein Automat, ich höre Christinas Stimme, einsilbig. Dann sehe ich sie am äusseren Ende des Flurs am Telefon. Ihr Gesicht ist mürrisch, trotzig. Sie sieht mich – auf meinem Gesicht spiegelt sich wahrscheinlich noch mein Alpdruck. Sie scheint ihr Gespräch abzukürzen. Noch vor einem Augenblick schämte ich mich, brutal gewesen zu sein, jetzt komme ich mir wie ein Spion vor und verabscheue mein Tun.

Wir sind zurück in unserem Zimmer. Sie erklärt: »Es war mein Tischnachbar von gestern abend. Er sagte mir, er habe etwas Leukodal, ich könne ihn anrufen, falls ich welches brauchte.«

»Hat er dich angerufen?«

»Jedenfalls sagte ich ihm, ich brauchte es nicht.«

»Christina, weisst du, wieso ich aufgewacht bin? Ich hatte deine blossen Füsse nicht gehört, aber ...« Und ich erzähle ihr meinen Traum, verschweige keine der abscheulichen Einzelheiten.

Wir sind bewegt. Dieser Alptraum zeigt, dass wir stärker miteinander verknüpft sind, als wir dachten. Ich bin völlig durcheinander, dass ich solcher Brutalität fähig sein sollte. In der Nähe unseres Hauses ist das berühmte Pera-Palace-Hotel, in dem ich mir Christina vorstellte, als ich zum erstenmal von ihr gehört hatte: Miettes Mann hatte sich dort mit ihr getroffen, um archäologische Fragen mit ihr zu besprechen. Vor etwa drei Jahren erzählte er mir, wie reizend sie ihn empfangen habe – *avec toute l'aisance que donne la fortune.* Jetzt bin ich mit Christina in Istanbul, aber was für ein Gegensatz zwischen heute und damals: gerade vorhin hatte ich im Geiste dieses kluge Wesen halb totgeschlagen.

»Ich glaube, ich würde dich lieber umbringen, statt dich als das menschliche Wrack meines Traumes zu erleben.«

»Kini, ich habe dich schon seit langem fragen wollen, warum du dir eigentlich meinetwegen so viel Sorgen machst?«

»Warum ich mir deinetwegen Sorgen mache ...? Ich weiss nicht. Ich kann nicht sagen, weil ich dich liebe, denn ich hasse dich, wenn ich sehe, wie du deine Gaben vergeudest – ich sage Gaben. Es ist nicht dein Verdienst, dass du sie hast, sie sind aus einer höheren Intelligenz entstanden als deiner augenblicklichen Verdrehtheit.

Kannst du denn nicht einsehen, dass sie dir nicht anvertraut worden sind, um sie zu vergeuden? Aber um deine Frage zu beantworten: ich reise mit dir ... einfach weil ich mit dir reise! Erklärungen findet man immer später.« Ich schwieg einen Augenblick und fügte dann hinzu: »Du weisst doch, dass du ohne dieses Gift auskommen kannst, du hast es doch monatelang gekonnt. Was soll ich jetzt tun? Ich kann dich nicht vor dir selbst schützen! Soll ich dich nachts einsperren? Deine Koffer durchsuchen? Dauernd auf dich aufpassen? Grosser Gott, mit welcher Berechtigung könnte ich mir erlauben, deine Unabhängigkeit einzuschränken?«

»Ich gebe dir völlige Macht über mich, bei Tag und bei Nacht. Lass mich nicht allein. Wenn es wieder passiert, lasse ich dir den Wagen und reise allein zurück. Wir wollen rasch von hier fort. Wenn ich nicht in einer Stadt bin, weiss ich, dass ich keines kriege, und kann leichter leben. In einer Stadt denke ich dauernd: Jeden Moment kann die Versuchung über mich kommen, ich werde nachgeben, verlockt durch den Gedanken an die wenigen Minuten des Vergessens, die mir das Gift verschafft – obwohl ich weiss, dass ich dafür mit stundenlangen Qualen büssen muss. Es bereitet mir nicht einmal Vergnügen, es ist eher wie eine Pause im Nichts ... die einzige Entspannung, die ich kenne. Die übrige Zeit, selbst während der endlosen Nächte, lebe ich in der Furcht, dass die Furcht mich überwältigen wird ... dass diese bohrende Versuchung den Wall meiner Entschlossenheit durchbrechen wird. Ich lebe in einem halbgelähmten Zustand, voll Entsetzen vor dem, was geschehen könnte.«

»Unsinn! Du bist der Spielball deiner Phantasien. Ich glaube, dass du, um intensiver zu leben, dich allzuleicht

Exzessen aller Art hingibst – Erregungen, Trinken, Arbeit, soziale Auflehnung. Tust du eigentlich all das, um dich möglichst rasch zu vernichten? Du musst gezwungen werden, einige Zeit ein ruhiges, eintöniges Leben zu führen. Dann wirst du lernen, wie reich und tief eine sogenannte gewöhnliche Minute sein kann.«

»Aber schau mal, wie das Schicksal gegen mich ist: Wieder und wieder, wenn ich mich davon freigemacht habe, bekomme ich es durch irgendwelche Umstände in die Hand ... und dabei soll es unmöglich sein, es zu erhalten!«

»Das kommt daher, weil ein Teil von dir es noch immer verlangt; aber du versuchst ja, dich selbst zu täuschen. Du bist wie die ›friedliebenden‹ Nationen, die Abrüstungskonferenzen abhalten, obwohl sie genau wissen, dass sie gar nicht gewillt sind, den Krieg unmöglich zu machen. Wenn du nicht den Wunsch danach hättest, könnte es ruhig neben dir liegen. Denk doch nur daran, wie du dich über unseren Abend in Adrianopel gefreut hast, wie völlig du in deiner Arbeit aufgehen kannst – was hast du dann gemein mit jenem angsterfüllten Menschen, den du beschreibst?«

»Darum bedeutet mir Schreiben ja soviel ...«

»Wenn du die Arbeitsbedingungen in den Staaten untersuchst oder Unterlagen zusammenstellst, um eine Biographie zu schreiben, dann ist dieser abscheuliche Teil deines Ich verschwunden. Es handelt sich nur darum, etwas zu finden, das dich fesselt, dann bist du gerettet.«

»Je mehr ich die verschiedenen Probleme studiere, desto mehr verzweifle ich und verliere den Glauben an eine Gerechtigkeit in dieser Welt ...«

»Aber wer kann sagen, was gerecht ist?« unterbrach ich sie. »Wir haben doch abgemacht, nicht mehr über diese Welt zu klagen, bevor wir tiefere Einsicht haben. Wir hatten doch gesagt, dass, wenn das Reich Gottes inwendig in uns ist, kein Grund vorhanden sei, nicht Gewissheit darüber zu erlangen. Wir waren uns auch darüber einig, dass die Suche danach spannender sein würde als die gewagten Dinge, die wir getan haben, um unser Leben intensiver zu gestalten. Wir wollen vorwärtsblikken … und um Gottes willen, habe mehr Geduld!«

7

Das Schwarze Meer

Von der Galatabrücke aus an Bord der ›Ankara‹ in See zu stechen, war wie der Beginn eines neuen Lebens – unser Kontinent, unsere Vergangenheit, unsere Fehlschläge, alles schwand dahin.

Ich hatte Glück an dem Tag; im letzten Moment brachte mir die Post meinen Tschoga, den ich in Sofia vergessen hatte. Nicht nur, dass ich sonst keinen Mantel mithatte, sondern er war ein besonders schönes, weisswollenes Kleidungsstück, handgewoben von Bergbewohnern eines Pamirtals; obwohl capeartig, hatte er lange Ärmel, die bis zu den Knien baumelten; in die schlüpft man nur im Winter und kann sie dann als ziehharmonikaähnlichen Muff benutzen. Ich trug diesen Tschoga wie ein Schiff, das den ›Blauen Peter‹, die Abfahrtssignalflagge, hisst – als Emblem des Aufbruchs nach einem grossartigen Land, das mich zurückrief.

Auch der Ford war bestimmt froh, Pera hinter sich zu lassen, mit den engen, holprigen, dunklen, gewundenen, übelriechenden Gassen, Schwestern von Gassen in Malta und Marseille, wo alte Männer auf den Schwellen hocken, Körbe von den oberen Stockwerken hinuntergelassen werden, wo Wäsche auf Leinen hängt, die über die Gassen gespannt sind, wo Katzen auf den Fensterbrettern sitzen und das Leben und Treiben betrachten. In der Nacht muss unser Wagen in der Garage eine interessante Geschichte von seinem Nachbarn gehört haben, dem grossen roten Mercedes, der König Zogu von Albanien noch im letzten Moment vor seinen italienischen Feinden gerettet hatte. Seine Kühlerhaube trug ein Gemsgehörn, das ein silberner Adler überragte! Aus einer Plakette am Armaturenbrett ging hervor, dass der Wagen ein Geschenk Adolf Hitlers war – es war darauf eingraviert: »Viel Glück für jetzt und immer!«

Von allen Städten, die ich kenne, ist Istanbul die kosmopolitischste; keine weist eine ähnliche Vielfalt von Rassen, Religionen, Schriftarten, Kleidung, Architektur auf. Vom Meer aus präsentiert Pera sogar die Silhouette eines Wolkenkratzers. Ich schlage vor, Istanbul, das zentraler als Genf liegt, zum Sitz des nächsten Völkerbundes zu machen. Dort könnten sich die Töchter Stalins, König Georgs und Nehrus leicht mit Madame Tsiang Kai-schek treffen, um zu beschliessen, ob Eurasien gegen die beiden Amerika kämpfen soll!

Auch Christina war in fröhlicher Stimmung: der Zahlmeister des Schiffs hatte sie mit Monsieur angeredet! Je weiter wir gen Osten kamen, desto öfter hielt man sie für einen Knaben. Und das taten nicht nur Asiaten, in Delhi sprach der gescheite Major Gastrell eine Viertelstunde mit ihr, bevor er überhaupt auf den Gedanken kam, dass sie eine Frau war.

Wieder einmal war Fotografieren verboten – ein Anreiz, verstohlen die mittelalterlichen Befestigungen von Rumeli Hissar aufzunehmen, und später merkwürdige Fischerboote – auf gekappten Masten, wie auf einer Stelze, standen Männer und hielten einsame Wacht.

Unter den Schirmpinien Therapias winkten uns die Österreicher mit Servietten zu, als wir vorbeidampften.

Unser Schweizer Konsul hatte uns erzählt, dass drei Schweizer Burschen ebenfalls mit dem Wagen nach

Kabul unterwegs seien, aber er sei sicher, dass wir Frauen zuerst hinkämen. Das schien sehr wahrscheinlich, denn unsere Konkurrenten wollten den langen Weg auf den miserablen Strassen quer durch Anatolien zurücklegen. Ausserdem wussten die Burschen offenbar nichts von den eifersüchtigen Göttern, die ein Vergnügen darin finden, Pläne zunichte zu machen: sie hatten ihr Reiseziel durch eine riesige, auf den Wagen gemalte Inschrift KABUL verkündet und liessen sich von den klebrigen schwarzen Fingern ihrer Majestät, der Presse, ihre Pläne durchstöbern. Es erübrigt sich zu sagen, dass wir diese Dummheit nicht begingen.

Da die Türken viel Kohle besitzen, aber kein Erdöl, haben sie ihre Hauptanstrengungen auf den Eisenbahnbau verlegt – die Strassen waren noch immer in schauerlichem Zustand. Daher hatten wir beschlossen, sie zu meiden, indem wir so weit als möglich auf dem glatten Pontus Euxinus gen Osten glitten. Wie Léon de Thurié wollten wir am liebsten, »Odysseus gleich, auf dem Rükken liegend, den Rest der Reise segeln«. Mit dem Schiff wollten wir der ganzen Türkei entlangfahren, dem Ausläufer Asiens, der sich wie eine Brücke zur offenen Hand Griechenlands erstreckt. Von Trapezunt aus kämen wir dann bald zur hohen Schwelle Irans – Persiens, wie es bisher hiess.

In unserem ›London Oteli‹ hatten wir einen gescheiten Ingenieur kennengelernt, nach dessen Auskünften wir uns für unsere wahrscheinlich ziemlich langweilige Fahrt allerhand Würze versprachen. Die östliche Türkei wimmle von ›arischen Spionen‹, das wisse er ganz bestimmt. Die Erlebnisse, die uns bevorstünden, würden uns für immer die Lust am Reisen vertreiben – Reisende würden verhaftet, ihre Kameras und ihre Papiere konfisziert. »Man wird Sie bestimmt zurückschicken. Aber was Sie auch tun, stellen Sie keine Fragen!« schloss er.

Aber Reisen bedeutet Fragen!

Unser Schiff war in Holland gebaut; der Speisesaal war mit blauen Kacheln mit Windmühlen, Klampen und Häubchen verziert. Wir hätten vergessen können, wo wir uns befanden, hätte nicht unaufhörlich türkische Musik aus einem Lautsprecher geheult – obwohl wir dem Oberkellner, der es hätte abstellen können, verführerisch zulächelten und entsprechende Bemerkungen machten. Mit versunkenen Mienen und uns ab und zu am Kopf kratzend, schrieben wir die ersten Reiseberichte, die wir unserer Presseagentur schuldeten. Trotz ihrer grösseren Praxis brachte Christina auch nicht viel schneller als ich das Notwendige zustande. Sie war ebenso unzufrieden mit dem Resultat ihrer Bemühungen wie ich, aber ihr Stil war flüssiger als der meine.

Nachdem sie den armseligen Artikel, mit dem ich gerade fertig geworden war, durchgelesen hatte, lobte sie ihn ihrer Gewohnheit gemäss. Das veranlasste mich zu einem Geständnis: »Christina, du scheinst bei mir nur Qualitäten zu sehen … jetzt weiss ich auch, warum. Du kritisierst nie andere, nur dich selbst. Du akzeptierst uns, ohne je zu urteilen. Aber du musst nun endlich wissen, was für ein Mensch ich bin: gerade eben war ich ganz erbärmlich eifersüchtig auf dich, weil ich weiss, dass du der bessere Mensch von uns beiden bist … bald, sowie du dich entschliesst, deine Angst aufzugeben, wirst du gross werden. Und trotzdem mäkle ich dauernd an dir herum, soll ich dein Mentor sein! Der Blinde, der den Lahmen führt – was für eine Farce!«

»Aber, Kini, du irrst dich. Meine Bücher haben nicht so viele Auflagen wie die deinen. Und du weisst ja, ich bin noch nicht einmal übersetzt worden!«

»Diese Bemerkung ist ebenso kindisch wie dein Wunsch nach Popularität. Reuters Nachrichten werden in alle Sprachen übersetzt und haben mehr Leser als das beste Gedicht des Jahrhunderts – dein Argument beweist also nichts. Du schreibst jetzt wertlose Artikel, aus Stolz, um dir dein Leben zu verdienen; überlass das denen, die darauf angewiesen sind. Nimm die Rente deines Vaters an und widme deiner wirklichen Arbeit mehr Zeit. Warum schämst du dich, reich zu sein? Der Reichtum deiner Familie, in dem du aufgewachsen bist, hat wahrscheinlich einen guten Grund. Wie sehr du dich auch einschränkst, ein ganz bescheidenes Leben führst, es wird immer Menschen geben, die weniger besitzen als du; wo also willst du die Trennungslinie ziehen? Auf alle Fälle liegt die Grösse, von der ich sprach, mehr in dir selbst als in deinen Büchern.«

* * *

Heute, sechs Jahre später, da ich diese Zeilen schreibe, glaube ich, wenn der Sinn des Geborenwerdens darin besteht, lange zu leben, dann habe ich, da du ja nicht mehr bist, gewonnen. Aber – und ich ziehe diesen Glauben vor – wenn wir dazu bestimmt sind, das, was wir im tiefsten Innern empfinden, auszudrücken, dann hast du gewonnen. Um diesen Sieg zu erringen, musstest du zunächst deiner Herzensangst vor dem nutzlosen Vergeuden der Lebenskraft und der Erbärmlichkeit der Liebe Ausdruck geben!

Dieses Formen unserer innersten Neigungen geht über alles Ethische hinaus – es wird eine Zeit kommen, da wir trotz allem so wahr sein müssen, wie es uns möglich ist, und so unser tiefstes Wesen offenbaren. Unser Tod kann es ebenso klar ausdrücken wie unser tägliches Leben, die Art, wie eine Mutter ihr Kind liebt, ebenso wie eine überraschende heroische Tat oder ein gutes Gedicht. Daher glaube ich, dass sogar Feiglinge, Diebe oder eitle Diktatoren, und nicht nur geduldige Angestellte oder Künstler, einen ähnlichen Grad der Erfüllung erreichen können, nachdem erst einmal die ihnen angeborenen Eigenheiten erschöpft sind. Die Lilie oder die Schlange, die Brennessel oder die Katze tun dies, sie vollbringen das Wunder der Treue zu sich selbst. Wir sind komplizierte Geschöpfe, die von ihren inneren Widersprüchen gequält werden, aber wir sollten uns selbst entwirren, um den Grundton unseres Innern freizulegen. Unsere Art, das zu tun, mag unmoralisch scheinen, aber ich weiss, dass sie dennoch gut ist, denn wir sind mehr als moralische Geschöpfe – Moral ist nicht der Zweck des Lebens, sondern nur eine Abkürzung des Weges zur Wirklichkeit. Und nur, indem wir unsere Eigenheiten überwinden, können wir durch sie hindurch zu unserem Kern vordringen. »Ein Held ist der, der sein Wesen in einem unverrückbaren Mittelpunkt verwurzelt hat«, schrieb Emerson. Das Gleiche gilt natürlich für den glücklichen Menschen, der nicht von seinem Mittelpunkte wegzureissen ist und auch nie weggerissen werden kann. Je eher wir über unsere Angst, unsere Feigheit, unsere Einbildung, unsere Geduld, unseren Mut und auch unsere Liebe zu einem begrenzten Ziel oder einem einzelnen Geschöpf hinausgelangen, desto eher werden wir unseren Grundton erreichen, unser Zentrum, diese stille Note, auf die die Vielfalt in Wirklichkeit hinweist, obwohl wir sie als ablenkend und isolierend betrachten.

Du hast nicht nur dich ausgedrückt, Christina, du hast auch das Tiefste in dir erlebt, du bist über deine selbstzerstörerische Qual hinausgegangen.

Ich werde später zeigen, wie ich zu dieser Erkenntnis kam.

* * *

Auf der Suche nach Sonne stiegen wir auf das obere Deck, wo wir den Funker allein in seiner Welt der Töne fanden. Auf seinem Dach wuchs in Holzkisten ein Garten, ein Vogel sang in einem Käfig. In der Kabine hing eine Plüschblume über einem winzigen Schiffsmodell. Er war ein lächelnder Einsiedler. Aber voll Kummer erklärte er: »Ach, Kemal Atatürk ist vor acht Monaten gestorben, und wir brauchten noch fünfzehn Führer wie er, um etwas aus unserem jämmerlichen Land zu machen!«

In Songuldak – ein Hafen an einem grünen Küstenhang, wohin eine Eisenbahn Kohlen und Eisenerze aus dem Landesinnern bringt – wurden deutsche Lastautos von Bord auf schwankende Leichter verladen. Steif ausgestreckte Büffel und Schafe wurden von einem Kran durch die Luft befördert; die Büffel hingen an Gurten, die um ihre Leiber geschlungen waren, die Schafe waren an den Beinen festgebunden. Männer kletterten an Tauen an Deck, drängten sich durch die lärmende Menge auf dem Hauptdeck, boten Kirschen und Brombeeren, Brot, Körbe, Bänder und Blumen zum Verkauf an. Unser Ford wurde zur Ladentheke des Bäckers: er stand auf dem Trittbrett und hatte seine Brotlaibe auf dem Verdeck ausgebreitet.

Wir legten auch jeweils noch einige Stunden in anderen Häfen an: in Ineboli, Sinope, Samsun, Kerasun.

Lärmendes Leben und Treiben herrschte dauernd in dem Gedränge im Zwischendeck. Unser Schiff bot einen Querschnitt der Menschheit dar: einige gelangweilte Reiche der ersten und zweiten Klasse waren auf leeren Decks verstreut, während unten ein Sammelsurium von Menschen herumwimmelte, wo jeder versuchte, genügend Platz zum Hinlegen zu gewinnen, ohne fremde Füsse oder Ellbogen ins Gesicht zu bekommen.

Wir hatten viel Zeit, um festzustellen, wie privilegiert wir waren. Christina empfand wahrscheinlich, dass es einen zu grossen Unterschied zwischen den Decks gebe, oder stellte sich gar vor, dass jene, die dort unten zusammengepfercht waren, über die Ungerechtigkeit der Welt murrten und uns beneideten. Aber ich, die ich schon mehr als einmal im Zwischendeck gefahren war, erinnerte mich an unsere damaligen Gefühle; keiner von uns gab je den ›Oberen‹ einen Gedanken, und wenn meine Nachbarn dorthin versetzt worden wären, hätten sie sich recht elend gefühlt. Sie brauchten die Herde um sich, sie genossen den Lärm, die Herzlichkeit, den Kampf ums Dasein. Sie zählten ihre geringe Barschaft, entlausten die Säume ihrer weiten Hosen, hüteten die Kinder, fütterten die Hühner in ihren Verschlägen, banden einen Turban neu, schnitten ihre viereckigen Fingernägel mit einem Taschenmesser, bestickten Pantoffeln, kratzten auf einer Geige, teilten sich tropfende Scheiben von Wassermelonen oder gingen zur Kombüse, um sich heisses Wasser für einen dünnen Tee zu holen. Ich bin überzeugt, dass sie zwischendurch über ihre bisherigen Geschäfte nachdachten oder Pläne für die Zukunft schmiedeten.

* * *

Trapezunt mit seinen alten Rundziegeldächern, den kopfsteingepflasterten Gassen voller Fischgestank und den ummauerten Gärten, in denen das Rot der Granatblüten sich vom Blau des Meeres abhebt, gleicht einer italienischen Stadt, wie es sich da an die steile Küste anschmiegt – mit Ausnahme seiner weissen Minarette, von denen aus die Muezzins Allah unter seinem türkischen Namen Tanri anrufen.[1]

Nachdem unser Wagen in einer Barke mit mächtig ausladendem Bug ans Ufer gerudert worden war, gingen wir zum Hotel am Hauptplatz. Am Nachmittag besuchte uns ein Landsmann, der seine Überraschung nicht verbergen konnte: es war ihm erzählt worden, dass eine Dame und ein fünfzehnjähriger Junge gerade aus der Schweiz angekommen seien! Er kaufte für Schweizer Schokoladenfabriken türkische Haselnüsse ein, bekam aber nur ein Zwanzigstel der Ernte, der Rest ging nach Deutschland.

Der Export von Delphinöl war das andere Hauptgewerbe der Stadt. Doch es sah so aus, als hätten die Fische schliesslich begriffen, dass man hinter ihnen her war: sie suchten diesen Teil der Welt nicht mehr auf, und die Fabriken standen still. Delphinöl wurde bereits zu Xenophons Zeiten gewonnen. Seine Leute nahmen es als Ersatz

1 Kaiser Babur schreibt in seinen Memoiren, dass Tangri die Gottheit bedeutet. Das in ganz Asien geläufige Wort ist wahrscheinlich mongolischen Ursprungs und dürfte in den einzelnen Ländern unterschiedlich geschrieben werden.

für ihr geliebtes Olivenöl, und ihr Brot buken sie mit Mehl aus ›flachen Nüssen‹, was wohl ihre Bezeichnung für Haselnüsse war.

Trapezunt schien halb zu schlafen. Männer mit Schnabelschuhen spazierten langsam in den besprengten Strassen, und ich hatte Zeit genug, über den Schnitt ihrer weiten Hosen zu staunen. Obwohl unverschleiert, verdeckten einige Frauen mit einem Zipfel ihres Kopftuchs, den sie in den Mund steckten, einen Teil ihres Gesichtes; je weiter wir ins Innere des Landes kamen, desto häufiger sah man diese Sitte.

Als wir den französischen Konsul in seiner Villa mit einer Weinlaube besuchten, erfuhren wir, dass es in diesem Teil der Welt keinen einzigen Franzosen gab. Auch der italienische Konsul war arbeitslos; seine Schiffe legten nicht mehr in Trapezunt an, seitdem Russland ihnen die Häfen gesperrt hatte – der ganze Export wurde von einer deutschen Linie befördert.

Niemand, den wir besuchten, bestätigte die alarmierenden Nachrichten unseres Ingenieurs aus Istanbul, aber es stimmte, dass Deutschen ihre Filme konfisziert worden waren. Daher entschloss ich mich, die Ernte meiner früheren Reise nach Hause zu schicken – ich hatte dieselbe Route in umgekehrter Richtung gemacht – viele Fotos davon waren zur Illustrierung der Artikel bestimmt, die wir jetzt schrieben. Es war besser, sich dieser Vereinfachung unserer Arbeit zu unterziehen, als den Verlust des ganzen wertvollen Materials zu riskieren. Dieses Grenzland ist anscheinend schon immer sehr ›neuralgisch‹ gewesen: E.G. Browne, der persische Orientalist, befürchtete, als er in der zweiten Hälfte des vorigen Jahrhunderts über Erserum reiste, dass seine Aufzeichnungen konfisziert würden. Wenn er sein Tagebuch schrieb, versteckte er sich, um nicht das Misstrauen des Zaptieh, des Polizisten, zu erwecken, der ihn dauernd bespitzelte.

Es gelang uns nicht, den Gouverneur zu sprechen, den wir um Empfehlungen für die inländischen Behörden hatten bitten wollen. Der missglückte Besuch verschaffte uns aber die Gelegenheit, eine schöne Fahrt zwischen Obstgärten, Villen und Wäldern die steile Küste hinauf zu unternehmen. Von dieser Höhe aus gesehen, war das Meer zur enzianblauen Unendlichkeit geworden. Es heisst, bei klarem Wetter könne man sogar den Kaukasus sehen. Ich suchte am östlichen Horizont nach dem Gebirge, das ich vor neun Jahren überquert hatte, aber ich sah nur im Geiste das, an was ich mich noch erinnern konnte.

Nun waren wir bereit, über einen fast dreitausend Meter hohen Pass des Pontischen Gebirges zum Hochland zu gelangen – ein rascher Höhenwechsel, reich an Gegensätzen. Dreimal mussten wir während unserer Reise aus Meeresniveau zu sehr hochgelegenen Pässen steigen: vom Schwarzen Meer nach Armenien, vom Kaspischen Meer nach Chorassan und von Turkestan nach Afghanistan.

8

Das Pontische Gebirge

Trapezunt und die Küste von Kolchis waren Jahrhunderte hindurch griechische Kolonien; die Griechen nannten die Stadt Trapezus, weil in der Nähe ein Tafelgebirge liegt. Als die Zehntausend dorthin gelangt waren, feierten sie ihre erfolgreiche Flucht, die sie über zweitausend Meilen geführt hatte, durch Darbringung von Dankopfern für Zeus und Herkules. An einem der Abhänge, die wir sahen, veranstalteten sie ihre Wettkämpfe. »Dieser Hügel eignet sich überall wunderbar für den Wettlauf«, hatte Drakontius erklärt. Aber die Männer klagten, sie könnten auf einem so rauhen und überwucherten Boden nicht ringen, worauf Drakontius entgegnete: »Der Unterliegende wird ihn einfach etwas mehr spüren!«

Einige Jahrhunderte später wurde Trapezunt der Endpunkt einer der ältesten Handelsstrassen, deren Geschichte wir kennen: der transasiatischen Seidenstrasse. Unter den Scharen von Soldaten, Königen, Reisenden, Missionaren, Kaufleuten, Gesandten und Gelehrten, die diese Strasse benutzten, befand sich auch Marco Polo; er wird am Ende seiner Rückreise von China sicherlich ebenso begeistert wie die erschöpften Zehntausend gewesen sein, als er endlich die Wasser seines Mittelmeeres sah. In seiner Begleitung befanden sich seine Onkel, gute Seeleute. Nach langer Seefahrt hatten sie dem Khan von Persien die schöne mongolische Prinzessin Kogatun unversehrt abgeliefert. Mit Geschenken aller Art reich beladen, beschlossen sie, die Gefahr einer Reise durch Syrien, das damals von den feindlichen Ägyptern besetzt war, zu vermeiden; so kamen sie nach Trapezunt, wo sie auf einen freundlichen Empfang durch das Herrscherhaus der christlichen Komnenen, byzantinischen Kaisern, die durch den vierten Kreuzzug aus ihrem früheren Reich vertrieben worden waren, rechnen konnten.

Trapezunt lag nun hinter uns. In Richtung Erserum fuhren wir durch ein grünes Tal, in dem sich die feuchte Seeluft noch bemerkbar machte. Die Berghänge waren mit Haselnussstauden bedeckt, die regelmässig wie Teesträucher angepflanzt waren. Hier und dort ragten die nüchternen Silhouetten griechischer Kapellen empor, anscheinend in den Bergen vergessen; sie hatten die einfachste Form: Kirchenschiff und Chor waren ein Würfel und ein Halbrund. Auf dem zweitausend Meter hohen Zihanapass war es so kalt und neblig, dass wir uns nicht begeistern konnten, obwohl vielleicht grade auf diesem Fleck einst Xenophon gestanden und über den Anblick des Meeres gejubelt hatte. Gümüsane, das nächstgrössere Dorf, ist wahrscheinlich das Gymnias der alten Griechen. Aber mit Recht schreibt Grote: »Mit auch nur annähernder Sicherheit den Weg festzulegen, den sie vom Euphrat nach Trapezunt zurücklegten, scheint fast unmöglich zu sein.«

Der Berg Techos, den die Zehntausend erstiegen hatten, konnte noch nicht bestimmt werden – vielleicht ist es der Berg neben dem Zihanapass. Das war 402 vor Christus gewesen. Die Griechen hatten für Cyrus den Jüngeren gekämpft. Als er bei Kunaxa von seinem Bruder Artaxerxes Mnemon besiegt wurde, machten sich die Griechen auf den Heimweg und zogen nach Norden bis zum Schwarzen Meer. Von vierzehntausend erreichten neuntausend das Ziel. Der Umstand, dass sie sich durch so viele Hochgebirgsreiche ihren Weg erfolgreich hatten erkämpfen können, bestärkte Alexander den Grossen in seiner Ansicht, dass er in Asien mit einem guten Heer sehr viel ausrichten könne.

Die Zehntausend litten heftig unter dem strengen Winter Armeniens, das sie im tiefen Schnee durchquerten. »Aus dieser Stadt Gymnias schickte der Beherrscher dieser Landschaft den Griechen einen Wegweiser, um sie durch das Gebiet seiner Feinde zu führen. Er kam hierauf selbst und versprach mit Verbürgung seines Kopfs, sie in fünf Tagen bis in eine Gegend zu führen, von wo aus sie das Meer erblicken sollten. Er übernahm nun die Leitung, und nachdem er sie in das gegen ihn feindlich gesinnte Land eingeführt hatte, forderte er sie auf, die Gegend mit Feuer und Schwert zu verwüsten. Hier sah man, dass seine Dienstfertigkeit aus dieser Absicht und nicht aus Wohlwollen gegen die Griechen entsprang. Am fünften Tage langten sie bei dem heiligen Berge namens Techos an, und als die ersten seinen Gipfel erstiegen hatten und das Meer erblickten, erhoben sie ein grosses Geschrei. Xenophon und der Nachzug gerieten dabei auf den Gedanken, dass ein anderes feindliches Corps die Armee in der Front angreife, weil die Einwohner der mit Feuer verheerten Landschaft ihren Rücken bedrohten. Einige der letzteren waren von den Truppen des Nachzugs, der sie aus einem Hinterhalt angriff, teils niedergehauen, teils gefangen worden, und man hatte bei dieser Gelegenheit gegen zwanzig geflochtene Schilde, die mit ungegerbten rauhen Ochsenhäuten überzogen waren, erbeutet. Als nun der Lärm stärker wurde und näherkam und die nachrükkenden Truppen immer den Vorderzügen, wo ein unaufhörliches Geschrei unterhalten wurde, im Laufe zueilten und letzteres sich im gleichen Grade wie die Anzahl der Soldaten verstärkte, so glaubte Xenophon eine wichtige Veranlassung voraussetzen zu müssen. Er schwang sich also aufs Pferd und sprengte in Begleitung des Lycius und der Reiterei zur Hilfe heran. Jetzt hörten sie sofort den fortlaufenden Zuruf der Soldaten: ›Das Meer! Das Meer!‹ Nun entstand ein allgemeines Laufen, auch beim Nachzuge; das Zugvieh und die Pferde wurden ebenfalls dahin getrieben. Nachdem nun alle den Gipfel erstiegen hatten, da umarmten sie wechselseitig sich, die Heerführer und Hauptleute unter Tränen. Und auf der Stelle trugen die Soldaten, ich weiss nicht auf wessen Befehl, Steine zusammen, errichteten einen grossen Hügel und legten eine grosse Menge roher Häute und Stäbe und die erbeuteten Flechtschilde darauf.«[2]

Sie mussten noch in fünf weiteren Etappen durch die Länder der Makroner, Skythen und Kolcher ziehen, bevor sie Trapezunt erreichten. Unterwegs mussten sie vier Tage halt machen – sie waren betrunken oder benebelt von zu vielem Honig, den sie unterwegs gegessen hatten.

Bei unserer Ankunft am Abend war für uns Gymnias lediglich ein finsteres Dorf, vor dessen Gasthof einige Lastautos standen.

Müde von der langen Fahrt auf der lehmigen Strasse mit den vielen glitschigen Kurven genossen wir den uns vorgesetzten Raki. Das starke Getränk spülte den unverkennbaren Petroleumgeschmack der gebratenen Leber hinunter. Nach Raki bestand von seiten der Chauffeure und Strassenarbeiter um uns grosse Nachfrage. Kaum

2 Xenophons *Anabasis*. Übersetzung von Dr. M. Oberbreyer.

waren wir in unser primitives Zimmer gestiegen, als ein Zaptieh erschien und unsere Pässe holte – bis er sie zurückgab, waren wir seiner Gnade ausgeliefert.

Am Morgen kauften wir einen Korb saftiger Äpfel, für die Gümüsane berühmt ist. Die Häuser dieses Bergdorfes (mit ihren Balkonen und schrägen Dächern könnte man sie fast als Chalets bezeichnen) verbreiteten eine Art von Ferienort-Atmosphäre. Es sollten die letzten europäischen Häuser sein, die wir zu sehen bekamen – bald würde es nur noch Lehmhäuser und flache Dächer geben. Und auch Berghänge bar jeglicher zarten Färbung; es gab nur Büschel rauhen Grases in gelblichen Flecken auf der grauen Erde.

Häufig kamen wir an der gepflasterten Karawanenstrasse vorbei, und ich amüsierte mich, weil ich dann mehrere Male vergass, dass ich in einem Auto sass, und meine Reaktionen die eines Begleiters der langsam marschierenden Karawane waren: Jetzt ist es Zeit, Brennholz zu sammeln für die baumlose Strecke vor uns, dachte ich allen Ernstes. Oder: Dort oben gibt es Weiden, auf denen die Tiere heute abend grasen können. Und morgen müssen wir so früh wie möglich aufbrechen, um noch vor der Dunkelheit über den Kop-Pass zu kommen. Unendlich viele Kaufleute waren über diese Strasse gezogen und hatten an die Waren gedacht, die sie bald in ihre Heimat bringen würden: Seide und Türkise, Teppiche und Lapislazuli. Der Handel mit dem Orient bedeutete Reichtum, und heutzutage sogar noch mehr als zu den Zeiten, da Plinius schrieb: »... das Arabische Meer schickt uns Perlen, und nach den niedrigsten Schätzungen kosten Indien und Seres zusammen unser Reich jährlich ungefähr hundert Millionen Sesterzien (über 15 000 000

Franken). Das kosten uns unsere Luxusbedürfnisse und unsere Frauen.«

Unser Roadster brauchte nur zwölf Stunden, um diese dreihundertfünfzig Kilometer lange Gebirgsstrecke zu bewältigen, während man sonst je nach dem Zustand der Lasttiere mit zehn bis vierzehn Tagen rechnen musste. Aber ich erinnerte mich noch lebhaft an zwei Reisen mit Karawanen, die ich im östlichen Teil der Seidenstrasse unternommen hatte: die endlos lange Wanderung durch die Weite menschenleerer Länder, durch Steppen, Felsschluchten und über Hochebenen, ab und zu durch Oasen und von Moskitos heimgesuchte Sumpfgegenden.

Dank häufigen Fahrten auf kleinen Schiffen habe ich mich nach Seemannsart reichlich an den Wind gewöhnt, liebkosende Brisen oder drohende Böen erwecken in mir Gefühle, die sich eine Landratte nicht vorstellen kann. Ich bin froh, dass ich sehr jung schon von zu Hause fortging und der Spur des listenreichen Odysseus folgte, froh, dass ich auf dem Meer und in der Wüste gelebt habe, statt meinem Vater zu helfen, die seidige Weichheit der dicken Sealfelle zu lüften, Bündel von Silberfüchsen zu schätzen oder die letzten Pariser Modelle auszuprobieren – froh, dass ich das meiste vollbrachte, was ich mir vor genommen hatte; ein für allemal wusste ich, wie kurzlebig die Freuden der Eitelkeit sind. Wie eine Spinne, die ihr Netz zwischen den äussersten Enden der Äste webt, hatte ich meinen Horizont erweitert – als hätte ich überall etwas von mir selbst Gesponnenes zurückgelassen, werde ich von dem direkt berührt, was längs dem weitgeschwungenen Faden meiner Erfahrung geschieht.

* * *

In einem breiten Tal liegt Baiburt, eine grosse Festung mit flammenfarbigen, zinnengekrönten Mauern und einem Dorf zu ihren Füssen. Wir bogen nach Süden über den Kop-Pass um. Kolonnen von vier bis sechs Lastautos begegneten uns; ihre Chauffeure, die Karawanenführer von heute, waren uns offensichtlich freundlich gesinnt. Wahrscheinlich hielten sie uns für reiche Müssiggänger und wären wohl überrascht gewesen, zu hören, dass wir uns gar nicht viel anders als sie dünkten; auch wir verdienten uns tagein, tagaus, eine Woche nach der andern, einen Monat nach dem andern, unser Leben am Volant sitzend. Nur befand sich unsere Lohntüte viel weiter entfernt als die ihre, und ihr Inhalt hing nicht von der Zahl zurückgelegter Kilometer ab, sondern von der Zahl vollgeschriebener Papierbogen!

Ein wilder Wind brauste über den von runden Bergen umgebenen Pass. In der Nähe des einsamen Rasthauses gingen wir zu einer Zementplattform, über der eine grosse Glocke aus hellem Metall hing; aus blauer Glasur erhoben sich im Relief hieratische Heiligenfiguren. Ursprünglich zum Gebrauch in einer russischen Kirche bestimmt, wurde sie nun geläutet, um Reisenden, die sich im stürmischen Winterwetter verirrten, wenn die Strasse unter meterhohem Schnee vergraben liegt, den Weg zu weisen.

Von ihrer Höhe aus betrachten diese Heiligen unermüdlich Hunderte von Meilen eines unendlich eintönigen Landes, das zu alt ist, um noch wilde Gipfel aufzutürmen; hier, über dieser baumlosen gewellten Weite, trägt die metallene Stimme sehr weit. An einigen Gräten scheinen die geballten Wolken etwas von ihrer weissen Masse zurückgelassen zu haben – hartnäckige Flecken ungeschmolzenen Schnees. Mächtige tiefblaue Schatten formen das Land zu einem gigantischen Zusammensetzspiel. Tief Atem holend bemühte ich mich, diesen gewaltigen Anblick meinem Gedächtnis einzuprägen.

Beim Studium der Geschichte Armeniens, die voll Hader und Kampf ist, erhält man als ersten Eindruck den einer vom Alter geschwächten Atmosphäre – Armenien ist zwischen seinen mächtigen Nachbarn so aufgeteilt, dass man es das Polen des Nahen Ostens nennen könnte. Im Bronzezeitalter blühten reiche Niederlassungen in diesem Tal, das bereits sieben- oder achttausend Jahre vor Christus neolithische Siedlungen beherbergt hatte. Bevor die Perser das Land Alexander dem Grossen überlassen mussten, war es von den Assyrern und sogar von den Heeren des Pharao Thutmosis III. erobert worden. Die Parther beherrschten es, dann kämpften die Perser darum – schliesslich wurde es zur Beute des Römischen Reiches. Anno domini 415 wurde Theodosiopolis, das moderne Erserum, von Anatolius gegründet. Die Araber machten es den byzantinischen Kaisern streitig, bis die Seldschuken seine unbestrittenen Herren wurden. Dann kamen nacheinander die Mongolen des Dschingis-Khan, die Türken des Timur, und schliesslich besetzten es die Osmanen.

Am Fuss des Gebirges fuhren wir über den glitzernden Euphrat, der hier noch jugendlich klein über Kieselsteine dahinplätschert. Parallel mit ihm wurde die neue Bahn von Skutari nach Erserum gebaut – die Fahrt soll zwei Tage und zwei Nächte dauern.

Über das Pontische Gebirge, das mit dem Taurus das Anatolische Hochland umschliesst, waren wir dorthin gelangt. Ein ähnlicher Gebirgsgürtel umgibt im Norden und Süden die persische Hochebene. Ein dritter grossartiger Ring, der vom Kuen-lun und dem Himalaya gebildet wird, umsäumt Tibet. Im Geiste sah ich diese Folge von Hochebenen inmitten ihrer Felsengürtel; jeder von ihnen endet im Osten in einem gewaltigen Gebirgsblock, der ebenso gewaltige Ströme gebiert. Welch eindrucksvolles Reliefmuster hat die Erde hier dreimal wiederholt! Wir befanden uns in der Nähe des ersten dieser Knotenpunkte – Armenien, von kalten Winden gepeitscht, überragt vom über fünftausend Meter hohen Ararat; die Ströme dieses Landes gehören zu den drei weit auseinanderliegenden Sammelbecken: dem von Land umschlossenen Kaspischen Meer, dem Schwarzen Meer und dem Persischen Golf.

Die iranische Kette (die am Südostende des Zagros – Puscht-i-Kuh – eine Lücke aufweist) steigt im Elburs zu den 5670 m des Demawend empor und ist durch die Gebirge von Chorassan mit dem Hindukusch verbunden, der im Pamir endet. Aus jener mächtigen Bergbastion ergiessen sich im Norden Flüsse nach Sinkiang und Russisch-Turkestan, im Süden nach Afghanistan und Indien. Ich habe den Tarim, den Syr-Darja und den Oxus gesehen, den Heri-rud, den Hilmend und den Kabulfluss. Fröhlich habe ich während Schneestürmen oder in sengender Mittagshitze in ihren Wassern geplätschert und habe sie lieben gelernt.

Die dritte gigantische Arena, Tibet, liegt hinter dem höchsten Gebirgszug der Erde verborgen. Im Osten dieses ungeheuren Landes, das noch teilweise sagenhaft ist, gibt es Felsformationen, das Ergebnis von Eruptionen und Verwerfungen, von einer Grossartigkeit, die jede Vorstellungskraft übersteigen. Aus jenen zerklüfteten

Massen stürzen sich Riesenströme zum Golf von Bengalen und dem von Siam, sowie nach dem Gelben Meer, in dem sich der Löss der Mongolei ablagert; bevor sie ihren verschiedenen Zielen zustreben, fliessen sie eine Weile nebeneinander, in parallele Schluchten von solcher Wildheit eingezwängt, dass selbst sachliche Geologen darüber staunen.

Anatolien, Iran, Tibet – drei weite Hochebenen; eine beherrscht die andere, jede ist grösser und höher als die vorhergehende, jedes Gebirgsnetz beherbergt Gruppen gänzlich verschiedener Rassen. Jedes dieser Länder ist so mannigfaltig, dass man mehrere lebenfüllende Reisen benötigte, um es gründlich kennenzulernen; jedes enthält so viel Schönheit, dass man dem Wesen nicht genug danken kann, das diese Mannigfaltigkeit geschaffen hat, die kein Menschenhirn hätte auszudenken vermocht.

9

Bajazet

Ein Militärposten hielt uns an. Ein Offizier, der nur Türkisch sprach, sprang in den Wagen, drückte jeder von uns eine dunkle Heckenrose in die Hand und verlangte unsere Kameras – Fotografieren ist verboten!

Nachdem wir uns durch die drei Tore Erserums (dem Argiron Marco Polos) gewunden hatten, stellte ich fest, dass sich die Stadt bereits verändert hatte: es gab Asphaltstrassen, Alleen, elektrische Drähte und sogar den Embryo eines Stadtparks. Doch die düsteren niederen Häuser, deren graues Mauerwerk von horizontalen Balken unterbrochen wird, säumten noch immer die Gassen – es war ein Wunder, dass die weit vorragenden, schweren flachen Dächer nicht auf die schlammige Strasse stürzten.

Im führenden Gasthof – ›Hotel zur Republik‹ – veranlasste man einen Geschäftsreisenden, uns sein Zimmer abzutreten!

Am Südhang des trostlosen Tales steigen die Mauern der Zitadelle inmitten von Trümmern empor. Kein Baum ist zu sehen. Wir sitzen zwischen einer einsam grasenden Kuh und dem schimmernden Bronzerohr einer alten Kanone und lauschen dem tiefen Schweigen. Ein Kind bepflastert die Mauer der rechteckigen Zitadelle mit Mistfladen. Die riesigen verwitterten Steinblöcke zeigen Spuren, die darauf hinweisen, dass sie einst zu schöneren und älteren Gebäuden gehört haben. Theodosiopolis war zur Verteidigung der östlichen Grenzprovinz des Byzantinischen Reiches gegründet worden.

Im Glanze der am Ende des Tales untergehenden Sonne scheint die Zitadelle eine Flammenmauer, die den Jahrhunderten Trotz bietet. Die dunklen Silhouetten der Minarette ragen über die düstere Stadt empor; im Schatten tödlich gelb wirkend, dehnt sich die Ebene in die Ferne, ein Regenbogen verbindet die beiden dunklen Seiten des Tales.

Als wir uns umdrehen, sehen wir einen scharfen Farbenkontrast: gegen einen rabenschwarzen Himmel schiessen, von der Sonne beleuchtet, die flammenden Säulen zweier Minarette aus einer blendend hellen Fassade empor; sie ragen über einem schmalen gewölbten Portal, in dem Türkisblau zwischen Steinspiralen schimmert – es ist die Chifteh-Minaré. Die edlen Formen, die reinen Linien der Steine mit den tief eingemeisselten Blattornamenten, den arabischen Inschriften und den doppelköpfigen Adlern sind von überraschender Schönheit.

Trotz der Zierlichkeit der Säulen herrscht im Innenhof eine strenge Atmosphäre; auf der einen Seite der leeren Fläche steht ein kleines Bauwerk, wahrscheinlich eine Liva, ein Kiosk für religiöse Studien.[3] Als ich vor Jahren die ernste Ulugh-Beg-Medresse in Buchara betrat, erweckte der tote, stille Hof einen ähnlichen Eindruck puritanischer Religion in mir; allerdings kann dieses Backsteingebäude aus dem Ende des fünfzehnten Jahrhunderts sich nicht mit der stolzen steinernen Chifteh des dreizehnten messen.

3 Texier behauptet in *Description de l'Arménie,* dass dies das Grabmal des Gründers und das herrliche Bauwerk lediglich das Hospiz der Uhlu-Dschami-Moschee sei.

In einem einsamen kleinen Hof hinter der Chifteh liegt eines der Gräber, die ich so faszinierend finde: rund, mit einem konischen Dach, aus grossen Steinen, schlicht mit runden Bogen und schnurartigen Ornamenten verziert. Die eingesunkene Basis dieses Monumentes wurde gerade freigelegt.

Als wir auf die holprige Strasse treten, dröhnt drohender Donner aus den tiefhängenden Wolken. Aber mein junger Freund sitzt noch immer auf seiner Mauer. Vor einer Weile hatte ich, froh über den Anblick eines frischen Knabengesichtes in dieser vergessenen Vorstadt, ihn versuchshalber gefragt: »Parlez-vous français?«, und er hatte schüchtern in derselben Sprache geantwortet. Er sass auf der Mauer seiner Schule. Da ich Einzelheiten über die Chifteh erfahren wollte, bat ich ihn, mich mit seinem Französischlehrer bekannt zu machen.

Vom Himmel ergiessen sich Katarakte, und wir stürmen zum Seminareingang, wo uns unser neuer Freund empfängt. Bald sitzen wir am Schreibtisch des Rektors, Lampen und Tee in Gläsern werden gebracht, während über fünfzig grössere Knaben uns umringen, jeder mit einer Frage auf den Lippen. Eine wunderbare Stunde verbringen wir in dieser wissbegierigen Umgebung. Es erinnert mich an meine verzehrende Neugierde, die mich als Kind auf dem Schulweg zuweilen veranlasste, Fremde auf der Strasse anzuhalten und sie zu fragen, woher sie kämen.

Einer Legende zufolge soll der persische Schah Katuihavah im dreizehnten Jahrhundert den Bau angeordnet haben, und er soll dort begraben sein. Auch wenn er kein Heiliger ist, möchte ich, dass dieser Schah von Persien in einem dieser strengen, runden Grabmäler ruhte, die mir so gefallen. Aber aus den Archiven geht hervor, dass der Bau im Jahre 1258 von Hundi Katun, der Tochter des Aladdin Keykubad des Grossen, des Sohnes von Keykusru I., dem Seldschuken-Sultan von Konia, errichtet wurde. Im siebzehnten Jahrhundert wurde das Gebäude in eine Giesserei verwandelt, und während des Russisch-Türkischen Krieges von 1827 plünderten es die Russen in der Hoffnung, Goldbarren zu finden. Sie entdeckten aber nur alte Waffen, Helme, Schilde, Schwerter und chaldäische Inschriften. Die prächtigen Türen der Liva wurden zur Ausschmückung einer Kirche in Georgien mitgenommen.

* * *

Wir verliessen Erserum enttäuscht: weder der Polizeichef noch der Bürgermeister erlaubten uns, die Chifteh zu fotografieren – das hatten wir davon, dass wir ohne Empfehlung reisten.

Armenien war kalt, eintönig und unvergesslich, ein heftiger Wind raste über die weite Ebene, die zweitausend Meter hoch liegt. Der Sommer ist so kurz, dass Weizen in sechzig Tagen, Gerste in nur vierzig Tagen reifen muss.

Das silbern schimmernde Wasser des Aras schlängelt sich durch das hohe Tal gen Osten – bald wird es ausser Sicht sein, nördlich des Ararat vorbeifliessen, dann die Grenze zwischen Persien und Sowjet-Georgien bilden und schliesslich im Kaspischen Meer enden.

Frauen zerkleinerten Weizen in einem Mörser. Eine von ihnen (sie zeigte ein eindrucksvolles falsches Gebiss) machte sich über meine blossen Beine lustig, die trotz des Sommers vor Kälte blau angelaufen waren. Sie kniff sie, zeigte mir ihre weiten Pluderhosen und empfahl mir, ihre Mode nachzuahmen! Der traditionellen türkischen Art gemäss hatte eine andere Frau ihre Augenbrauen mit Russ zu einer schwarzen Linie verbunden, aber ich hielt sie für eine Armenierin oder Kurdin, weil sie eine runde Platte unter ihrem Kopftuch trug. Jede dieser drei Hexen hatte über ihren gelbroten Gewändern eine Schürze um Hals und Taille gebunden; darunter schienen ihre Röcke geteilt zu sein, um das Reiten zu erleichtern.

Wir waren allein auf der Strasse ausser einigen ›Nachtigallen‹ – Ochsenkarren, deren Räder aus einem einzigen Holzblock geschnitzt sind. Sie kriechen im Schneckentempo einher, ihre kreischenden Achsen hört man auf weite Entfernung. Die ehrwürdig-historische Atmosphäre des Landes wird noch betont durch die gebuckelte Brücke von Koprikoi, die vor über siebenhundert Jahren von den Seldschuken gebaut wurde. Auf einem nahen Feld ziehen wie in den alten Tagen fünf Paar Ochsen einen Pflug, der aber die rote Sowjetfabrikmarke ›Krasni Sawod‹ trägt.

Selbst im Sommer ist dies eine melancholische Landschaft – ich schauderte bei dem Gedanken, wie es hier im langen Winter sein muss. Die erste Strophe des Vendidâd scheint dazu zu passen, in der Ahura Mazda zu Zarathustra sagt:

»Ich habe jedes Land seinen Bewohnern lieb gemacht, selbst wenn es gar keinen Reiz besitzt. Hätte ich nicht jedes Land seiner Bevölkerung lieb gemacht, selbst wenn es keinerlei Zauber besässe, dann hätte die gesamte Menschheit den Airyana Vaego (das Paradies Zarathustras) überfallen.«[4]

4 J. Darmesteter. *Zend Avesta.*

Es war höchst passend, dass es tagein, tagaus in Strömen regnete, denn wir befanden uns in der Nähe des Ararat, auf dem die Arche Noah nach der Sintflut gelandet sein soll. Aber diese Stürme entsprachen nicht der Jahreszeit. Die Armenier machten sich Sorge wegen ihrer Ernte, und wir hatten Angst wegen des Weges in der Nähe der Grenze, da dort die Strasse noch nicht gebaut war.

Wir kamen bei Taslitschai vorüber, wo ich vor zwei Jahren, von Maku kommend, eine höchst unruhige Nacht verbracht hatte. Infolge der jämmerlichen Strasse war eine Wagenfeder gesprungen, ägyptische Finsternis herrschte, als ich im Schlamm herumstapfend nach einer Unterkunft suchte. Da ich nicht mehr ein noch aus wusste, schrie ich inmitten der Finsternis auf einmal verzweifelt: »Qui parle français par ici?« Eine akzentfreie Stimme bot mir in der Nähe ein Quartier an, und es wurde mir von einem halben Dutzend Strassenbauingenieuren in ihrem Schlaf-Wohnraum ein wunderbarer Empfang bereitet. In ihrem ›Wilden Osten‹ festgenagelt, fühlten sie sich wie Verbannte, die endlich Besuch von der Aussenwelt erhalten: Raki floss in Strömen, von den Klängen eines krächzenden Grammophons begleitet wurde Kaffee bereitet, und der wacklige Raum zitterte bald, als wir den Takt schlugen zu dem Lied:

Trink, trink, Brüderlein, trink!

Der Chef dieser Bauabteilung hiess Adnan Bey. Er sagte mir, dass bereits im Oktober der starke Schneefall die Einstellung ihrer Arbeit erzwang. Im Winter herrschte häufig eine Kälte von fünfzig Grad unter Null – Armenien ist trotz seiner relativ südlichen Lage einer der Kältepole der Erde.

Jetzt, da ich wieder durch diese Gegend fuhr und annahm, Adnan Bey arbeite noch immer hier, erwartete ich bei jeder Kurve, ihn wiederzusehen.

Da ein neuer, der Arche Noah würdiger Sturm das Tal bedrohte, machten wir bei einem einsamen Polizeiposten halt. Rauhe Männer in hohen Stiefeln und Lederjacken campierten dort. Es waren Strassenarbeiter, deren Essen wir teilten. Wir verständigten uns mit ihnen auf russisch, da einer von ihnen ein Georgier aus Batum war. Obwohl alt, fühlte er sich noch ›zu kräftig‹, um sich schon zur Ruhe zu setzen. Sein Sohn hatte eine Garage in Trapezunt, seine Tochter (stolz zeigte er uns ihr Foto) studierte in Paris Medizin, und er sandte ihr regelmässig Geld.

Unser neuer Freund Tschoruk trug den Namen des Flusses, der zwischen der Türkei und Batum fliesst. Er hatte in ›Petersburg Mechanik studiert‹, war in Persien Chauffeur eines russischen Generals gewesen, und war jetzt Meister der zweiundzwanzig ›Zylinder‹, der Dampfwalzen dieses Bausektors.

Der rauhe, joviale Geselle setzte sich am nächsten Morgen an den Volant unseres Ford und fuhr uns über die jungfräuliche Strasse, die noch immer für den Verkehr gesperrt war. »Sie sind meine Gäste; solange Sie auf meiner Strasse sind, muss ich mich um Sie kümmern«, erklärte er. Und als wir ein Flussbett überqueren wollten und der Wagen im Sand stecken blieb, pfiff er einige Leute herbei, die wie im Märchen zwischen dem Schilf auftauchten. Bei jedem Satz brauchte er die Worte ›meine Strasse‹ oder ›meine Tochter, die Strasse‹, stolz darauf, dass sie so kostspielig war – ungefähr zweitausend Pfund Sterling pro Kilometer – und so viele Menschen zu ihren Diensten hatte.

Im Nordosten sahen wir nun ganz für sich in der weiten Ebene die ungeheure kegelförmige Masse des Ararat, daneben den Kleinen Ararat; der Gipfel des riesigen Berges war aber von Wolken verhüllt. Was für ein grossartiger Tag war es für die wiedergeborene Menschheit, als Noah von diesem von der grossen Flut aufgeweichten Berge niederstieg – ein neues Leben wurde auf einem leeren Blatt begonnen! Wird das je wieder geschehen? Werden wir alle untergehen mit Ausnahme von einem, der versuchen wird, dort, wo Noah versagt hatte, Erfolg zu haben?

Die Ebene war mit verbogenen Schienen und ausrangierten Lokomotiven – wie im Gras vergessenes Spielzeug – übersät, Reste der Eisenbahnlinie, die die Russen während des ersten Weltkrieges erbaut hatten. In dieser Gegend, in der auch die leisesten Ansätze einer Industrialisierung fehlen (und Bäume eine Seltenheit sind), dienen Eisenbahnschienen als Bohlen, Balken, Türrahmen, Pfosten, Gartengeländer und Kriegerdenkmäler. Hier und dort ersetzten alte Dampfkessel Grabenübergänge.

Durch die Unendlichkeit dieses trostlosen Landes kamen wir jetzt nach Neu-Bajazet; die Würfel der wenigen Häuser ragten über Ochsenwagen und Lastautos und Haufen von Lehmziegeln empor, die gerade geformt worden waren.

Im Süden stand hoch auf einem Felsen die stolze Burg von Alt-Bajazet, die die düstere Steppe beherrscht; ihr Minarett, einem Leuchtturm gleich, schaute nach den herankommenden Fluten wilder Barbaren aus. Vor zwei Jahren hatte ich den gleichen Anblick gehabt und hatte seitdem in der Ferne stets mit Sehnsucht an diese Burg gedacht. Immer hatte sie mich wieder angelockt.

Einige Türken begrüssten uns und führten uns in ein Zelt, wo uns bald Pilaw vorgesetzt wurde. Ich fragte meinen Nachbarn, wo Adnan Bey sei, worauf er mir erklärte, er selbst sei Adnan Bey und habe mich sofort erkannt! (Ich bin mir wahrhaftig selten so dumm vorgekommen.) Adnans Strassenbau war in zwei Jahren hundertvierzig Kilometer vorangekommen. Er setzte mir auseinander, dass die Perser sich sehr für seine Strasse interessierten, da sie eine kürzere Verbindung mit Europa schaffte; bis jetzt mussten sie den Umweg durch Syrien oder über den Kaukasus machen. Die Russen wussten das und deshalb hatten sie für den Transport der Schienen, die die Perser so dringend benötigten, von Batum her einen so hohen Preis verlangt, dass der Schah sich geweigert hatte, ihn zu zahlen. Daher musste man nun die Schienen über den Irak transportieren; auf der fast tausend Kilometer langen Strasse Trapezunt–Täbris konnten sie noch nicht befördert werden.

Die Transanatolische Eisenbahn geht nun im Osten bis Erserum, und die iranische Linie nach Täbris wird bald fertiggestellt sein; so ist es wahrscheinlich, dass diese beiden Städte eines Tages durch eine Bahn miteinander verbunden werden. Dann wird Teheran der Endpunkt des südosteuropäischen Eisenbahnnetzes sein.

* * *

Tschoruk fuhr den Wagen nach Alt-Bajazet über die acht Kilometer lange steile Strasse, die oft nur aus Felsen bestand, welche von jahrhundertelangem Gebrauch geglättet waren. Felsen umrahmten auch die Stadt – Felswände mit wunderschönen roten und grünen Streifen. Aber immer wieder wurde das Auge von dem Bergvorsprung mit der alles beherrschenden Burg angezogen, deren Minarett unentwegt zum Himmel weist – ein muslimisches Montserrat, stolz und einsam inmitten der armenischen Berge.

Wir liessen den keuchenden Wagen in dem kleinen Dorf stehen und spazierten weiter, von einer deprimierend wirkenden, in Lumpen gekleideten Bevölkerung umgeben. Die Männer waren gross, hager, hatten traurige Gesichter. Nur ein Knabe war gut gekleidet – seinem Vater gehörte der einzige grüne Erdstreifen, den wir zu sehen bekamen, ein ummauerter Garten auf halber Höhe der Schlucht; der Knabe besuchte das Seminar in Erserum und konnte etwas Französisch.

Wir kamen zum Fuss der riesigen Mauer jener rötlichbraunen Festung, die aus peinlich genau zusammengefügten Steinblöcken bestand und dreihundert Zimmer enthalten habe – alle jetzt verfallen. Im Innern fand ich keine Spuren von glasierten Backsteinen, das einzige Phantasiegebilde waren schwarze und weisse Platten, schachbrettartig an den Wänden eines Audienzsaales mit grossen Fenstern angebracht. Ich freute mich über die Einfachheit der Höfe, die durch Torbogen miteinander verbunden waren. In die Mauer eingemeisselte Blätterfriese verliehen dem Ganzen den Eindruck von Pracht, und Rinnen in den Höfen zeigten, dass die Burg früher vom Gebirge her reichlich mit Wasser versorgt worden war. Das Gewölbe der riesigen Küche wies zwei grosse Bogen auf, die sich mit zwei andern kreuzten, also ein doppeltes Kreuzgewölbe.

Die Moschee hatte eine vom Alter rotbraun getönte steinerne Kuppel, von der neunzig Stufen zur Spitze des

Minaretts führten. Der Blick von dem winzigen runden Balkon, der im heftigen Wind bebte, war überwältigend. Jenseits der elenden Hütten zu unseren Füssen dehnte sich die unermessliche Ebene, wie in Ehrfurcht erstorben vor der gewaltigen Pracht des schneebedeckten Ararat. Neben uns erhob sich ein roter Felsenwall, der von den Zinnen kühn angelegter Festungen gekrönt war, und davor gähnte das viereckige Tor eines Grabmales, ähnlich denen in Persepolis, als wolle es uns daran erinnern, dass wir uns in Asien befanden; zu beiden Seiten des Tores aber waren zwei bärtige Männer in den Stein gehauen, die Assyrern glichen. Mühsam kletterte ich dorthin und sah dann, dass das Grab völlig leer war. Ich konnte mich nur fragen, wer wohl in der Mauer dieses Adlerhorstes hatte begraben sein wollen.

Voller Eifer, Bajazet zu erkunden, ruhten wir nicht, bis wir unter den protestierenden Schreien der Dohlen den Gipfel des Felsens erreicht hatten. Von dort aus schien der Palast zwischen Felsen, die bar jeglicher Vegetation waren, auf der gleichen Höhe mit den Häusern des Dorfes zu stehen. Wir überlegten uns, von wo aus die Kanonenkugeln, die die Burg beschädigt hatten, abgefeuert worden waren. Schliesslich kletterten wir, fast purzelnd, zurück und landeten bei einer schlichten Moschee – ein Minarett neben einem Würfel mit einer Kuppel –, die uralt zu sein schien. An die Mauer gelehnt betrachteten wir den Sonnenuntergang.

Wenn ich mich in einen Ort verliebe, will ich wissen, wer ihn gegründet hat, wer darin gewohnt, wer darum gekämpft hat. Ich überlegte, wer sich diese steinernen Zypressenreliefs, Symbole der Unsterblichkeit, ausgedacht haben mochte, die Kartuschen in den Bogen über den viereckigen Fenstern, wer den flachköpfigen Löwen, dessen hocherhobener Schweif sich durch Zweige und Früchte windet, die Balkonstütze in Form eines überlangen Windhundes über einer Konsole mit einem menschlichen Angesicht.

Die Festung war von dem osmanischen Sultan Yildirim Bajazet zur Verteidigung gegen die ehrgeizigen Ansprüche Timur Lenks, des Kaisers von Samarkand, erbaut worden. 1402 wurde der Sultan bei Angora von Timur besiegt und gefangengenommen; ein Jahr danach starb er in der Gefangenschaft.

Im Jahr 1805 sandte Napoleon einen französischen Offizier namens Jaubert in einer Geheimmission nach Armenien, den Mahmut Pascha, ein Kurde, festnehmen liess; Mahmut herrschte in Bajazet ›in einem Palast (neben der alten Festung), dessen Luxus alle Besucher erstaunte‹. Der tyrannische Pascha starb bald an Cholera, der Jaubert auch beinahe zum Opfer gefallen wäre. Er fand aber einen Geheimgang zum Dienstbotenquartier des Harems und konnte entweichen.

Ein Reisender, J. Brant, schrieb 1835, der Palast von Bajazet sei der prächtigste in ganz Anatolien. Ein anderer erwähnt die mit vergoldeten Arabesken verzierten Salons, die seltenen Möbel, die kostbaren Teppiche und Kunstgegenstände. Die Moschee, nach Belhul Pascha, dem Sohn Mahmuts, benannt, war berühmt für ihre schönen Proportionen und ihre Marmorkolonnaden.

Die Russen eroberten Bajazet in jedem der drei Kriege, die sie im neunzehnten Jahrhundert gegen die Türkei führten.

* * *

Der Ararat lag in seiner ganzen Breite vor uns; Gebirgsbäche unterbrachen ab und zu mit glitzernden Flittern das Dunkel seiner Hänge. Wir fühlten uns am Ende einer Welt – eine neue Welt musste bald beginnen. Man muss aber Maku gesehen haben, das Gegenstück zu Bajazet in der Schlucht, die nach Persien führt, um die volle Bedeutung der beiden Festungen zu erkennen.

Als wir aufbrachen, wurden wir durch den georgischen Knaben wieder in die Wirklichkeit zurückversetzt. »Ihr müsst euch mehr Ruhe gönnen«, sagte er mir, »Ihr Sohn ist sehr müde!«

Ein beissender Geruch von verbranntem Dung schwebte über Bajazet, als wir den Ort noch in der Abenddämmerung verliessen. Wir diskutierten diesmal nicht, ob die Armenier oder Türken Nachkommen der Hettiter seien, sondern überlegten nur, an welchen Stil der Erbauer des Palastes gedacht hatte.

10

Aserbeidschan

Wir krochen die etwa fünfzig Kilometer lange miserable Strasse von Bajazet nach Bazergan. Die Grenzposten hatten sich nicht geändert: im türkischen sah ich eine ausgehungerte Katze und eine stillende Mutter mit dem hohen Kopfschmuck, der an Turkestan erinnert; sie kauerte genau wie damals bei einem Haufen getrockneter Dungfladen, aber ihr Kind war inzwischen merklich grösser geworden, und derselbe Schwachsinnige spielte mit einem aus Rüben geschnitzten Wägelchen, dieselben Filzmatten waren an einer Mauer zum Trocknen auf gehängt.

Im persischen Posten, einer Art Schulsaal, fürchteten wir, dass wir nicht weiterreisen dürften. Der Beamte musste sehr zu seinem Ärger zugeben, dass er nicht wisse, was er mit einem Triptyk und einem Carnet de passage anfangen solle. Christina machte daher die Eintragungen in seinem Buch, und wir sahen dabei, dass unser Wagen der zweite war, der Persien auf dieser Strasse betrat.

Dann entdeckte unser Mann, dass unsere Visen vom ägyptischen Gesandten in Paris ausgestellt worden waren; es wollte ihm gar nicht in den Kopf, dass jener Diplomat den iranischen Gesandten, der auf Urlaub gegangen war, vertreten hatte. (Diplomatenpässe können nur von einer Gesandtschaft ausgestellt werden.) Ich, mit meinem gewöhnlichen Pass, hatte mich an den iranischen Konsul gewandt und erfahren, dass im Augenblick keine Visen erteilt würden. Als letzten Ausweg hatte Christina meine Papiere zum ägyptischen Gesandten gebracht, damit er beide Visen ausstelle, da sie nicht ohne mich reisen konnte. Auf diese Weise hatten unsere Pässe die nötigen Stempel erhalten.

Von unseren Erklärungen überzeugt, beschloss schliesslich unser Grenzkommissar, uns passieren zu lassen. Doch erschöpft durch unsere rednerische Leistung, waren wir nicht mehr imstande, unser europäisches Geld richtig zu zählen (der Betrag musste im Pass eingetragen werden). Dieser Irrtum, der aufgedeckt wurde, als wir das Land verlassen wollten, sollte uns eine Stunde unangenehmer Spannung einbringen.

Wir rollten nun dem Maku-Pass zu.

Wie Theaterkulissen flankierten zwei rosafarbene Felsen den Gebirgspass, den nicht einmal Timur hatte erobern können, obwohl es ihm gelungen war, Festungen wie Wan, Erserum und Bajazet zu bezwingen. Später beschloss der grosse Schah Abbas, den Khan von Maku unschädlich zu machen; das war ein Räuberhauptmann, der ungestraft durch seine Wegelagereien den vom Schah geförderten Handel lahmlegte. Der Schah kam persönlich, als Kaufmann verkleidet, an der Spitze einer Karawane von viertausend Kamelen, die jedes zwei Kisten trugen, in denen je ein Soldat versteckt war, und bat den Khan, seiner Karawane während der Nacht in der Felsschlucht Unterkunft zu gewähren. Der Khan willigte ein, und als alle Kamele herangeführt waren, sprangen die Soldaten aus ihren Kisten und eroberten den Platz.

Während Bajazet von seinen Felsen aus nach Norden blickt, verstecken sich die flachen Häuser Makus in der Mulde auf halber Höhe des Südhangs eines Berges, den die Sonne nie lange bescheint. Jede dieser beiden Ortschaften ist auf ihre Art erstaunlich. Beide hatten die mittelalterlichen Daseinsbedingungen erfüllt, den Einwohnern Unterkunft zu gewähren und für ihren Schutz zu sorgen. Heutzutage haben sie sich aber den Forderungen des modernen Handels angepasst und verlegen ihre Hütten in buntem Durcheinander mehr und mehr vom Berg zur Strasse hinab.

Obwohl es erst halb sechs Uhr nachmittags war, beschlossen wir, ohne dass ein besonderer Grund vorlag, in Maku zu übernachten.

Kaum hatten wir den Gasthof erreicht, als aus einem blauen Himmel der heftigste Sturm hervorbrach, den ich bisher erlebt hatte. Nach Einbruch der Dunkelheit tobte der Sturm noch weiter. Unaufhörlich erleuchteten Blitze unheildrohende violette Wolken und ganze Wasserfälle, die von den Felsen herunterprasselten. Ich weiss nicht, was furchterregender war, das Getöse dieser neuen Sintflut oder der Anblick des weissen Kataraktes, der aus einer Höhe von sechshundert Meter auf das dunkle Dorf herabstürzte.

Bald war unser Hof ein tiefes Wasserbecken geworden (das Haus lag am Fuss des Abhangs, wo die Schlucht flach wurde).

Das reissende Wasser, das Schreien der Menschen, das Dröhnen des Donners, das Poltern der Lawinen vereinten sich zu einem mächtigen, erschreckenden Toben. Aufgelöste, triefende, schmutzige, kreidebleiche Gestalten, die Hosen bis über die Knie aufgerollt, drangen bald in das Wirtshaus ein. Sie jammerten, dass sie alles verloren hätten; ein Strom von Geröll füllte die Hauptstrasse des Dorfes bis zu zwei Meter Höhe aus. Hammam und die Moschee waren als erste eingestürzt. Kühe waren teils verschüttet, teils fortgeschwemmt worden.

Inzwischen hatte der Sohn des Wirtes, ohne sich durch die Katastrophe stören zu lassen, sich meiner Füllfeder bemächtigt und schrieb nach meinem Diktat die französische Übersetzung seiner langen Liste persischer Wörter. Die neue Strasse würde einen Strom von Reisenden nach Maku bringen, und er wollte dafür gewappnet sein. Er sass unter der von einem grünen Schirm bedeckten Petroleumlampe, bei deren Schein mir seinerzeit ein steifer Deutscher erklärt hatte, Hitler sei der einzige lebende Staatsmann, der sich nicht fürchte, die Wahrheit zu sagen!

Endlich hatte sich der Sturm gelegt, und es war Ruhe eingetreten, als wir uns in unsere Betten mit den eingedrückten Sprungfedern begaben – um Sandflöhe über dem Leintuch und gewöhnliche Flöhe darunter zu bekämpfen.

Im Licht des neuen Tages hoben sich die Felsen herrlich rot gegen einen tiefblauen Himmel ab. Wir bahnten uns den Weg durch das Dorf, wo zwischen geborstenen Mauern und umgestürzten Gestellen die Einwohner ihre armseligen Hausgeräte und Kornvorräte zu retten suchten. Der Bürgermeister hatte beschlossen, die Häuser nicht an ihren bisherigen Standorten wieder aufzubauen, sondern weiter unten neben der neuen Strasse – der Himmel hatte diese Änderung beschleunigt ...

Wir schlenderten unter dem überhängenden Felsen herum und versuchten, sein Geheimnis zu ergründen. Maku ist berühmt für seine riesige Höhle, die eine Spannweite von dreihundertsechzig Meter besitzt, sechzig Meter breit und zweihundertfünfzig Meter tief ist.

Immense Kornspeicher und Raum für dreitausend Mann sollen im Innern vorhanden sein; in den Felsen sind in einer unbekannten Sprache Inschriften gemeisselt. Der Besitzer dieser Bergfeste musste den Eid leisten, niemals Fremden zu gestatten, das Innere zu betreten und die Höhle anzusehen.[5]

Es gelang uns, ein grosses bewohntes Haus mit zwei mit Fliesen belegten Höfen von schönen Ausmassen zu betreten; alles war verfallen, aber Reste von Springbrunnen und Blumenbeeten sprachen von vergangener Pracht. Von den Vorderzimmern aus hatte man einen weiten Blick auf das Amphitheater. Man fühlte sich den Adlern nahe, die um die Felsen schwebten.

* * *

Der Mahu-Pass ist nicht nur eine Landes-, sondern auch eine Naturgrenze. Jenseits davon gibt es keine Wolken, keinen Regen, keine Berge mehr, sondern welliges Land, offen, fruchtbar, sonnig. Anstelle der Inschriften mit lateinischen Buchstaben, die in der modernen Türkei eingeführt sind, sieht man nur noch die schwungvollen Linien des arabischen Alphabets. Die winzigen Tassen mit sirupsüssem Kaffee werden durch grosse Gläser mit Tee ersetzt, und es gibt keine Ochsen und keine Karren mehr – von Maku bis nach China hallt ganz Zentralasien von den krampfigen Iah-Schreien des Esels wider.

Keine Frauen mehr in Nationaltrachten oder Männer mit weiten Hosenböden und wurstgleichen engen Hosenbeinen. Kein einziges Steinhaus mehr, nur noch Lehmmauern und Dächer aus Flechtwerk. Überall die Anzeichen eines holzarmen Landes – Dungfladen kleben an den Mauern. Ausser in Städten findet man keine ver-

5 Oberstleutnant C. M. MacGregor: *Central Asia,* Kapitel IV.

schliessbaren Türen oder Fenster – ein Privatleben gibt es nicht. Niemand würde verstehen, was man damit meint oder warum man sich das überhaupt wünscht – obwohl man sich im Lande des Anderun, des separaten Frauengemachs, befindet. Man gehört seinem Gastgeber – seine Familien und seine Nachbarn wollen alles, was man besitzt, sehen und berühren. Man lernt bald, sich dem wohlwollend zu fügen, und sagt sich, dass es der einzige Kontakt ist, den Reisende mit Persern gewinnen können, da ihre zivilisierten Landsleute in Teheran aus Angst, sich zu kompromittieren, einen meiden, so wie die Russen in Moskau oder die Japaner in Japan.

Was die persischen Gendarmen anbelangt, so zeigen sie zuviel Interesse für die Genealogie eines jeden, als dass sie wirklich charmant sein könnten. Das Wasser in den Ziehbrunnen ist oft zu salzig; um den Körper oder den Magen daran zu gewöhnen, wird der Genuss von rohen Zwiebeln mit Molken empfohlen. Und die Millionen von Fliegen sind viel zu zudringlich und zu liebebedürftig. Aber wenn man erst einmal über diese kleinen Unannehmlichkeiten erhaben ist, dann gehört einem Persien.

Die Strasse, die sich um viele Hügelkuppen windet, brachte uns zu einem Fluss. Ängstlich überquerten wir ihn: die Tiefe des undurchsichtigen blutroten Wassers ist nicht zu schätzen. Weit, sehr weit in der Ferne war das Hochland von blauen und lederbraunen Bodenwellen begrenzt.

Nun liessen wir die Landschaft hinter uns, in der einen rote Dörfer an den fernen Atlas erinnern.

In Choi hielt der Gendarm mich für die Dame mit dem Diplomatenpass, während er Christina als meinen Chauffeur ansprach!

Das grüne Marand war sogar noch schöner, als ich es in Erinnerung hatte. Mit seinen weissgetünchten Häusern und den jungen Pappeln, die so biegsam wie helle Birken wirken, hätte es ein reiches ukrainisches Dorf sein können. Noahs Frau soll angeblich dort begraben sein; wir versuchten jedoch nicht, diese Sehenswürdigkeit aufzusuchen. Aber viele Sagen und Fabeln sind in diesem Teil der Welt zu Hause; wir fanden, dass Aserbeidschan ebenso alt aussehe wie Armenien, aber nur die müden niederen Hügel kommen einem erfreulich alt vor. Wir hatten den grossen Ararat bewundert; im Kloster Etchmiadsin, an dessen Nordhang wird einem ein Stück Holz gezeigt, das von der Arche Noah stammen soll. Auch wird erzählt, Noah sei in Naksiwan, der ältesten Stadt der Welt, begraben. Doch der Ruhm des Ararat wird von den Muslimen streitig gemacht: sie behaupten, die Arche Noah sei auf dem Berg Dschudi im Irak gelandet, wo seitdem Derwische eine Lampe ständig brennend halten. »Einer Tradition zufolge landete die Arche auf einer Bodenerhebung bei Kerbela – nicht auf dem Berg, der von den Armeniern fälschlicherweise Ararat genannt wird«, schreibt Sir Arnold Wilson, und er fügt hinzu, dass diese Feststellung von Sayce aus Cambridge bekräftigt werde. »Jesirah ben Omar ist eine Insel im Tigris am Fuss des Berges Ararat, vier Meilen von der Stelle entfernt, wo die Arche Noah landete. Omar Ben al-Khataab holte die Arche vom Gipfel der zwei Berge und machte eine Moschee daraus.« (Reisen des Rabbi Benjamin von Tudela, 1160–1173.)[6]

Und Zarathustra, einer der grössten, die auf unserer Strasse einhergezogen sind, wurde in Medien geboren, vielleicht nicht weit von da, wo wir eben waren. Er war

6 Komroff: *Contemporaries of Marco Polo.*

predigend bis nach Ghasni im Süden von Kabul gekommen. Im zwölften Jahr seit der Erneuerung dieses Glaubens hatte er König Vischtaspa von Balch bekehrt, der die Anfertigung von zwei Abschriften dieser heiligen Schriften befahl.

Nicht weit von unserem Marand hatte Zarathustra in seinem dreissigsten Jahr, als er am Ufer des Vanguhi-Daitya, eines Flusses in Aserbeidschan, sass, eine Offenbarung von Vohu-Mano, dem Geist der Weisheit, dem iranischen Logos, empfangen. Dieser Fluss, der nördlich von Choi fliesst, ist der Aras, den wir weiter oben in Armenien gesehen hatten. Das Paradies Zarathustras, der Eran-Veg oder Airyana-Vaego mit dem heiligen Berg, wo Ahura-Masda seine Fragen beantwortete, befand sich ebenfalls hier in der Nähe. Und in diesem Eran-Veg geschah es, dass der Schöpfer Ahura-Masda zu dem guten Schafhirten Yima sagte: »Es wird eine Zeit kommen, da die Erde durch die Schneefälle und die Regen dreier langer Winter verwüstet werden wird.« Um seine Erde mit höherstehenden Rassen wieder zu bevölkern, wird Yima befohlen, einen unterirdischen Palast zu erbauen, den Var des Yima, in welchem die besten Arten von Menschen, Tieren und Pflanzen leben sollen; und wenn die schlimmen Tage vorüber sind, sollen diese Menschen die Tore des Var öffnen und von neuem die Erde bevölkern.

»Es soll keinen Buckligen geben, keinen Lahmen, keinen Zeugungsunfähigen, keinen Irrsinnigen, keinen Bösartigen, keinen Lügner, auch keinen Gehässigen, keinen Eifersüchtigen, keinen mit verfaulten Zähnen, keinen Aussätzigen, nicht einen einzigen mit dem Schandmal, mit dem Angra-Mainyu die Körper der Sterblichen zeichnet.«[7]

7 J. Darmesteter. *Zend Avesta.*

Es heisst, dass Yima diese Befehle ausgeführt habe. Wenn ich mir aber unsere böse Welt anschaue, frage ich mich, was denn geschehen sein kann. Wurde der Schöpfer getäuscht oder hatte Yima einen Fehler begangen? War es vielleicht so, dass der ›gütige Yima‹ zu gütig gewesen war und seinen besten Freund in den Var hereinliess, der einen verfaulten Zahn hatte und daher auf Yima eifersüchtig war, so dass all der Jammer von neuem begann?

Die letzte Bemühung, ein kleines Paradies zu schaffen, wurde im Elburs-Gebirge, das wir bald sehen sollten, unternommen. Im elften Jahrhundert eroberte ein Freund von Omar Chaijam, ein Schia-Gelehrter namens Hassan Ibn Sabbah, Herrscher der Ismailiten, die Burg Alamut des Seldschuken-Schahs Melik Dschelal ad-Din. Hassan wurde dann als der ›Alte vom Berge‹ bekannt und war der erste Grossmeister jener Sekte von Fanatikern; dort wurde seinen ergebenen Assassinen oder Haschischessern ein Zipfel vom Himmel gegeben. Dieser Garten Eden wurde im folgenden Jahrhundert von Hulagu, dem Mongolen-Ilkhan, zerstört.

»Der dritte Grossmeister, al-Kabir bi Akham Allah Hassan, bestieg im Jahre 1164 den Thron und proklamierte die grosse Auferstehung. Seinen Anhängern befahl er geistige Anbetung und beschränkte passenderweise die Bedeutung des ›Zahir‹ (die Sheria) auf diejenigen, die erlöst wurden und in das geistige Paradies eingetreten sind. Dieser paradiesische Zustand der Gläubigen ist wahrscheinlich die wirkliche Grundlage der bekannten Legende von dem Garten, der von Hassan Ibn Sabbah auf den kahlen Felsen des Alamut angelegt wurde, um das Paradies nachzuahmen und seine Anhänger zu täuschen.«[8]

8 *Encyclopedia of Islam.* Ergänzungsband, Artikel *Ismailiya.*

Dieser dritte Grossmeister war ein Nachkomme Nizars. Von ihm und dem achten Grossmeister Ruknal-Din-Kurschah stammt der jetzige Aga Khan ab; soweit ist er der erbliche Stellvertreter Ismails des siebten und letzten geoffenbarten Imam. In dieser Sekte der sieben Imame wird geglaubt, dass das Amt des Imam von nun an von einem nicht geoffenbarten Imam bekleidet werde, der durch Ismail von Ali abstamme.

* * *

Von der Arg, der Zitadelle, blickten wir hinunter auf Täbris, ein weites, von einem dunklen Kreis von Gärten umgebenes Häusermeer inmitten einer gelben Wüste. Am Horizont stiegen vielfach eingeschnitten Hügel empor, deren Rot beim Sonnenuntergang strahlend und prächtig wurde. Mich interessierte, was Marco Polo über die ›grosse und hochedle Stadt‹ Täbris geschrieben hatte: »Die Kaufleute, die sich mit dem Handel mit fremden Ländern befassen, erlangen grossen Reichtum, aber die Bevölkerung der Stadt ist im allgemeinen arm. Sie setzt sich aus einer Mischung verschiedener Sekten und Völker zusammen: Nestorianer, Armenier, Jakobiten, Georgier, Perser und den Anhängern Muhammads, die die Mehrzahl bilden und Taurisier genannt werden. Jeder Volksteil hat seine eigene Sprache. Die Stadt wird von köstlichen Gärten umgeben, die die herrlichsten Früchte hervorbringen. Die muslimischen Einwohner sind falsch und charakterlos. Gemäss ihren Doktrinen ist alles, was sie Andersgläubigen stehlen oder rauben, rechtmässiger Besitz, und Diebstahl ist kein Verbrechen, während die von Christen Getöteten oder Verwundeten als Märtyrer betrachtet werden. Wenn sie, die Muslime, daher durch ihre Behörden nicht zurückgehalten oder gehindert würden, würden sie viele Verbrechen begehen. Es ist ihnen gelungen, einen grossen Teil der Tataren zu ihrem Glauben zu bekehren, da diese sich dadurch in der Begehung von Verbrechen weniger behindert fühlen. Von Tauris nach Persien dauert die Reise zwölf Tage.«

Arg oder die Zitadelle ist eine falsche Bezeichnung für die grosse Mauer, die wir bestiegen haben; zu Beginn des vierzehnten Jahrhunderts unter Ghasan Khan erbaut, ist es die Ruine der Moschee Ali Schah, die eine der grössten Kuppeln gehabt haben muss, die je erbaut wurden. Die Backsteine sind von so hervorragender Qualität, dass sie nicht einmal während der Revolte im Jahre 1933 durch Maschinengewehrfeuer beschädigt wurden. Die Mauer, auf der wir standen, über dreissig Meter hoch und sieben Meter dick, faszinierte mich; die Anordnung der Backsteine verlieh dem riesigen Turm gleichsam eine spiralförmige Bewegung, die mich schwindlig machte. Die scharfen Schatten der Zwischenräume, die auf beiden Seiten eines jeden Backsteins belassen waren, bildeten ein Muster wie die linke Seite einer groben Strickerei. Unter uns hing am äusseren Ende des offenen Hofes eine tadellos weisse, riesige Kinoleinwand. Und dort, wo einst der überwölbte Mihrab gestanden hatte, der die Richtung nach dem heiligen Mekka wies, thronte nun die feuersichere Kabine eines Kinovorführungsapparates, des neuen Gottes und Spenders von Vergessen für unsere Massenzivilisation.

Von unserem Platz aus konnten wir auch die Kirche der Lazaristenmission sehen, die viel weniger Anhänger zählt. Es gibt nur an die fünfundzwanzigtausend Christen in Persien, meist armenische und nestorianische Gläubige. Der Prior der Lazaristen, ein Franzose, erzählte uns, welch grosse Fortschritte Iran in den letzten Zeiten gemacht habe: früher pflegte ein Pater, bevor er die Stadt verliess, zwei oder drei Pistolen in seinen Gürtel zu stecken. Wir sagten ihm, wie merkwürdig es sei, dass Frankreich keinen Gesandten in Teheran habe, während es doch so wichtig wäre, den Einfluss Deutschlands zu verringern.

»Es war ein Gesandter ernannt worden«, erwiderte er, »aber die Perser wollten ihn nicht haben. Er habe den ›bösen Blick‹. Als er in Afghanistan war, wurde Nadir Schah ermordet, und während er in Abessinien Frankreich vertrat, wurde Ras Tafari entthront.«[9] Der Priester fuhr fort: »Dazu muss man noch sagen, dass der Schah, empfindlich wie alle Parvenüs, es als eine Beleidigung ansieht, nicht eines Gesandten für würdig erachtet zu werden, der in einer der grossen Hauptstädte der Welt gedient hat.«

Diese Einstellung war für viele Zwischenfälle verantwortlich. So wurden die amerikanischen Zeitungen in Iran auf lange Dauer verboten, weil in Washington eine Majestätsbeleidigung begangen worden war: ein persischer Diplomat war versehentlich wegen zu schnellen Fahrens verhaftet worden.

Auch Paris hatte sich schuldig gemacht, indem ein Boulevardblatt den Kalauer veröffentlicht hatte: *Il n'y a pas la de quoi fouetter un Shah!* Deswegen war eine solche Aufregung entstanden, dass seitdem der Quai d'Orsay

9 Der Gesandte kam schliesslich doch nach Teheran, und wiederum widerfuhr dem Herrscher des Landes etwas, obwohl nicht sofort: Reza Schah Pahlewi wurde entthront und verbannt. Er starb 1944 in Johannesburg.

immer bei dem Gedanken zittert, was wohl am nächsten Tag veröffentlicht werden könnte. Diese Sorge war so gross, dass ich meiner Redaktion in Paris hatte versprechen müssen, meine Artikel vom Quai d'Orsay zensurieren zu lassen – trotz meinen Bemühungen, brav zu sein, wurden sie nicht genehmigt. Ich hatte zwar nicht das bekannte Verbrechen begangen, zu sagen, dass die verschleierten Frauen verschwunden seien, glücklicherweise aber noch nicht alle Kamele; doch ein Kompliment von mir war vielleicht zu undeutlich gehalten gewesen: »... Lastwagenchauffeure, diese Helden des modernen Iran, arbeiten sechzehn Stunden am Tag. Sie verlieren keine Zeit, um zu Mittag zu essen – während eines kurzen Haltes lassen sie nur die Opiumpfeife herumgehen, die ihnen die nötige Ruhe verleiht, auf diesen höllischen Strassen einherzurattern, die von überladenen Lastautos völlig aufgerissen sind.« Wie durfte ich es wagen, Opium in Verbindung mit dem fortschrittlichen Reich der modernen Arier zu erwähnen!

Der Fremdenhass des Schahs ging so weit, dass er alle Inschriften in lateinischer oder russischer Sprache zerstören liess. Die kosmopolitischen Bewohner von Täbris benutzten daher Bildplakate und Schilder, die jedermann verstehen konnte: das riesige Abbild eines Kinnbackens zum Beispiel bezeichnete einen Zahnarzt. Aber der Schah konnte nicht verhindern, dass in der grossen Stadt verschiedene fremde Sprachen mündlich gebraucht wurden. War ich doch heute morgen von einem donnernden »Marussia! Banya yest?« eines Russen geweckt worden, der ein Bad verlangte!

Täbris war die Hauptstadt der mongolischen Ilkhane gewesen, als Marco Polo mit seiner mongolischen Schönheit eintraf. Doch inzwischen war der in Aussicht genommene Gemahl Arghun Khan gestorben. So brachte er seine köstliche Ladung zu dessen Sohn, dem kleinen Ghasan Khan, der im Osten Krieg führte und sich zwei Jahre später auf den Thron setzte.

Die berühmte Blaue Moschee von Täbris wurde im fünfzehnten Jahrhundert von Dschehan Schah aus der ›Schwarzen-Hammel‹-Dynastie der Turkmenen erbaut. Ihre Backsteinmauern haben schwer unter Erdbeben und Kriegen gelitten, aber dennoch beeindruckten sie mich tief. (Ich bin kein Kenner, ich spreche als Tourist und vergleiche mit Bauwerken, die ich in Chiwa, Buchara, Samarkand, Herat und Meschhed gesehen habe.)

Die dunklen Kacheln sind bezaubernd; sprühende Goldmalereien auf dunkelblauem Hintergrund erinnern an den Nachthimmel. Ein grosses Fayencemosaik ruft in einem die Zeit wach, da man verliebt war und das Gefühl hatte, zuvor noch nie wirklich die Pracht des mitternächtlichen Himmels gesehen zu haben; die Sterne, von denen nicht zwei einander gleichen, funkeln mit solcher Intensität, dass sie auf einen zuzukommen scheinen. Man stelle sich einen Winkel jenes Himmels und jeden Stern als farbige Blume vor, dann bekommt man eine Ahnung von dem, was ich gesehen habe. Diese dunklen Lüsterfayencen haben nichts mit Preussischblau und seinem kalten grünen Nachglanz gemein, es ist ein dunkles, sattes Ultramarin mit einem leichten tiefroten Schimmer darin. Ich sah auch Alabasterwände mit so seltenen jadegleichen Schattierungen, dass ich gerne noch viel länger geblieben wäre, um den Anblick richtig zu geniessen.

11

Strassen

Wir waren schlechter Laune.

Am Abend vorher hatten wir unserem Polizisten gesagt, wir möchten den kühlen Morgen ausnutzen und in aller Herrgottsfrühe abfahren, und er hatte versprochen, rechtzeitig den Jawass, den Ausweis mit der Reiseerlaubnis, zu bringen. Aber er erschien nicht. Um neun Uhr gingen wir zum Polizeikommissariat, um den Schuldigen zu suchen. Um elf Uhr hatte die Wut bereits all unsere Kraft verzehrt, und so sagten wir nichts, als schliesslich der richtige Mann auftauchte und eine Schublade öffnete, in der unser Jawass schon lange fix und fertig lag. Mit einer Entschuldigung für seine Verspätung erklärte er uns, dieses Dokument würde uns ersparen, bei jedem Kontrollposten unsere unverständlichen Pässe vorzuzeigen. Bis jetzt waren wir nämlich gezwungen worden, jeweils sowohl am Eingang wie am Ausgang eines jeden Dorfes haltzumachen, selbst wenn sich die zwei Posten gegenseitig sehen konnten – diese Verordnung hatte der Tätigkeit der Briganten ein Ende bereitet.

Wegen des späten Aufbruchs rasten wir auf der Strasse dahin. Ich sah eine weisse Scheibe mit einem Querstrich (das bedeutete ›Kontrolle‹), machte aber Christina nicht darauf aufmerksam, da ich glaubte, niemand könne uns einholen. Ein Irrtum: Gendarmen auf einem Motorrad mit Seitenwagen überholten uns und hielten uns an … sie lasen unseren Jawass und befahlen uns durch Gesten, zu ihrem Bureau zurückzufahren. Dann kehrten sie um, im Glauben, wir würden ihnen folgen.

Als sie ihren Irrtum bemerkten, überholten sie uns noch einmal. Diese Kerle legten einen viel zu grossen Eifer an den Tag; hatten sie denn nicht gesehen, dass wir mit dem besten Dokument ausgestattet waren? Wir fuhren weiter. Sie brüllten, fluchten, holten uns ein und hielten unser Steuerrad fest; weiss vor Wut schlug Christina auf den Arm des Gendarmen, durch dessen Schuld wir fast im Strassengraben gelandet wären. Aber angesichts dieser Wahnsinnigen war es besser, anzuhalten. Die Lage war kritisch, wir mussten uns schnell etwas ausdenken. Und es glückte: einer der Gendarmen sprach Russisch. Unser unartikuliertes Keifen hörte auf, Meinungen wurden ausgetauscht, die Spannung löste sich. Schliesslich entschuldigten wir uns alle gegenseitig, und der Mann sagte tief gerührt: »Sie sind unsere hochgeehrten Gäste. Es war sehr unrecht von mir, so wütend zu werden.«

Unheimlicherweise schien uns die erregte Stimme des Mannes zu verfolgen, sie klang uns noch in den Ohren, als wir schliesslich wieder allein waren.

Da Lastwagenchauffeure uns halfen, wenn wir ein Rad auswechseln mussten, machten auch wir halt, wenn ein Camion an der Strassenseite stand. Einmal, als wir den Leuten etwas Flickmaterial gaben, waren wir erstaunt, dass einer ihrer Schläuche über und über mit Flicken versehen war; wir erfuhren, dass Reifen und Schläuche rar wie Gold waren. Aus Anlass der Hochzeit des Kronprinzen, die zwei Monate zuvor stattgefunden hatte, waren vom Schah sämtliche Autos in Teheran requiriert worden. Sie wurden pünktlich zurückgegeben – aber ihre Reifen waren durch wertlose ersetzt worden! Es herrscht in Iran ein solcher Mangel an Camions und Reifen, dass sogar die Lastautos der anglo-iranischen Ölgesellschaft – der ungekrönten Königin des Landes – oft von Offizieren des Heeres weggenommen und all dessen, was gebraucht wird, beraubt wurden. Das ging so weiter, bis der Direktor der Gesellschaft dem Schah drohte, dass, wenn seine Arbeit weiterhin derart behindert würde, die so dringend benötigten Abgaben an den Schah am nächsten Zahltag vermindert würden.

Während der Mittagspause wurden die Räder der Lastwagen mit Decken verhüllt, um die Reifen gegen die Sonne zu schützen. Wir folgten diesem Beispiel.

In einem guten, mit Tischen und Stühlen ausgestatteten Gasthof befand sich eine originelle Kollektion von Öldrucken: zahlreiche europäische Könige und Königinnen, nackte Schönheiten zu beiden Seiten des ernsten Hindenburg, eine Geisha neben einem Bischof, der die Hände zum Segen erhob, und – das allerbeste – ein wunderbarer Kalender, der Jesus, Aga Khan, Edison und andere grosse Männer um Atatürk und Reza Schah gruppiert zeigte. Es wurde uns gesagt, dass der Schah zweifellos ein grosser Mann sei. Dennoch hatte er jedesmal die Reise nach den Industrieländern Europas verschoben – er hatte vielleicht vor der Erkenntnis Angst, dass alles, was er in Iran geschaffen hatte, doch nicht so perfekt sei, wie er es gerne glauben wollte.

In diesem Raum vernahm ich auch die Erklärung einer Sache, die mir seit 1937 ein Rätsel gewesen war. Viele Lastautos lassen eine dicke Kette zwischen ihren Vorderrädern schleppen, als seien sie dem Kerker entronnen. Die Kette soll als Erdung dienen, also eine Ansammlung von Elektrizität im Wagen verhindern, deren glänzende

Metallaussenteile stundenlang dem Druck der heftigen Winde dieser kieselharten, ausgedörrten Hochebenen ausgesetzt sind – ein Schlag könnte den ersten Mann verletzen, der von einem mit Elektrizität hochgeladenen Fahrzeug steigt.

Erbarmungslos gefahrene Vehikel, die erbarmungslos mit einem Übergewicht von drei Tonnen beladen sind; rumpelnde Lastautos, die nach zweijährigem Dienst völlig erledigt sind (warum sich den Kopf zerbrechen, da man damit den Preis eines neuen Wagens verdient hat?); Lastautos, die Tag und Nacht vor ihren Staubfahnen einherrumpeln; Strassen, die tausend Meilen voneinander entfernt liegende Ortschaften verbinden … »Meiner Ansicht nach hat diese Unmenge von rauhen Lastwagenchauffeuren, die jede Nacht sämtliche Strassen Englands bevölkern, dieses mechanisierte Zeitalter hervorgebracht«, schrieb T. E. Lawrence an Robert Graves. Das kann man auch von Iran sagen. Dutzende von Textilfabriken und Mühlen, Baumwollentsamungs-, Zement-, Seifen- und Zigarettenfabriken, Zuckerraffinerien, Radiostationen, alle sind sie vor ihrer Montierung Stück um Stück über diese endlosen Strassen Irans importiert worden.

Wir kamen zu einem umgestürzten Lastwagen. Auf der Strasse standen riesige Kisten mit der Aufschrift ELEVATOR! Zwei Männer sassen im Schatten des Chassis – dem einzigen schattigen Punkt im Herzen der Unendlichkeit. Sie waren nun schon seit achtundvierzig Stunden da und warteten auf Hilfe.

Der persische Chauffeur jammerte: »Es ist nicht meine Schuld, was konnte ich tun? Es ist Unglück. Gott hat es gewollt …«

Der russische Mechaniker, der von Christina eine ›Camel‹ – ein ›Papiross‹ – angenommen hatte, erwiderte: »Gott? Armer Narr, wovon redest denn du? Du weisst doch ebenso gut wie ich, dass Gott nur in deinem blöden Hirn existiert!«

Es werden also auch Sowjetideen importiert, nicht nur Maschinen.

Ich glaube, dass dieses plötzliche Anwachsen des Transportwesens, namentlich in der Türkei, in Iran, Afghanistan, Russland, der Mandschurei und China, Ländern, die ich besucht habe, die Hintergründe unserer Zeit zeigt: die Furcht vor übermächtigen Nachbarn. Strassen werden benötigt, um Industrien aufzubauen. Aber diese Entwicklung – hoffen wir, dass sie schliesslich doch den Völkern der Länder zugute komme, obwohl ich nirgendwo mehr gehetzte Menschen gesehen habe als in unseren Industrieländern – ist in erster Linie dazu bestimmt, die Einkünfte und die Macht des Staates zu vermehren. Und diese Einkünfte werden in erster Linie dazu verwandt, eine starke Armee zu schaffen, eine Armee, die viel grösser ist, als die Aufrechterhaltung der inneren Ordnung des Landes erfordert. Diese Armee wird dringend benötigt, da mächtige Nachbarn, die für ihre Raffsucht berüchtigt sind, jeden Augenblick ins Land spazieren könnten. Furcht! Furcht vor dem Krieg ist der Angelpunkt, die Triebfeder aller Tätigkeit in allen zu neuem Leben erwachenden Ländern – und nicht nur dort.

Ohne Erdöl, der Grundlage des Verkehrs in Iran, würden die Menschen verhungern, da es nun keine Karawanen mehr gibt. Glücklicherweise kommt aber im Süden des Landes Erdöl vor, obwohl es einer britischen Gesellschaft gehört (die dem Schah durchschnittlich im Jahr zweieinhalb Millionen Pfund Sterling Abgaben zu zahlen pflegte). Erdöl ist auch der wichtigste Exportartikel Irans. Das heisst, dass Grossbritannien trotz der tausendneunhundert sehr aktiven Deutschen, die (damals) im Land lebten, und trotz des mächtigen russischen Nachbarn noch immer die Geschicke Persiens lenkt.

* * *

In eine niedrige, dunkle Tschai-khana, in der wir wieder einmal heissen Tee in der Hoffnung schlürften, dass er den Staub, der unsere Kehlen ausdörrte, hinunterspüle, stürmten plötzlich zwei kräftige Männer, die Schweizerdeutsch sprachen und unbedingt den Besitzer des schweizerischen Wagens, einer Seltenheit in Iran, kennenlernen wollten. Bald zeigten sie uns den Weg zu ihrem Camp, nachdem sie beschlossen hatten, ihre Arbeit sich selbst zu überlassen; sie bauten die Eisenbahn von Kaswin nach Täbris.

Hinter Bierhumpen sitzend sprachen wir über die transiranische Linie. Sie war nicht nur fertiggestellt, sondern bereits in ihrer Gesamtlänge von dreizehnhundert Kilometer vom Persischen Golf zum Kaspischen Meer in Betrieb. Einige Kritiker behaupten, die Linie sei ein sehr kostspieliger Luxus (vierzig Millionen Pfund Sterling) und werde Iran nicht von dem wirtschaftlichen Druck Russlands befreien; da sie Hunderte von Kilometern abseits des hauptsächlichen Verkehrs verlaufe, sei eine solche Linie nutzlos. Ich erinnerte mich, dass zwei Jahre zuvor Leute, die behaupteten, gut informiert zu sein, gesagt hatten, die technischen Schwierigkeiten seien unüberwindlich, die Linie werde nie fertig. »Nur ein Wunder könnte diese Linie Wirklichkeit werden lassen«, schrieb 1930 G. Reitlinger. Das Wunder war geschehen – man muss das zugeben, und es ist dem Schah zu verdanken!

Ich habe aber schon oft beobachtet, dass Abendländer eine angeborene Neigung haben, alles, was die Perser tun, herabzusetzen oder lächerlich zu machen – nicht, weil es schlecht gemacht ist, sondern einfach, weil sie sich über den Stolz des Persers ärgern, der prahlt, dass das, was er getan hat, ›das Beste auf der Welt‹ ist. Solche Leute sehen nicht ein, dass diese Haltung die unvermeidliche Reaktion der Asiaten auf die Herablassung darstellt, mit der die Abendländer ihren technischen Fortschritt nach dem Osten gebracht hatten, als offenbarten sie eine Religion, die alle Übel heilen könne. »Die Europäer wissen alles besser und können alles besser. Hundert Jahre lang züchten sie aus ihrem Überlegenheitsbewusstsein heraus bei den ›Eingeborenen‹ ein Gefühl der Unterlegenheit. Es ist ein Mittel ihrer Herrschaftsstellung. Es kehrt sich heute gegen sie in einem Minderwertigkeitskomplex, der sich manchmal in Fremdenhass, oft in Misstrauen, immer in einer übersteigerten Empfindlichkeit äussert …«

»… die neue europäische Invasion (geht vor sich) unter dem Zeichen der Humanität und des Fortschritts. Die ›Armen‹, die sich in Lebensform und Höflichkeit den direkt und kurz angebundenen Eindringlingen himmelhoch überlegen fühlen, stehen doch verwirrt vor der Tatsache, dass diese Leute in eine schwarze Muschel sprechen und sich über viele Kilometer weg verständlich machen.«[10]

Vor zwei Jahren hatte ich einige Schweizer Ingenieure kennengelernt, die dort arbeiteten; so habe ich eine Ah-

10 M. Boveri: *Vom Minarett zum Bohrturm.*

nung von den Schwierigkeiten des Strassenbaues in Iran. Bei der Tschaluss-Strasse, der direktesten Verbindung zwischen Teheran und den reichen Provinzen am Südufer des Kaspischen Meeres, befand sich in fast dreitausend Meter Höhe in der Nähe des Kandewanpasses ein Arbeitercamp. Diese eindrucksvolle Strasse war eine der Lieblingsbauten des Schahs, der der Ansicht war, dass die Strasse Pahlewi–Kaswin in zu gefährlicher Nähe der russischen Grenze verlaufe.

Unter dem Pass wurde ein Tunnel durchgeführt, und damit nicht nur einige scharfe Kurven vermieden, sondern auch die Schneefälle, die im Winter jeglichen Verkehr sperren. Ich bin selten durch steilere, langgestrecktere und kahlere Berge gekommen als jene in der Nähe von Kandewan, wo Galerien die Strassen vor Erdrutschen schützen. Obwohl ein Arbeitercamp an einem scheinbar sicheren Berghang errichtet worden war, wurde es von einem Schneerutsch teilweise weggerissen; auf dem Grund der tiefen Schlucht war noch der Wagen des Chefingenieurs zu sehen – ein nutzloses, verrostetes kleines Spielzeug.

Als Autokrat reinsten Wassers hatte der Schah die Stelle bestimmt, an der der Tunnel beginnen sollte.

»Könnte nicht der Entschluss Eurer Majestät vielleicht etwas abgeändert werden, da gerade an jener Stelle die Lawinen herunterkommen?«

»Ich habe gesprochen, das genügt!«

Ungehorsam kam nicht in Frage: die Ingenieure mussten sich die Köpfe zerbrechen, um die Lawinen zu betrügen und nicht den König der Könige. Um den Willen eines einzelnen Menschen durchzusetzen, kämpften sechshundert Arbeiter und vierunddreissig europäische

Spezialisten gegen einen Berg, der über Waffen verfügte wie brüchigen Schiefer, starken Steinschlag, Schlamm und Morast, und Schwefelerde, die den Zement des Tunnels zersetzt. All das gehörte zum Spiel. Aber unerwartete Behinderungen von Menschenseite bereiteten der Geduld unseres Ingenieurs ein Ende. Bei uns konnte er endlich sein Herz ausschütten. »Der bisherige Ingenieur hatte sich in seinen Berechnungen der Sohle des nördlichen und südlichen Tunnelausgangs um drei Meter geirrt – von seinem phantastischen Budget wollen wir schon gar nicht sprechen.« Jeder Tag zeitigte ein neues Problem. Die Arbeit war ohne Material unmöglich, und um Material zu bekommen, brauchte man Transportmittel. Doch diese waren nicht zu haben, da die Armee die dreiundzwanzig Lastautos beschlagnahmt hatte, die der Tschaluss-Strasse zugeteilt waren. »Inzwischen verdarb die tropische Feuchtigkeit eines Kaspischen Hafens unseren Zement, der dort offen gelagert hatte. Da der wütende Schah jemanden zum Tode verurteilen könnte, wenn die Strasse nicht rechtzeitig fertig wäre, blieb uns keine andere Wahl, als eine vorüberkommende Lastautokolonne, die Kohlen holen sollte, zu requirieren. So war die Situation wieder gerettet worden – für diesmal!«

Der schweizerische Ingenieur hatte genug von Iran: Selbst wenn die Regierung des Schahs bereit wäre, mit ihm einen neuen Vertrag in europäischer Währung zu schliessen, war er entschlossen, nicht einen Tag länger als unbedingt nötig zu bleiben. Er wollte lieber in der Heimat Strassen fegen als sich hier für weitere drei Jahre verpflichten.

Am Abend besuchte ich die Spezialisten; sie lasen im Wohnzimmer ihre Zeitungen. Der Anblick erinnerte mich an den Turmbau von Babel: auf dem langen ungehobelten Tisch lagen nebeneinander die *Province de Namur,* der *Völkische Beobachter,* die *Feuille d'Avis de Neuchâtel, Politiken* – und tschechische und spanische Zeitungen, deren Namen mir unbekannt waren.

Ein sanfter kleiner Mann, der die *Neue Zürcher Zeitung* in der Hand hielt, sagte zu mir: »Ich lese sie nur, um zu wissen, wer gestorben ist!« So geht's eben.

12

Nikpeh

Der Tag fing schlecht an und endete nicht gut.

Wir machten an einer kleinen Oase halt. Neben einer verlassenen Karawanserei schimmerte ein einsames Weizenfeld weich in dem rauhen Wüstenrahmen.

Kaum hatten wir das Zelt aufgeschlagen, als uns zwei Gendarmen in lebhaft blauen Uniformen aufforderten, in den kleinen Garten vor ihrer Hütte umzuziehen. Widerwillig nahmen wir diese Einladung an – das Zelt wurde niedergelegt und in einem Stück dorthin getragen. Während wir unser Abendessen bereiteten, versuchten die guten Männer eifrigst, sich nützlich zu machen. Der Benzinkocher wurde neu gefüllt … dem einen Gendarmen, der bereits seit fünf Minuten seine Streichholzdose bereithielt, gab ich etwas zu früh die Erlaubnis, den Kocher anzuzünden …

Flammen schossen von der Erde auf, von meinem Fuss, dann von meiner Hand, als ich Schuh und Socken fortwarf – in eine blaue Flamme gehüllt brannte die Hand wie ein Plumpudding. Dann fing der Ärmel meines Blazers Feuer – ich sah mich schon als lebendige Fackel dem Tode nahe. Es war ein merkwürdiges Erlebnis. Es interessierte mich derart, die Gedanken, die in mir hochstiegen, zu beobachten, dass ich nicht dazukam, irgend etwas zu empfinden. Wann würde die Angst kommen? War das nicht einer der Momente, da man den nächsten Vorhang herunterreisst, um sich darin zu wälzen? Ich tat das Vernünftigste und hüllte mich in unsere kleine Zeltbahn.

Dann musste ich den kleinen Gendarmen trösten, der ehrlich weinte und jammerte »Oh! Oh! Das ist meine Schuld! O Allah!« und ähnliche Worte ausstiess ... Nein, ich sei allein schuld, in der Dämmerung hätte ich zuviel Benzin ausgeschüttet, so dass der ganze Boden durchtränkt war. (Trotzdem sagte ich mir allerdings, dass zu viele herumhüpfende Helfer nur störend wirken.)

Es war aber wenig Schaden angerichtet. Mein rechter geschwollener Handrücken sah zwar aus wie ein mit Wasser bis zum Platzen gefüllter Handschuh. An einer Stelle kam das rohe Fleisch zum Vorschein – vom Exerzieren des Im-Zelt-Wälzens, mit dem ich den Forderungen der ›Tradition‹ hatte genügen wollen. Ein Salbenverband wurde darumgewickelt, unser Essen gekocht und verzehrt, und bald lagen wir unter den Moskitonetzen, die der iranischen Polizei gehörten.

Wieder einmal hatte ich den Beweis, dass ich mich selbst mit objektiver Ruhe beobachten kann, und dass Neugier das in mir vorherrschende Gefühl ist. In Höhepunkten der Erregung, bei Gefahr, in der Liebe, bleibe ich stets ein Zuschauer meiner selbst. Ich werde deshalb nie so intensiv leiden, wie Christina leidet, ich kann mich nicht mit dem Schauspiel identifizieren, das sich vor mir abspielt. (Natürlich besteht auch die Möglichkeit, dass Christina absichtlich eine quälende Rolle in ihrem Leben spielt. Dann waren freilich meine plumpen Ratschläge und geradlinigen Aussprüche nutzlos.)

Ich schlief fest und tief; zweifellos wurde dieser Schlaf von einem tüchtigen Schluck Kognak begünstigt. Aber Christina (die es für nötig befunden hatte, die andere

Hälfte des Flakons zu trinken) schlief kaum – sie glaubte, dass ich heroisch still Qualen duldete. Zwei Tage später stellten sich dann die heftigsten Schmerzen ein; der Arzt schnitt die verbrannte Haut weg und zeigte mir, wie ich die knallrote Wunde alle Viertelstunden mit Tannin bestreuen sollte. Klugerweise liess er mich allein – er musste in die Kirche gehen –, und ich führte diese höllische Prozedur selbst durch, während Tränen und Schweiss meinen Körper hinunterliefen. Es war aber die schnellste Methode, eine Kruste zu bilden, sonst wäre die Reise unmöglich geworden; zwei Tage lang floss die Wunde so stark, dass ich die Hand zum Wagen hinaushalten musste, um das Blutwasser auf die Strasse tropfen zu lassen.

Als Christina mir erzählte, dass sie eine schlaflose Nacht verbracht hatte, wegen einer Sorge, die grundlos war, erkannte ich blitzartig, dass es hienieden Himmel und Hölle gleichzeitig gibt – als Folge des Denkens, zu dem uns unsere Unwissenheit verleitet. Und was für Narren sind wir, dass wir uns selbst durch unsere Vorstellungen ein Jammertal bereiten! Ich konnte es Christina beweisen: die Schönheit einer Mauer, die Freude an einer Symphonie kann höchstwahrscheinlich nicht von einem Bäckerjungen empfunden werden. Schönheit, Schmerz, Freude sind nicht mit einem Ding, mit einem Ereignis verbunden, sie sind lediglich in einem selbst. Da diese schlummernden Gefühle in mir vorhanden sind, kann ich es lernen, aus mir selbst eine reine Freude hervorzubringen – ich kann mir meine eigene Welt formen.

Aber es war zwecklos, mit Christina auf dieser Basis zu sprechen. Ich musste zuerst herausfinden, warum sie wieder und wieder den komplizierten, grausamen Weg der Hölle wählte. War es möglich, dass sie ihn einer leichteren Lebensweise vorzog? Glaubte sie, dass sie so am schnellsten die Grenzen ihrer Individualität überschreiten könnte? Da sie mit Thomas Mann und seiner Familie gelebt hatte, teilte sie vielleicht die Ansicht des Helden des *Zauberbergs,* der sagt: »Zum Leben gibt es zwei Wege: der eine ist der gewöhnliche direkte und brave. Der andere ist schlimm, er führt über den Tod, und das ist der geniale Weg.« War Leiden vielleicht etwas so Wunderbares, dass es, obwohl seelisch bedingt, wundersam dazu verhilft, das Denken zu überwinden? Wahrscheinlich wusste sie mehr als ich. Ich war nur einer Sache sicher: sie irrte sich, wenn sie sich mit einem von Furcht besessenen Wesen identifizierte.

Wenn Schmerz und Kummer sie jedoch an die Schwelle einer mir unbekannten Welt geführt hatten, würde sie dann so verzweifelt sein?

Es war sehr wahrscheinlich, dass sie selbst nicht klar den gefahrvollen Pfad sah, dem sie folgte. Als ich sie das erstemal erblickte – wie gut erinnere ich mich an den Eindruck, den sie auf mich machte! –, ging sie die ausgetretenen Stufen des Hotels zum Schwarzen Bären in Zürich hinauf, eines altmodischen, stillen Hotels, in dem mein Onkel, der Ingenieur, ein pied-à-terre hatte. Es war ein strahlender Sommertag. Ohne Hut, in einem eleganten grauen Kostüm, so schmal, dass sie fast ätherisch wirkte, sass sie fast die ganze Zeit still, grüblerisch, traurig da. Zuerst glaubte ich, sie lausche einer inneren Musik. Dann wusste ich, dass sie suchte; sie lauschte über die eben gesprochenen Worte hinweg, in der Hoffnung, eine schwebende Resonanz aus einer Welt zu erhaschen, die eine tiefere Bedeutung besitzt als die unsrige – sie wartete auf eine Grundnote. Oder um ein anderes Bild zu brauchen: Sie blickte durch uns hindurch, als seien wir Prismen, und sie versuche, einen Schimmer des ursprünglichen, unzerlegten Lichtes aufzufangen.

Eines war gewiss: sie glaubte an das Leiden, sie betete es an als die Quelle aller Grösse. Und an jenem Tag fragte ich mich zum erstenmal, ob sie deshalb ihr Elend ertragen könne, weil etwas in ihr es genoss. Wenn ja, würde sie imstande sein, dieses Empfinden zu vervollständigen und dadurch die Hölle in den Himmel zu verwandeln?

Als sie mich bat, ihr aus ihrem Circulus vitiosus herauszuhelfen, war es wahrscheinlich nur ein Teil ihres Ichs, das sich nach einem normaleren Leben sehnte. So wie es jetzt war, pumpten die Krisen, aus denen sich ihr Leben zusammensetzte, sie völlig aus. Sie war wie eine gedämpfte Geige, deren Saiten aus ihren Herzfasern bestehen – während sie spielte, gab sie sich selbst vollkommen aus. Da sie ihre Qualen nicht zu überwinden vermochte, war sie nicht wie das heutige Europa dazu verdammt, stückweise Selbstmord zu begehen? Bewusst von einer Hölle in die andere zu gehen war wohl für sie die einzig mögliche Art, mit Kopf und Herz gleichzeitig zu leben. So machte sie selbstgeschaffene Prüfungen durch, die kein Mensch sonst hätte ertragen können.

Und sie wurde hin- und hergezerrt zwischen dem Wunsch nach jenem intensiven Leben, das ihr Bewusstsein weitete, und der Furcht, es nicht zu erreichen. Sklavin dieses Begehrens, wollte sie ungeduldig den Daseinsprozess beschleunigen. Und im Tal zwischen zwei intensiven Wellen fühlte sie derart die Schalheit des Lebens, dass sie glaubte, sterben zu müssen.

»Geniesst du wirklich das Leben?« fragte sie mich wieder und wieder, oder: »Wie lebst du?« Sie meinte:

Wie kannst du dieses elende Wellental ertragen? Aus welcher Quelle schöpfst du deine Geduld? Bist du aufrichtig, wenn du sagst, das Leben sei gut? Ich erwiderte ihr nicht, dass die Momente vollkommener Erfüllung, die zeigen, was das Leben wirklich sein kann, verzweifelt selten sind. Ich aber suche diese Momente der Erfüllung in der Freude, nicht in einem Meer des Schmerzes.

Wieder einmal versuchte ich, entgegen meinem besseren Wissen, die Richtung ihrer Gedanken zu ändern. Ich wies auf das Jubeln einer roten Blume zum Blau des Himmels hin, auf die Freude jedes unserer Schritte, die wir aus freiem Willen unternehmen. Wir hatten gerade zwei stolze Bettler getroffen, junge blonde Russen, die vor vier Jahren aus Sowjet-Turkestan entkommen waren. Sie mussten noch zwei Jahre ›totschlagen‹, bevor sie persische Bürger zu werden vermochten und dadurch die Möglichkeit erhielten, anders als von der Hand in den Mund zu leben. Gegenwärtig konnten sie immer nur einige Tage in einer Garage oder auf einem Bauernhof arbeiten – bis ihre Arbeitgeber entdeckten, dass sie keine Papiere hatten. Der gutaussehende Bursche kam vom Kubangebiet, der andere von Aschkhabad, wo er in einer Druckerei gearbeitet hatte. Sie hatten die Flucht gewagt, weil ›das Brot zu sauer und die Zahltage zu rar waren‹. Es gab viele wie sie. Bei Schahrud hatte man Baracken gebaut, wo die Flüchtlinge wie die Fliegen an Malaria und Ruhr starben, und ihre Frauen konnten den kalten Winter nicht überstehen. Schon lange hatten sich die beiden bei einer Hilfsorganisation in Teheran einschreiben lassen, aber was nützte das?

Diese Burschen hatten so wenig Hoffnung, aber sie kämpften weiter. Sie hatten keine Bücher, wussten nichts von den Weltgeschehnissen. Der Drucker hatte begonnen, ein Tagebuch zu führen, ein grosser Trost für ihn; aber aus Furcht vor allem Russischen hatte die Polizei es ihm fortgenommen.

Zwei Freunde der beiden hatten sich kürzlich erhängt. Beim Abschied sagte der Drucker: »Sie gehen zu Freunden, die Sie erwarten. Sie wissen gar nicht, was für ein Glück das bedeutet!«

Seine Bemerkung hatte mich tief berührt. Wir wissen nie das genügend zu schätzen, was wir haben. Und ich führte diese Begegnung an, um Christina zu zeigen, wie glücklich wir seien.

Trotz der Unterschiede zwischen uns hatten wir vieles gemeinsam. Wir versuchten beide, uns den Lebensunterhalt zu verdienen – ich, weil ich es musste, sie, weil sie ohne ihre Rente auskommen wollte. Jede von uns lebte im allgemeinen für sich. Wir bedauerten, dass die Liebe, die wir zu geben vermochten, irgendwie armselig war; wir wussten, dass Liebe auf einem vollen und spontanen Herzenstrieb beruhen muss, und bisher war uns das nie geglückt. Sehr nachdenklich hatte sie mich einmal gefragt: »Kini, woran fehlt es bei mir? Diejenigen, die ich am meisten liebte, X, Y, Z, sogar Mutter (ich würde mein Leben dafür hingeben, sie wieder zu ›finden‹) ... warum war es mir nie möglich, meinen Beziehungen eine richtige Basis zu geben? Obwohl sie alle mich zunächst lieben, erschrecke ich sie bald, quäle sie mit meiner Liebe, mit meinen ungestümen Forderungen ...«

»Vielleicht bist du wie ich«, meinte ich, »bist in deine Auffassung der Liebe verliebt und gar nicht in den betreffenden Menschen!«

»Sie behaupten, ich würde ihr Leben zerstören ... und nach einiger Zeit übergeben sie mich Fremden oder Ärzten. Da ich mich dann weigere, mich ihren idiotischen Regeln zu unterwerfen, ende ich in der Zwangsjacke. Und doch hat jeder Arzt zunächst gesagt, dass ich völlig normal sei ...«

»Jawohl, ich habe gesehen, wie du die Menschen auspumpst. Du verlangst eine Liebe, die mit unseren gegenwärtigen Begrenzungen nicht vereinbar ist.«

Wir waren beide Reisende – sie lief stets vor einer Gefühlskrise davon (ohne zu erkennen, dass sie die nächste schon herbeiwünschte), ich hingegen suchte stets in der Ferne das Geheimnis eines harmonischen Lebens oder füllte die Zeit damit aus, mich in Gefahren zu begeben, angezogen von dem klaren scharfen ›Geschmack‹, den sie dem Dasein verleihen. Beide waren wir aktive Menschen, doch während ich mir immer wieder beweisen musste, dass ich kein jämmerliches Wesen bin, fühlte sie sich im Gegensatz dazu so unantastbar, dass sie sich überhaupt nicht vorstellen konnte, wie irgendein Exzess oder Experiment ihre Unschuld und ihre Gesundheit berühren könnte.

»Wie kann eine Droge, die ich aus Neugier versuche, mir, Christina, schaden?« hatte sie einmal vor Jahren in Berlin gesagt.

Geistig waren wir ganz verschieden. Sie war eine Dichterin, sie bewegte sich zwischen Gedanken, die sie mit ihrer Einbildungskraft formte und belebte, ihre Stimmungen wechselten die Welt. Ich hingegen glaubte noch immer an die Realität der Dinge und dachte, dass die äussere Welt mein subjektives Leben bestimme. Daher waren meine Schwingungen viel schwächer als ihre, und wenn ich, wie ich es jetzt tue, Christina zu erklären versuche, verrate ich sie, indem ich sie auf mein Niveau herunterziehe. Und ich kann ihre Widersprüche um so weniger aufklären, als ich es vermied, sie über sich selbst auszufragen. Ich hielt es für wichtig, ihre Aufmerksamkeit in eine andere Richtung zu lenken. Erst als sie mir ein Jahr später aus New York einen aufgewühlten Brief schrieb, kam es mir zum erstenmal in den Sinn, dass sie diese Welt ohne Warnung verlassen könnte.

Aber wir waren uns gleich in unserer Liebe zu etwas, das wir nicht zu bezeichnen vermochten. Wir hatten beide gewünscht, frei zu bleiben, um mit der Zeit eine übermächtige Verpflichtung uns gegenüber zu erfüllen, eine Prüfung oder eine Verpflichtung, deren Natur uns noch verborgen war. Das könnte man egoistisch nennen, aber ich fing an zu begreifen, dass unsere völlige Treue nur etwas Absolutem gelten durfte, dem gegenüber wir nichts waren.

13

Sultanieh

Als wir nach Kaswin fuhren, sahen wir fern in der Ebene ein Flimmern – es war der erste Blick, den wir von Sultanieh erhaschten: die glasierten Backsteine des hohen Mausoleums schillerten in der Sonne. Wir verliessen die Strasse, rumpelten über ausgetrocknete Gräben und näherten uns der früheren Hauptstadt der Ilkhane, die aufgegeben wurde, nachdem ein Erdbeben die Wasserversorgung unterbunden hatte.

Wenn ein Baum oder ein Fels allein in dem Nichts einer Wüste steht, nimmt er an der umgebenden Grösse teil, indem er die Strahlungen der Unendlichkeit auf sich konzentriert; das ist der Reiz Tibets, diese Leere um den einfachsten Gegenstand. Wieviel stärker ist noch dieser Zauber dort, wo inmitten einer leeren Ebene das alte Grab des Sultans Üldscheitu einsam in schlichter Grösse steht – ein gigantisches Ei in einem massiven sechseckigen Eierbecher, der hoch über das Land der Meder emporragt.

Steht man vor dem Monument, sieht man nicht die Kuppel, sondern nur die düsteren Mauern, jede oben durch eine dreifach gewölbte Loggia unterbrochen. Ein kleiner runder Turm verleiht jeder der sechs Ecken Leichtigkeit. Es scheint eine persische Abwandlung des Seldschukengrabes zu sein, das in Merw 1157 für Sultan Sandschar erbaut wurde. Es trägt das Datum 1316 und wurde vom Sultan Üldscheitu aus der Mongolendynastie der Ilkhane in Auftrag gegeben. Die Wandverzierungen aus geometrischen Mustern sind türkisfarben glasiert und glänzen an der Mauer aus rauhen lachsfarbenen Backsteinen wie Charmeuse-Seide.

Das intensive Türkis des alten persischen Bauwerkes kann mit nichts anderem verglichen werden; vom Himmel hebt es sich grün ab, gegen den Hintergrund der Laubbäume Samarkands schimmert es blau. Es verhält sich zum ungeschliffenen Türkisstein wie das Blau der Federn des Königfischers zur Farbe des Himmels; ich möchte es zentralasiatisches Blau nennen, weil es an den eisigen Bergsee Tien-Schan erinnert, der dieses strahlende, satte Himmelblau durch Grün gemildert zeigt.

In Sultanieh gibt es keine Arabesken, keine zarte Note wie die Blumenverzierungen der Blauen Moschee, ausser einer Stuckverzierung über einer Tür, die wie ein gehäkeltes Spitzenmuster aussieht.

Als ich dieses verfallene, entweihte Bauwerk betrat, war ich sofort von der einfachen Struktur und ihrer Bedeutung beeindruckt – ich blieb stehen, voller Ehrfurcht vor etwas Erhabenem. Langsam hob sich mein Geist zu dem Frieden, der Gewaltigkeit der Kuppel, die sich etwa fünfzig Meter über mir wölbte. Es zählte jetzt nur noch die Form, denn die zarten Malereien und Inschriften waren zu Schatten verblasst. Das gedämpfte Licht, das durch die hohen Fenster drang, war wie ein Versprechen, wie eine weite, köstliche Hoffnung – könnte man sich zu ihrer Höhe erheben!

Ich war überwältigt: hier war ein ganz einfaches Bauwerk, das plötzlich für mich Bedeutung erlangt hatte. Ich wollte unbedingt weitere Einzelheiten darüber erfahren.

Es war das Grab des Sultans Üldscheitu Chodabendeh, der von 1303 bis 1316 regiert hatte; allerdings war es erbaut worden, um die Gebeine Alis, des Schwiegersohnes des Propheten, aufzunehmen.

Heute ist nichts mehr von dem Grab zu sehen, aber 1637 sah ein Angehöriger der Gesandtschaft des Herzogs von Holstein beim Safawiden-Hof »die Reliquien ... hinter einem Gitter aus poliertem indischen Stahl, in Damaszenerart geschmiedet; die einzelnen Stäbe waren so dick wie die Arme eines Mannes«[11].

Im Mongolischen bedeutet Üldscheitu ›glücklich‹. Der Name wurde dem Sultan zur Erinnerung an seine Geburt verliehen. Seine Mutter war zu jener Zeit durch die wasserlose Wüste von Merw gezogen, und obwohl die Karawanenführer fürchteten, dass alle verdursten würden, mussten sie einige Tage haltmachen. Glücklicherweise verscheuchte ein unerwarteter Regenfall alle Sorgen. Als Üldscheitu von seiner Frau zum Islam bekehrt wurde, kannte man ihn auch unter dem Namen Chodabendeh – Gottes Diener. Und in seiner Kindheit hatte ihn seine Mutter, Uruk Katun, auf den Namen Nikolaus taufen lassen.

Üldscheitu folgte seinem Bruder Ghasan (der die von Marco Polo gebrachte Prinzessin Kogatun geheiratet hatte). Über Ghasan schrieb König Haithon von Armenien: »Es ist erstaunlich, wie viele Tugenden und Fähigkeiten in einem so kleinen und hässlichen Menschen hausen können.« Arme Kogatun so schön und so jung! War sie mit solch einem Gatten unglücklich gewesen, und war das der Grund ihres frühzeitigen Todes?

Ghasan Khan war gemeinsam mit seinen hunderttausend tatarischen Soldaten zum Islam bekehrt worden – das erinnert mich an den christlichen General Feng, der

11 Filmer, *Pageant of Persia.*

vor einigen Jahren seine chinesische Armee mit dem Schlauch einer Feuerspritze hatte taufen lassen. Ghasan Khan starb 1304; er war der erste mongolische Herrscher, der seinen Begräbnisplatz bekanntgab; bis dahin hatten die mongolischen Herrscher gemäss den Sitten ihres Volkes stets ihre Gräber verheimlicht. Üldscheitu, ein Nachkomme Dschingis-Khans in der fünften Generation, erfuhr den Tod seines Bruders Ghasan, als er vierundzwanzig Jahre alt war; er hielt ihn geheim, bis er einen anderen Thronprätendenten hatte umbringen lassen.

Sultan Üldscheitu wusste recht gut über die Geschehnisse in der Welt Bescheid. Er empfing Gesandtschaften aus China – eine von ihnen verkündete einen Waffenstillstand zwischen den beiden Herrschern – und er korrespondierte mit Philipp dem Schönen, Eduard II. und Papst Clemens V. Seine Botschafter müssen die Tatsache verheimlicht haben, dass er Muslim geworden war, denn seine königlichen Korrespondenzpartner erwarteten seine Hilfe, um die »abscheuliche Sekte Muhammads auszurotten«. Üldscheitu benutzte Staatssiegel, die ihm der Gross-Khan verliehen hatte, und bezeichnete sich selbst als *daruga* – Gouverneur.

Wenn man die Schilderung seiner Bekehrung liest, erhält man einen Einblick in das Leben in Sultanieh, wo der Hof im Sommer residierte; der Winter wurde in Bagdad verbracht. Da er Sunnite war, hatte der Sultan einen Mann hinrichten lassen, der versucht hatte, ihn zur Schiitenlehre zu bekehren. Doch später, als er einem Disput zwischen Sunnitengelehrten der Hanefiten- und der Schafiitensekte beiwohnte, die in heftigen Argumenten »einander die abscheulichsten Beschuldigungen an den Kopf warfen, war Üldscheitu wütend über die beiden; sogar die mongolischen Edlen, die wahrlich nicht überempfindlich waren, widerte diese Zänkerei an, und sie fragten, ob sie deswegen auf Befehl Üldscheitus den Glauben ihrer Väter hatten aufgeben müssen; sie wünschten, dass Üldscheitu diesen Glauben wieder annehme.« Der Ilkhan war auch höchst beunruhigt durch ein heftiges Gewitter, das »gemäss dem mongolischen Glauben ein Zeichen göttlichen Unwillens ist. Er trat zum schiitischen Glauben über, nachdem er eine Vision von Alis Grab gehabt hatte, was ihn überzeugte, dass gemäss der Vorschrift des Propheten die Verehrung der Gläubigen Ali und dessen Nachkommen gebühre«[12]. Er liess die Namen der Imane auf seine Geldmünzen prägen.

Im Alter von fünfunddreissig Jahren starb Üldscheitu in Sultanieh an einem Anfall von Gicht, »tugendhaft, grossmütig, nicht leicht durch Verleumdung zu beeinflussen, aber wie mongolische Fürsten geistigen Getränken ergeben und hauptsächlich mit seinen Vergnügungen beschäftigt«. Sein Begräbnis wurde mit grossem Pomp begangen. Infolge von Intrigen unter seinen Ministern entstand das Gerücht, er sei vergiftet worden.

Der zwanzigjährige Abu Said folgte Üldscheitu und regierte zwanzig Jahre. In dieser Zeit wurde das Leben in Sultanieh höchst unruhig. Kuban, der Emir und Staatsminister, der Abu Saids Schwester geheiratet hatte, wurde von Tag zu Tag mächtiger. Arrogant und sittenlos liess sich sein Sohn Dimaschk in eine Intrige mit einer der früheren Konkubinen Üldscheitus ein; er wurde ertappt, und es gelang ihm nicht zu entfliehen – sein Kopf wurde auf einem der Tore Sultaniehs aufgespiesst.

12 E.G. Browne: *Literary History of Persia.*

Die Schuld an der grossen Hungersnot 1319 wurde der moralischen Schlaffheit Sultaniehs zugeschoben. Abu Said liess alle Bordelle schliessen und gestattete nur eine Weinkneipe in jedem Viertel, und diese durften nur von Reisenden betreten werden. Er starb 1335 an einem Fieber, das er sich auf einem Kriegszug gegen ein Heer aus Kiptschak geholt hatte; vielleicht war er aber auch von seiner Frau Baghdad Katun vergiftet worden, die auf ihre jüngere Rivalin Dilschad eifersüchtig war. Er wurde in Üldscheitus Mausoleum beigesetzt.

1335 war auch das Geburtsjahr Timur Lenks, der der Dynastie der Ilkhane ein Ende bereitete, nachdem er fast ganz Sultanieh zerstört hatte.

Im siebzehnten Jahrhundert schrieb Tavernier, dass Sultanieh wieder eine grosse Stadt sei, wo »viele christliche Kirchen in Moscheen verwandelt worden sind. Die Armenier behaupten, es habe in Sultanieh fast achthundert Kirchen und Kapellen gegeben.«

Als ich Sultanieh verliess, erinnerte mich das stolze Grab an einen persischen Spruch, den Upham Pope zitiert hat: »Grosse Kunst macht stark, jung und froh.« Stumm an einer Wegkreuzung Asiens stehend, war es das Symbol einer Zeit, da es Herrscher mit mongolischem Charakter gab, obwohl sie erst getaufte Christen gewesen und dann zum Islam übergetreten waren. Kraft, frischer Glaube und Erbarmungslosigkeit verschmelzen sich in diesem einzigartigen Monument.

14

Teheran

Drei verschiedene Häuser, drei verschiedene Lebensformen, drei Schwimmbassins (durchsichtige zitternde Herzen gepflegter Gärten) könnte man summarisch als Querschnitt unseres erzwungenen Aufenthalts in Teheran bezeichnen.

Zunächst wohnten wir im Bungalow von Dr. Davies, der in einer Ecke des Parks der britischen Gesandtschaft in Gulhek stand. Müde, wie wir waren, wurde uns dieses Heim mit Schlichtheit geöffnet – gedämpftes Lampenlicht auf der Veranda, seidige Schwärze eines Cockerspaniels auf dem Teppich, grosse Gläser mit blassem Whisky vor und nach dem Essen sorgten für Wohlbehagen. Die goldgelbe Marmelade thronte am Morgen auf dem Frühstückstisch, während Kinder lärmend in dem klaren, himmelblau gekachelten Bassin plätscherten. Wir waren direkt zu dem guten Doktor gegangen, um ihm meine Hand zu zeigen. Nach einigen Tagen machten wir dann anderen Besuchern Platz.

Dann landeten wir im persischen Sommerhaus der Vernazzas – ein schmales Haus mit einer hohen Veranda, die sich in drei stilisierten Bogen auf einen symmetrischen Garten öffnet. Sein ehrwürdiges Bassin war nicht daran gewöhnt, nehme ich an, so viele Frauen in enganliegenden Badekostümen an seinem Rand sitzen zu sehen. Die Jadefarbe des undurchsichtigen Wassers leuchtete schimmernd, wo die Sonnenstrahlen, die sich im Wasser brachen, bis zu den dunklen Regionen vordrangen. In dem eleganten Hausinnern wurde als Apéro dunkler Wermut aus kleinen Gläsern getrunken, und nach dem Abendessen gab es ›fine Champagne‹. Während der Mahlzeiten wurde über das gute Essen gesprochen, das ein aromatischer Kaffee vervollständigte. Hier umsorgten die Eltern ihr einziges Kind zärtlich.

Aber die Hitze war so drückend, dass wir noch einmal umzogen.

Unser drittes Bassin inmitten eines Felsengartens war atemberaubend kalt: ein Kanal führte seine Wasser direkt von dem Elbursgebirge herbei, das den Himmel nördlich von Teheran versperrt. Diese drei Gärten lagen alle in Schimran, der grossen Oase inmitten der Steinwüste auf dem Abhang zwischen der Stadt und dem Gebirge. Sie lagen nur einige hundert Meter auseinander, die grossen Temperaturunterschiede waren den Luftströmungen zuzuschreiben.

Das letztgenannte Bassin erfrischte den Park der deutschen Gesandtschaft. Im Schatten stattlicher Platanen balgten sich fünf spitznasige Dackel wie junge Seehunde; das Haus, im europäischen Stil solide gebaut, war ein geeigneter Rahmen für das eiskalte Bier, das zu jeder Tages- und Nachtzeit getrunken wurde. Nach dem Abendessen liess sich alles in der ›Bar‹ nieder, ein deprimierender Raum à la turque, wo der Herr Minister seine Schnapssammlung verwahrte. Sein Sohn pflegte sich frühzeitig zurückzuziehen, denn er arbeitete an einer Dissertation über die Bahrein-Inseln, diesen saftigen Zankapfel im Persischen Golf.

Wir wurden im Kavalier- oder Gästehaus mit den Worten einquartiert: »Sie können hier bleiben, bis Sie sich entschliessen, nach Hause zu gehen, denn Sie werden nicht die Erlaubnis erhalten, weiter nach Osten zu fahren.«

Die gesamte Dienerschaft, Torhüter, Gärtner und Näherin inbegriffen, reckte, wann immer wir vorbeigingen, den Arm zum Hitlergruss; einige von ihnen fühlten sich verpflichtet, uns in gebrochenem Deutsch zu erklären, dass die Engländer ›Bssiar harab‹, sehr schlecht, seien – sie wussten wohl nicht, dass wir vorher auf dem Grundstück der britischen Gesandtschaft Gastfreundschaft genossen hatten. Der Koch, ein energischer Perser, dessen schlechtgefärbtes Haar peinlich anzusehen war und dessen Gebrüll zu oft meine Ohren verletzte, zeigte uns die *Breslauer Zeitung,* in der er anlässlich seines fünfzigjährigen Jubiläums im Dienste Deutschlands genannt worden war.

Bei unserem ersten Bassin fühlte ich mich miserabel, geplagt von meiner schmerzenden Hand. Bei dem alten Bassin im persischen Garten war die Hitze derart, dass wir nachts nicht schlafen konnten. Neben dem kühlen deutschen Wasser quälte ich mich mit meinen Artikeln herum oder sorgte mich um meine Freundin; ich war eine Beute der wechselnden Stimmungen, die mich während der ganzen Reise zwischen der objektiven und der subjektiven Welt hin- und herwarfen.

Bei Dr. Davies drehte sich die Unterhaltung hauptsächlich um Reiserouten, Lagerplätze, Reiseausrüstungen und Reisebequemlichkeiten.

Bei unseren französischen Freunden pflegte man den Stadtklatsch zu erörtern. Der charmante Prinz Firus, der Besitzer von Christinas Haus in Farmanieh? Der arme Mann war kürzlich im Gefängnis ›gestorben‹; er hatte das Pech, mit einem Prätendenten, der einst von den Engländern geschützt worden war, in Verbindung zu stehen … Was sagte man von Maud Rosens Buch? Sie umschmeichelte Sardar Akram, ihren treuen, geistreichen Führer, und schrieb dann jedes Wort auf, das er sagte. Er gehörte zu einer der zwei Familien, die ungestraft mit Fremden verkehren durften – was bedeutete, dass sie Berichterstatter des Schahs waren. Andere, die ihrem Beispiel folgten, fielen in Ungnade oder fanden den Tod. In unserem aufgeklärten Jahrhundert gibt es mehr als ein Land, dessen Untertanen nicht wagen, mit Europäern zu verkehren, die nicht nur ihre Poesie, sondern auch die Menschen selbst kennenlernen wollen. Jawohl, der Schah sah, wusste und bestimmte alles, was geschah.

Wussten wir schon das Neueste? Er hatte ein abgelegenes Dorf besucht. Der Bürgermeister hatte den königlichen Befehl, junge Bäume zu pflanzen, nicht ausgeführt; als Ersatz hatte er frischgeschnittene Zweige längs der Hauptstrasse ausgesteckt. Der Schah kam und reiste ab, ohne etwas Besonderes zu sagen. Doch eine Woche später, als die Zweige verwelkt waren, kehrte er wie der Blitz aus heiterem Himmel zurück. Es heisst, der Bürgermeister sei erschossen worden, weil er versucht habe, den König der Könige zu täuschen.

In den weiten Räumen der deutschen Gesandtschaft wurde hauptsächlich von Machtpolitik gesprochen. Jawohl, das persische Volk sei entsetzlich arm, aber das seien auch die Preussen gewesen, bevor sie mächtig geworden waren. Nur ein Tyrann könnte in einem so verrotteten Land wie Iran Resultate erzielen. »Die liberalen Ideen, die im Westen blühen, sind hier fehl am Platze, kann ich Ihnen versichern«, erklärte Herr Sment scharf,

»und Sie würden das auch einsehen, wenn Sie nicht durch Vorurteile verblendet wären. Es ist die Pflicht des Schahs, möglichst rasch ein grosses Vermögen anzusammeln; dadurch sichert er die Zukunft seiner Dynastie und macht eine neue Revolution unmöglich.«

Obwohl die Deutschen in Iran zehnmal so zahlreich waren wie die anderen fremden Kolonien, hätten sie in dem Land keine politischen Interessen, nur wirtschaftliche, wollte uns der Gesandte weismachen. Sie hätten schliesslich ihr Ziel erreicht, aber erst, nachdem die besten Geschäftsleute persönlich aus Deutschland gekommen seien.

Während eines Diners sassen wir neben den Brüdern Mezzaforte, Zwillingen, die vor langer Zeit gleichzeitig Grafen und persische Untertanen geworden waren. Pianoforte und Whiskyforte, wie ihre Spitznamen lauteten, lachten darüber, dass England dem Koloss mit tönernen Füssen, Russland, den Hof machte – ein Bündnis, das gegen den starken deutsch-italienischen Block machtlos sei. Da unser Schweigen als Zustimmung ausgelegt wurde, fügte jemand hinzu, dass Hitler ein Heiliger sei, der Europa vor dem Bolschewismus rette. Christina bemerkte ruhig, dass ein Heiliger niemals Gangstermethoden anwenden würde, und als der Herr erwiderte, sie sei einfach ein Opfer der Zeitungspropaganda, sah ich, dass sie vor Wut ganz starr wurde.

Unser Gastgeber machte aus seinen Nazi-Ideen kein Hehl. Aber sein Sohn war gerade in den Bann der veilchenblauen Augen der Tochter des britischen Gesandten geraten, und so behauptete er, dass die Engländer eine Mission auf Erden hätten: der germanischen Rasse mehr Schliff zu geben, sie zu verfeinern. (Da er überzeugt war, dass wir unsere Reise nicht fortsetzen könnten, wäre er beinahe mit unserem Wagen davongefahren, um Miss Blauauge zu folgen, die am Abhang des Demawend campierte!)

Der Vater glaubte, wir würden unsere Papiere nie erhalten. Er, eine höchst einflussreiche Persönlichkeit in Teheran, war nicht imstande, vier sehr beschäftigten Geschäftsleuten weiterzuhelfen, die von Deutschland nach Kabul unterwegs waren; seit drei Wochen schnaubten sie vor Wut in ihrem Hotel in Teheran und fluchten auf Herrn Sment wegen der Verzögerung, da sie nicht glaubten, dass die Behörden gegen ihre Reise seien.

In Ost-Persien war die Cholera ausgebrochen, ein Geschenk ›jener unmöglichen Afghanen‹ jenseits der Grenze. Die Strasse nach Meschhed war gesperrt, mit einigen Ärzten war Impfstoff für siebzigtausend Menschen nach dem Seuchengebiet gesandt worden. Europäische Reisende, die bereits über Firuskuh hinausgekommen waren, hatte man nach der Hauptstadt zurückgeschickt.

Wir sprachen mit Beamten. Da wir beweisen konnten, dass wir nicht nach Teheran zurückkehren wollten, sondern entschlossen waren, uns unter die ›afghanischen Barbaren‹ zu begeben, und da die Zeit zu kurz war, um auf der Fahrt von der Seuchenzone nach der persischen Grenze krank zu werden, waren wir der Ansicht, dass niemand das Recht habe, uns zurückzuhalten. Aber wir mussten den Vorschriften Folge leisten und uns im ›Institut Pasteur‹ impfen lassen. Die drei Injektionen bedeuteten eine Woche Verzögerung.

Wir suchten Muhammad Nawros Khan auf, den afghanischen Geschäftsträger, um uns zu vergewissern, dass seine Regierung uns nicht zurückweisen würde. Obwohl wir seine verlängerte Siesta unterbrochen hatten, versicherte uns dieser charmante Herr, wenn wir erst einmal den Boden seines grossen Landes betreten hätten, wären all unsere Schwierigkeiten beendet; dort würde niemand Erklärungen verlangen, sich nach dem Geburtsdatum unserer Eltern erkundigen, nach der politischen Partei, der wir angehörten, oder nach der Höhe unseres monatlichen Einkommens!

Die niederdrückenden Prophezeiungen des Herrn Sment erinnerten mich an Moskau und Peking, wo es mir gelungen war, grössere Schwierigkeiten zu überwinden. Aber Christina, die sich deswegen ernstlich zu ängstigen begann, behauptete, sie könne nicht fortgehen, bevor sie all ihre Aufzeichnungen verarbeitet habe. Ich hielt das für reinen Wahnsinn. Unser Hauptziel war, in eine ›positive Umgebung‹ zu kommen, wo Arbeit und Pflege der Gesundheit Hand in Hand gehen würden. Jedenfalls rechtfertigten ihre unwichtigen Artikel keine Verzögerung, und unser dreiwöchiger Aufenthalt in Teheran hatte bereits die Zeit wesentlich verkürzt, die wir uns für den Besuch der Ausgrabungen der Hackins gesetzt hatten. Aber während ich diese Zeilen schreibe, habe ich das Gefühl, dass sie sich deshalb nicht die Zeit nahm, ihre Eindrücke langsam zu verarbeiten, weil ein Teil ihres Ichs ahnte, dass sie nicht mehr lange zu leben hätte.

An einem Tag arbeitete sie hart und verkündete vergnügt, dass sie nun ihre quälende Furcht losgeworden sei; am nächsten erklärte sie, dass sie nicht länger in dieser trostlosen, unglücklichen Stimmung leben könne – es war offensichtlich, dass sie noch weit davon entfernt war, eine gleichmässige Gemütsverfassung zu erlangen. Auch ihre Gesundheit schwankte zwischen Fieber und einer Halsentzündung, zwischen Kopfschmerzen und Zittern in den Knien. Dr. Davies sah all das als die Folge von zu niederem Blutdruck an: Traubenzucker und Mitgefühl seien die Heilmittel dafür.

Aber ich spürte Gefahr in der Luft: wir waren in einer Grossstadt, die gefährliche Versuchungen bieten konnte. Hatte sie sich nicht unerklärlich aufgeregt, als der Apotheker sie erkannte und ihr eine alte Rechnung präsentierte? Mir war dauernd unbehaglich zumute. Wollte sie allein in die Stadt gehen? Was hatte sie vor? Zusammen hatten wir das schöne Museum besucht, wo wir die Töpfereien studierten, damit wir eine Vergleichsmöglichkeit hätten, falls die Hackins etwas Ähnliches finden sollten. Doch wenn sie wollte, konnte sie leicht Vorwände zum Entschlüpfen finden. Einmal ging ich allein zu einer Teegesellschaft bei Schweizern, während sie den Platin- und Smaragdring suchte, den sie neben dem Bassin verloren hatte. Als sie zwei Stunden später zu mir stiess, wagte ich nicht, sie zu fragen, ob sie in Teheran gewesen sei, aber ich war so in meine Gedanken versunken, dass ich nicht wusste, was die Leute mir erzählten.

Ich vermied sorgfältigst, über die Vergangenheit zu sprechen. Ich fragte nie nach der schönen Yalé, die in der benachbarten Gesandtschaft gestorben war. Und wir gingen auch nie zu ihrem früheren Haus. Doch ich wusste, dass Christina tief bewegt war, wieder in dem Land zu sein, wo ihre Qual so gross gewesen war, in dem Land, das sie zu folgenden Zeilen veranlasst hatte:

»Jeder Abend – ein Abschied, und am Morgen stehe ich dem Unbekannten gegenüber. Die Abenteuer sind vorüber, aber tausend Wirklichkeiten müssen noch geprüft werden. Ich packe sie, ich stürze mich darauf, ich liebe – und ich kann nichts vergessen. Hinter mir Zedern, Olivenhaine, Lieder, Säulen, Zelte, Segel. Und die Hufspuren der Pferde, die von ihren Reitern vorwärts getrieben werden. O weiter, immer weiter, weit hinter unbekannte Horizonte! Wie manche schlaflose Nacht es mich auch kostet, sie zu erreichen ... wie ein scheuendes Pferd stürmt meine Geduld nach rechts und nach links – stürzt sich aber immer vorwärts. Die Strassen sind verschleiert, gewunden, wie die Milchstrasse. Kälte, Hunger, Durst – ich habe, was ich wünschte – und kein Ort, wo ich mein Haupt niederlegen könnte. Keine hilfreiche Hand. Wenn ich jetzt in einer dieser Nächte deine Strasse beträte, würden die Nachbarn mich nicht mehr kennen, man würde mich nicht von den Blinden, den Stummen, den Bettlern unterscheiden können. Und ›Willkommen‹ würde ich hören; aber ich würde die Suppe, die dein Mitleid den Elenden anbietet, verschmähen. Der Hunger ist mein Freund. Ich begrüsse jede Müdigkeit. Ich lege mich neben der Quelle nieder – vermag nicht meinen Durst zu stillen. Was tut's? Meine Ungeduld hat bereits die Berge überquert. Und ich gehe vorwärts, mit leichtem Herzen. Mein Herz ist so leicht, so leer, dass jede Art von Kraft Eintritt findet, alle Energien in mich strömen: die würzige Nachtluft und die salzigen Winde des Meeres und dann die Säfte, die in den Pflanzen emporsteigen, die lautlosen Regen, der Atem der schlafenden Blätter, Tiere und Menschen – jeder Pulsschlag. Und es steigt aus den Flüssen empor, schwebt über den Feldern wie der Morgennebel, gleitet über die Herden, treibt von den Weinbergen hinunter, liebkost die Spitzen der Zelte und die Wipfel der Bäume, sammelt sich um die Feuer der Schafhirten – ›Fürchte nicht!‹ Und es ist, als sähe ich zu beiden Seiten des Weges Legionen von Engeln und müsste Tränen der Freude vergiessen.«

Zuweilen in der Abenddämmerung, wenn die Bäume des Parks in den Salon der Gesandtschaft einzudringen schienen, liess Christina zart ihre Finger über die Tasten des Flügels gleiten. Ihre Silhouette war im Zwielicht kaum zu erkennen, aber ich konnte etwas von der Ehrfurcht spüren, die sie erfüllte, als die Grazie der Musik Mozarts aus dem fernen Europa aus dem Zimmer schwebte, um die persische Nacht zu erfüllen. Der Gegensatz zwischen den fiebrigen Verwicklungen ihres Lebens und der Vollkommenheit jener Musik, die mit der Leichtigkeit und Klarheit kristallener Schneeflocken sich bewegt, die auf einen leuchtenden Berggipfel fallen, dann auf einen dunklen Föhrenwald, rührte mich zu Tränen.

In der Nacht wurde ich wieder von dem Wolf geweckt, der in seinem Käfig heulte, heulte und jammerte wie Palazi, mein grosser Eskimohund, wenn er im Schnee sitzt und bellt, seine glänzende dunkle Nase zu den Sternen über ihm reckend.

Dieses Heulen verstärkte noch mein Gefühl, dass wir rasch fortgehen müssten, bevor Teheran uns zum Verhängnis werden könnte. Ich war auch halb vergiftet von der Schalheit so manchen abendlichen Salongesprächs, ich war nicht gewappnet für diese wilden Schlachten im Leeren, Gesellschaftsleben genannt. Wir müssten nach Meschhed eilen, bevor die Strasse endgültig gesperrt würde. Unser Ausreise-Jawass war uns versprochen worden – eine Stunde nach Erhalt müssten wir unterwegs sein. Wir freuten uns schon auf das Gesicht des deutschen Gesandten, wenn wir uns von ihm verabschieden und ihm für den erholsamen Aufenthalt danken würden, den er uns auf unserer Fahrt nach Kabul beschieden hatte!

15

Gumbad-i-Kabus

»Der Antritt einer Reise in Persien ist wie eine algebraische Gleichung: sie kann aufgehen oder auch nicht«, schreibt Robert Byron in seinem *Road to Oxiana.* Wieder einmal fuhren wir der aufgehenden Sonne entgegen, glücklich, den Fängen der Bürokratie entronnen zu sein, die uns hätte lahmlegen können.

In einem Brief, den wir gerade noch erhalten hatten, riet uns Hackin, von Herat aus die Nordroute zu nehmen; die übliche südliche Strasse über Kandahar sei unterbrochen, denn die Brücke sei vom Hochwasser des Hilmend weggerissen. Wir sollten auch Chinin schlukken, da das afghanische Turkestan von Malaria verseucht sei. Wir hatten schon ein wenig das Gefühl, als gehöre Afghanistan bereits uns, obwohl die Entfernung in der Luftlinie bis Herat noch etwa zwölfhundertfünfzig Kilometer betrug.

Die Serpentinenstrasse führte uns durch die natürliche Gebirgsfestung, den Elburs. Christinas Glückliches Tal lag ganz in der Nähe, am Hang des grossen Demawend, der, wie alle einzelstehenden Berge, vielen Sagen Stoff gegeben hat. In einer davon heisst es, der grosse Phönix Simurgh lebe auf ewig dort; mit einem Auge starre er in die Vergangenheit, mit dem andern in die Zukunft. Ich erinnere mich, dass ich schon vor Jahren von Simurgh gehört hatte, aber über tausend Meilen entfernt; ich kam damals am Fuss des kaukasischen Elbrus vorbei, der, wie sein persischer Namensvetter, ein riesiger erloschener Vulkan ist. Ich glaube, dass die Alten die beiden Berge miteinander verwechselt haben und dass daher der ähnliche Name kommt.

Simurgh rettete das Leben des Knaben Zal, der, obwohl ›schön wie die Sonne‹, von seinem Vater Sam in der Wildnis ausgesetzt und dem Tode nahe war, weil er weisses Haar hatte und sein Vater sich dessen schämte. Später empfing der reuevolle Erzeuger, damals Gouverneur von Hindustan, seinen Sohn mit grosser Freude. Zal kam zu Pferd durch das Königreich Kabul zurück; ihm ging der Ruf voran, ein Jüngling von unvergleichlicher Schönheit zu sein. Auch Rubadeh, die Tochter des Königs von Kabul, war wegen ihrer grossen Schönheit berühmt. Es gelang den beiden, zusammenzukommen: die Prinzessin liess von ihrem Balkon ihre Zöpfe hinunter und Zal kletterte daran zu ihr hinauf. Doch ihrer Glückseligkeit stand ein grosses Hindernis im Wege: die Prinzessin stammte von Zohak ab, dem Erbfeind der Familie Zals. Aber schliesslich entdeckten die Hofastrologen, dass alles in Ordnung sei, denn ihr Sohn würde Rustam sein, der grosse Held Persiens, der Vorkämpfer Irans gegen Turan.

Und am Fuss des Demawend legte Feridun der Gerechte den Dämonenkönig Zohak in Fesseln, nach dem wahrscheinlich die stolzen Ruinen benannt wurden, die wir bei Bamian sehen sollten.

* * *

Bald verliessen wir die direkte Strasse nach Meschhed; wir wollten das erhabene Gumbad-i-Kabus in der Steppe östlich des Kaspischen Meeres auftauchen sehen. Wir wandten uns nach Norden und fuhren jenseits des Firuskuh-Passes hinunter zum Meer. Die berühmte, den Pass überquerende transiranische Eisenbahn – die erste in einem Land, das dreimal so gross wie Frankreich ist – war 1938 eingeweiht worden. Innerhalb von vierundzwanzig Stunden begegneten uns drei Züge; auf jedem Güterwagen war das Wappen Irans aufgemalt, ein Löwe, der Alis Schwert der Erkenntnis in der rechten Vorderpranke hält.

Von zwei blanken, riesigen Lokomotiven gezogen, kroch ein Zug einen steilen Berghang hinauf, bevor er in einem der fünfundachtzig Tunnels verschwand, die die Bahn vom Meeresspiegel bis zu den 2100 Meter Höhe des Passes führen. Wie ein ungesunder Pilz, von der Eisenbahn – Symbol des Fortschritts, wenn es ihn überhaupt gibt! – gebracht, lag am Rand der Strasse eine kleine Siedlung, deren Hütten aus verrosteten plattgedrückten Kanistern gebaut waren; es war eine hässliche Kopie gewisser Siedlungen in der Banlieue von Paris.

Wir kamen bald zum Unterland. In dieser kahlen Welt von farblosen Felsen, Schieferton und Geröll traf das grelle Grün des ersten Reisfeldes das Auge, wie nach einem allzu langen Schweigen der erste Freudenruf das Ohr erreicht. Dieses Grün, das so gleichmässig dicht, so sauber geordnet hinter den halbmondförmigen Lehmdeichen der Terrassenfelder leuchtete, war so intensiv, dass man sich kaum vorstellen konnte, es seien keine künstlichen Farben. Noch weiter unten, wo der Reis schon reifer war, lag ein goldener Schimmer über dem Grün mit seinen wechselnden Schattierungen wie weicher Moiré.

Tiefer, immer tiefer ging es, durch eine Schlucht, danach in die feuchte Hitze des dichten Unterholzes eines

Waldes, bis wir schliesslich zwischen den brachen Feldern von Masanderan dahinrollten, der reichsten Provinz von Iran. Die strohgedeckten Hütten waren hier meist durch die Serienhäuschen ersetzt, deren Errichtung kürzlich der König der Könige verfügt hatte.

Schahi, mit einem grossen Marktplatz und hässlichen modernen Häusern, war die erste Stadt, zu der wir kamen. Man konnte sich nur schwer vorstellen, dass es in der Nähe Dschungel gab, in denen Rehe, Tiger, Leoparden und Wildschweine hausen.

Christina fand eine neue Reisedefinition: »Man ist erst dann wirklich im Ausland, wenn man ohne besonderen Anlass einen Umweg macht, nur um einen Landsmann zu treffen.«

Wir übernachteten bei der Familie eines Schweizer Ingenieurs, der Direktor einer Textilfabrik mit zweitausend Arbeitern war. Einige Bemerkungen unseres Gastgebers stimmten mit den Ausführungen des deutschen Gesandten überein: es sei gar nichts dabei, dass acht- bis zehnjährige Knaben in Fabriken arbeiteten; sie lernten ein Handwerk, erwürben gewisse Kenntnisse und würden zu etwas Reinlichkeit angehalten. Wir könnten nicht unsere abendländischen Massstäbe auf den Iran anwenden; diese Knaben würden sonst unter noch viel unwürdigeren Bedingungen arbeiten müssen, wo man sie ausnütze, schlage und ihnen nichts zahle.

Das Gesetz verbietet Europäern, Arbeiter anzurühren. Wenn aber der persische Aufseher bei seiner Runde einen ungeschickten oder faulen Arbeiter sieht, hebt er ohne weiteres die Hand und schlägt hart zu. Das sei die einzige Möglichkeit, erklärte unser Landsmann, in einem Land wie Persien Resultate zu erzielen. Er sei zuerst im Prinzip gegen das Schlagen gewesen, habe aber in dieser Hinsicht allmählich seine Ansicht geändert. Wenn ein Mann zum zweitenmal verletzt wird, weil er blöderweise seine Hand in eine Maschine steckt und dann behauptet, es sei die Schuld des Vorarbeiters, so verabfolge er dem Burschen eine gute Tracht Prügel. »Das wird dich lehren«, sage er, »den Vorarbeiter aus dem Spiel zu lassen!«

Es war Tatsache, dass überall, wo die Landesprodukte gewonnen und verarbeitet wurden, die Knaben und Mädchen gut arbeiteten, bis sie etwa achtzehn Jahre waren. Dann gaben sich die Burschen dem Opiumgenuss hin, und die Mädchen heirateten und bekamen ein Kind nach dem anderen.

Schah Reza übte seine Herrschaft wahrscheinlich ebenso grausam aus wie Schah Abbas oder Cyrus. Aber vermutlich war es die einzige Möglichkeit, die Leistungen zu erlangen, die er wünschte.

Wir mussten uns dauernd den Schweiss aus dem Gesicht wischen, und mir taten die Menschen leid, die in dieser Treibhausatmosphäre arbeiten mussten. In der Nacht war die Hitze wie eine drückende Decke, die man nicht abwerfen kann. Wir sehnten uns nach dem Wind, der einen bei der Fahrt fächelt.

Nach einer Stunde Fahrt an der Küste kamen wir von Schahi nach Babol-Sar, das ein wenig an den Strand von Trouville erinnert. Ein Casino und einige Badekabinen standen an einem verlassenen Strand, wo Turkmenen mit ihren langsamen Bewegungen aus einer primitiven Barke dunkles Eisenholz entluden. Ich ruderte in einem kleinen, aber unglaublich schweren Einbaum umher, dann schwamm ich, aber das reglose Meer belebte meinen schlaffen Körper nur wenig. In dem blassgrünen Wasser gab es viele Störe, einige bis zu einer halben Tonne schwer; in einem nahe gelegenen Schuppen, in dem die Fische verarbeitet wurden, erzählte man uns, dass der dortige Kaviar ›der beste der Welt‹ sei. Das hatte man uns auch von den modernen Teppichen und der neuen Eisenbahn erzählt.

Ein Palast-Hotel leuchtete weiss in der Sonne. Es war vor zwei Jahren eiligst fertiggestellt worden, als der Schah den Gegenbesuch Kemal Atatürks erwartete. Dort wurde mir in den Prunkgemächern (pst, pst!) ein in der Wand verborgenes Mikrofon gezeigt, das aber nie seinen Zweck erfüllt hatte, da Atatürk nicht kam.

Die Orangenbäume der Gegend waren beseitigt worden, weil sie Malariamoskitos beherbergten; so machte Babol-Sar damals mehr den Eindruck eines Brachlandes als eines Modebades.

Die Strasse führte uns weiter nach Osten, durch dichte grüne Wälder voll zirpender Zikaden, durch üppige Felder, überragt von wackligen Ausgucken; an Dörfern vorbei, die durch Dornenhecken gegen Raubtiere geschützt waren, und an Baumwollfeldern, in denen rosafarbene und gelbe Blumen leuchteten.

Zwischen silbern wehenden Schilffahnen wanderten wir zu einem Bauwerk, das wie eine kleine morgenländische Kirche zwischen Gräbern aussah. Aus einem alten Ziegeldach, das rockförmig eine lange Veranda deckte, ragte ein runder Turm. Die Bauart liess auf eine interessante Geschichte schliessen. Die Spitze des Turmes bildete einen abgeflachten Kegel, einem Chinesenhut ähnlich, der Turm selbst sass auf einer Trommel, die sich über einer weissgetünchten Mauer mit Blendarkaden erhob. Einige herausgerissene Koranseiten in einer Nische zeigten, dass das Gebäude nun als Moschee benutzt wurde.

Eine Gruppe von Frauen und Kindern auf der Pilgerfahrt interessierte mich. Ich hatte solche Menschen noch nie gesehen. Sie waren alle ungemein plump und hässlich, fast affenartig, mit wirrem Haar und riesigen Mündern. Eine Sage fiel mir ein, nach der Dämonenvölker an der Küste des Kaspischen Meeres gehaust haben sollen, fern von den Hochebenen, der Heimat der Arier. Ein kleines Mädchen mit krausem Haar und dicken Lippen, die sie verzog, als wollte sie mich anknurren, vertrieb uns die Lust, die Leute zu befragen.

Diese kirchengleiche Moschee war vielleicht kein wertvolles historisches Bauwerk, aber wir freuten uns an ihr, weil sie unsere eigene Entdeckung war; kein Hinweis in einem Baedeker hatte uns zu dem Besuch verpflichtet.

Jede Radumdrehung brachte uns Sowjet-Turkestan näher. Wir assen in einem Dorf zu Mittag, wo uns ein Russe, der mit Wodka handelte, als Dolmetscher diente. Er war kürzlich aus Baku gekommen, voller Hoffnung, in einem kapitalistischen Land rasch Reichtümer zu erwerben, aber die Apathie und die Armut, die überall in Iran herrschten, liessen ihn seinen Ortswechsel bitterlich bereuen.

Wir hörten, dass in Malakan eine Kolonie russischer Flüchtlinge lebe, während in Kargusch-Tepe echte Kirgisen wohnten, die die typischen Stiefel mit hohen Absätzen trugen und guten Käse machten. Es gibt viele Sowjetbürger, die in Iran Zuflucht gesucht haben. Im Jahre 1934 waren Tausende und Abertausende geflohener Turkmenen nach Meschhed gekommen; andererseits aber waren viele persische Untertanen nach Sowjet-Turkestan geflohen, da ihnen die neuen Gesetze, die Nomaden in ansässige Bauern verwandeln wollen, nicht passten. Als meine Freundin Irene vor einigen Jahren Gumbad-i-Kabus besuchte, wurden in dem grossen Turm viele Stammeshäuptlinge als Geiseln festgehalten, bis ihre Söhne aus Sowjet-Russland zurückkehrten.

Als wir die Stadt Gurgan hinter uns hatten, blickten wir ungeduldig nach Norden, wo der Turm Gumbad auftauchen sollte. Sobald wir die Hauptstrasse verlassen hatten, veränderte sich die Landschaft völlig; wir befanden uns in der Unendlichkeit der Steppe. Das hohe gelbe Gras, das bis zum Horizont im Wind wogte, erinnerte mich an die Einsamkeit zu beiden Seiten des Oxus. Aber hier gab es keine Kibitka – das runde Filzzelt, das ich in den Ebenen gesehen hatte, die sich vom Kaspischen Meer bis zur Mandschurei hinziehen. Hier, wo Tausende und Abertausende von Kamelen, Pferden und Schafen sich umherzutreiben pflegten, war kein Lebenszeichen zu sehen. Die Nomaden und ihre Lebensweise gehörten der Vergangenheit an. Selbst wenn wir noch weiter bis nach Budjnurd gegangen wären, hätten wir keinen der einst so berühmten turkmenischen Pferdezüchter gesehen – es gibt sie nicht mehr.

Vor uns ragte über einer kleinen Bauminsel ein Bauwerk, das wie ein Leuchtturm oder ein runder Silo aussah. Beim Näherkommen erkannten wir, dass es nicht glatt genug war, um eines von beiden zu sein: scharfgekantet wirkte es wie ein phantastischer Rotor, von einem längst vergessenen genialen Ingenieur an der Grenze von Zentralasien zurückgelassen – es war das Grab des Königs Kabus, vor tausend Jahren erbaut.

In der Dämmerung kamen wir zu einer kleinen Ortschaft, die wie eine Oase aussah: zwei von Bäumen umsäumte Strassen, die sich kreuzten. Dort verbrachten wir auf dem Dach des Hauses eines armenischen Geschäftsreisenden die schlimmste Nacht unserer Reise.

Drückende Hitze unter tiefhängenden Wolken erweckte in uns die Sehnsucht nach einem Sturm, der aber nicht ausbrach, während Schwärme von unsichtbaren Sandflöhen unsere Geduld fast völlig erschöpften. Hungrig warteten wir drei Stunden, bis ein rotznäsiger Knabe uns den Reis und den Kebab brachte, den wir im Gasthof bestellt hatten. Die gewöhnlich gleichmütige Christina verlor die Nerven und klagte über alles, als sei sie zum erstenmal in Asien; warum die Menschen so blöde, so schmutzig, die Häuser so schlecht gebaut seien, warum es unmöglich sei, sich zu waschen? Es gelang mir nicht, sie zum Lächeln zu bringen, indem ich ihr sagte, das seien eben die Freuden der Reise, wenn man nicht die Sprache des Landes kenne, durch das man kommt.

Wir teilten unser schmutziges ›Belvedere‹ mit noch einer Reisenden, einer russisch sprechenden Frau, die in Samarkand geboren und in einem Nachbardorf verheiratet war. Jetzt hatte sie schon zum drittenmal versucht, sich im Spital in Gurgan den Blinddarm herausnehmen zu lassen; diesmal war das Gebäude gerade vor ihrer Ankunft in Brand geraten. Sie litt nicht unter den unzähligen Sandflöhen, die uns so sehr plagten. Angesichts unseres Elends erklärte sie, dass diese Pest ihr tatarisches Blut nicht liebe, es sei seit ihrer Kindheit mit Wodka getränkt!

Die Nachbardächer, auf denen ausgestreckte Gestalten ebenfalls den Luftzug, der nie kam, zu haschen suchten, sahen wie halbdemolierte Dachböden aus; schwache Scheidewände und Binsengeflecht bildeten hier und dort einen Verschlag; kleine Öllampen glichen grossen Glühwürmchen.

Ich sah einem Mann zu, der die halbe Nacht hindurch seine Opiumpfeife nicht aus den Händen liess; er spürte bestimmt seinen schwitzenden Körper nicht mehr!

Über der Misere dieser keuchenden Menschen in einem Winkel Asiens erhob sich die Herrlichkeit des grossen Grabmals, das die tiefen Wolken berührte – unbeweglich, herrschend, zum Nachdenken zwingend. Es erinnerte an König Kabus, der gemäss Nidhami von Samarkand »ein grosser, tüchtiger Mann war, ein Freund der Gelehrten« – Kabus, der den berühmten Avicenna von Buchara beschützte und dem Albiruni seine ›Chronologie der alten Völker‹ gewidmet hatte.

König Kabus' Gastfreundschaft kannte keine Grenzen. Ein Daylami-Prinz, der sich unter seinen Schutz begeben hatte, wurde von racheheischenden Brüdern verfolgt. Eher als die Gastfreundschaft zu verletzen, lehnte Kabus hohe Angebote ab, verlor seinen ganzen Besitz und teilte mit seinem Gast voller Stolz das Exil, bis es ihm schliesslich gelang, diesem wieder zur Macht zu verhelfen; und er hielt sich durch die Dankbarkeit des Prinzen, den er so edelmütig beschützt hatte, für belohnt.

»Kabus ist berühmt für sein ungewöhnliches Wissen und seine überragende Weisheit. Seine Worte wurden als Maximen wiederholt, und es scheint, dass er in allen seinen Leistungen seinem Zeitalter weit voraus war. Seine Lebensweise war streng und nicht geeignet, die Zuneigung der Menschen zu gewinnen, die, da sie in stürmischen Zeiten lebten, ihren Leidenschaften frönten, um sich für die Mühen und Gefahren zu entschädigen, denen sie ständig ausgesetzt waren. Er wurde in Gurgan im Einverständnis mit seinen Söhnen von meuternden Offizieren ermordet, deren Ausschweifungen er wahrscheinlich hatte beschränken wollen.«[13]

Der Himmel war noch immer bedeckt, als wir am nächsten Morgen vom Dorfe nordwärts zu dem Erdhügel wanderten, auf dem sich der ungefähr fünfzig Meter hohe Turm erhebt; der Hügel ist vermutlich der Rest einer Rampe, von den Arbeitern errichtet, um die Turmspitze zu erreichen.

Etwas diesem Turm Ähnliches hatte ich noch nie gesehen: mächtig, streng, nüchtern stellte er das einzige charakteristische Merkmal inmitten der Gleichförmigkeit einer öden Welt dar. Obwohl aus Backsteinen erbaut, hatte der Turm die Festigkeit eines Monolithen. Hätten nicht zehn scharfe dreieckige Flanschen vorgestanden, wäre er ein einfacher Zylinder gewesen; diese Flanschen stiegen streng parallel zur Spitze empor und gingen dort in den Kegel über, der das Dach bildete. Auf der Fläche zwischen den Flanschen verkündete der dekorative Gürtel der kufischen Inschrift: »Dieses erhabene Grab wurde auf Befehl von Schamsul-Mali Emir, Sohn des Emir Kabus, Sohn des Washmgir zu seinen Lebzeiten im Jahre 375 nach der Hedschra (997 n. Chr.) erbaut.«

Ein altes Ehepaar lagerte auf einem Gestell an der Turmmauer – wahrscheinlich waren es die Grabwächter. Der Turm wurde gerade repariert, und ein Gerüst, das einer stilisierten Fischflosse glich, reichte bis zur Spitze. Es war unmöglich, Backsteine von der gleichen Qualität wie die ursprünglichen zu brennen; für das kegelförmige Dach wurden neue Ziegel benötigt, die ganz genau ineinanderpassen mussten; es war eine sehr schwierige Arbeit,

13 Sir John Malcolm: *History of Persia.*

namentlich da die Ziegel nach oben hin immer kleiner sein mussten.

Das Innere des Turmes war leer, aber früher hing hoch oben, wo ein schmales Fenster nach Osten geht, vom Dach der Sarg des Königs Kabus. Professor Godard schreibt in seinem *Survey of Persian Art,* dass das schön verzierte Fenster offen gelassen wurde, was auf einen bestimmten Grund hindeutet, »wahrscheinlich wegen der uralten Sitte, nach der die Zeltöffnung der aufgehenden Sonne zugewendet sein soll. Zweifellos hatte Kabus bestimmt, dass seine Leiche den ersten Sonnenstrahlen des Tages ausgesetzt werde. Das würde die Lage des Fensters erklären, und auch den Umstand, dass der Sarg aus Glas war, wie Jannabi sagt.« Sein Nachfolger liess ihn herunternehmen.

Ich habe gelesen, dass im zwölften Jahrhundert der oberste Herrscher Persiens, Sultan Sandschar, der Seldschuke, Susa und seine berühmte Brücke besuchte; an dem einen Ende wohnten die reichen Juden, am anderen alle Armen der Stadt. Diese glaubten, der grosse Vermögensunterschied sei der Tatsache zuzuschreiben, dass der Körper des Propheten Daniel bei den Juden begraben lag. Nach langem Streit wurde beschlossen, dass der Leichnam abwechselnd ein Jahr auf jedem Flussufer ruhen solle. Doch Sultan Sandschar erklärte, dass das die Ehre des Propheten beeinträchtige, und er befahl, den Sarg in einem Glaskasten unterzubringen und diesen an Eisenketten unter der Mitte der Brücke aufzuhängen. Rabbi Benjamin von Tudela, der gegen Ende des zwölften Jahrhunderts Susa besuchte, sah dort diesen Sarg. Ich vermute stark, dass Sultan Sandschar vom Gumbad-i-Kabus inspiriert worden war.

Wir wanderten ein bisschen in die düstere Ebene, kamen an einem sinnenden Kamel (das richtige Tier an der richtigen Stelle) vorbei und setzten uns auf die Erde. Das Grabmal war imposant, unvergesslich. Es schien voll unterdrückter Energien, eine phantastische, geflügelte Trommel, die ein Wüstensturm mit grossem Heulen rundum treiben könnte, oder eine Rakete, die eines Tages nach einem fernen Planeten davonknattern würde.

Und ich dachte an die Siegestürme von Ghasni – von denen einer im Jahre 1030 von Mahmud von Ghasni erbaut worden war, dem Gründer eines Reiches, das sich weit bis nach Indien hinein erstreckte. Sie sind eleganter, viel schlanker – und weniger gewaltig – als der Gumbad. Auch daran dachte ich, dass ein Mädchen aus König Kabus' Blut nach Osten ging und vielleicht die Anregung zu diesen Türmen mit sich nahm: es war seine Enkelin, die Mahmud von Ghasni heiratete, den Eroberer Indiens.

Zunächst war ich erstaunt, ein so wunderbares Bauwerk wie den Gumbad allein in jener Ebene zu sehen, als sei es vor tausend Jahren vom Himmel heruntergefallen. Aber jetzt weiss ich, dass damals in jenem Teil der Welt ein Goldenes Zeitalter blühte, trotz der Kriege gegen die seldschukischen Eindringlinge aus dem Norden. Nicht nur war Avicenna gerade im Begriff, sein Werk *Summe alles Wissens* und Kei Kaus (ein Enkel des Königs Kabus) seinen *Kabus Nama* zu schreiben, sondern Firdausi hatte eben sein unsterbliches Epos *Shah Nameh,* das ›Buch der Könige‹, beendet. Das elfte Jahrhundert wurde berühmt durch Omar Chaijam, den ›Zeltmacher‹, Hassan Ibn Sabbah, den Grossmeister von Alamut, und Nizam-ul-Mulk, den Wesir des Schahs Malik, der das Reich so ausgezeichnet organisierte, dass die gleiche Geldwährung vom Mittelmeer bis zum Oxus Gültigkeit hatte. Damals wurde auch das bezaubernde Grabmal der vierzig Töchter in Damgan erbaut, ein entzückendes Monument, das mich an das kleine Tschesma Ayub erinnert, ein Mausoleum zwischen den runden Grabhügeln in der Nähe von Buchara.

Es war ein grosses Jahrhundert. Zu seinem Beginn hatte Kabus, der König und Dichter, geschrieben:

Meine Liebe flammt auf im Gedanken an dich
Und durchschauert mein Wesen mit Glut und mit
  Schmerz.
Jedes Glied meines Leibs redet einzig von dir,
Jedes Glied, dran du denkst, wird verwandelt zu
  Herz.

Ich kann mir nicht vorstellen, dass jener so streng und rigoros gewesen sein soll, der schrieb:

Sechs Dinge sind's, die zum Heim sich wählten
  dein nächtlich rabenschwarzes Haar:
Gewirr und Gewinde, Gekräusel und Knoten
  und Ringelwellen und Schmachtlockenschar.
Sechs Dinge verstehen, wie du magst sehen,
  zu herrschen über mein Herz:
Gram und Verlangen und furchtbares Bangen,
  Leidenschaft, Sehnsucht und Schmerz.[14]

14 Nach E. G. Browne: *Literary History of Persia.*

16

Chorassan

Wir rasten den Pass im Süden von Gurgan hinauf und entwichen der Dampfbad-Atmosphäre, die uns während der drei Tage beim Kaspischen Meer so sehr mitgenommen hatte – Menschenkörper sind nicht dazu bestimmt, ständig zu tropfen wie ein Sack mit Quark.

Oben auf dem windgepeitschten Pass war es kalt; im Westen zerrissen die Gipfel der Elburskette die Wolken zu Fetzen. Die neue Strasse war bald zu Ende, und wir mussten vorsichtig im ersten Gang hinunterfahren. Lange vor Schahrud kam ein Reiter wild auf uns zu galoppiert, um ausfindig zu machen, wer wir seien. Energischer Unterkiefer unter grossem Filzhut – es war ein griechischer Ingenieur, dem dieser Sektor des Strassenbaus unterstand. Einsam und deprimiert, wie er war, versuchte er uns zu überreden, mit ihm zu Abend zu essen. Er sehnte sich danach, in Länder wie der Kongo oder Abessinien, in denen er bisher gearbeitet hatte, zurückzukehren.

Wie tiefe Karfunkel klafften in regelmässigen Zwischenräumen kleine Krater im Boden des abfallenden Geländes. Wir hatten schon viele dieser Kanats in der Nähe von Teheran gesehen, auch findet man sie in der ostiranischen Wüste, wo sie Karez heissen, sowie in Turkestan, Afghanistan und Belutschistan. Ich bin stets von neuem von ihnen begeistert. Wenn am Fuss eines Berges Grundwasser entdeckt wird – zuweilen in einer Tiefe von zweihundertfünfzig Meter –, wird ein unterirdischer Kanal gebaut, um es Meilen entfernt zum Vorschein zu bringen. Gelegentlich muss der Kanal auch gereinigt werden; aus engen Schächten, die etwa fünfzehn Meter auseinanderstehen, bringen kreischende Winden Ledersäcke voller Steine oder Schlamm, je nach der Bodenbeschaffenheit des betreffenden Kanals.

Da unten, wo es selbst im heissesten Sommer kühl ist, gräbt ein Arbeiter mit einer Hacke, einer Wasserwaage und einer Schnur einen abschüssigen Tunnel; von einer Nische her durchdringt der Schein einer winzigen Öllampe die Finsternis. Wir gaben den Männern am Schachteingang Zigaretten, wovon sie einige ihren Maulwurfskameraden hinunterliessen. Beim Schichtwechsel setzt der neue Mann mit gestrafftem Körper den Fuss in eine Seilschlinge und wird so in den schlammigen Kamin hinuntergelassen.

Wird ein neuer Karez benötigt, so werden gleichzeitig mehrere Schächte gegraben, und dank einer unheimlichen Geschicklichkeit gelingt es den Leuten stets, die verschiedenen Tunnels zusammenzubringen. Diese kostspieligen, aber unentbehrlichen Arbeiten werden im allgemeinen von dem reichen Mann eines Dorfes finanziert, der entweder mehr Wasser benötigt oder einen ausgetrockneten Kanal ersetzen muss. Die Arbeitstrupps graben vom November bis März. Meist wird diese schwierige und zuweilen lebensgefährliche Arbeit von den gleichen Stämmen verrichtet.

Im Altertum scheinen die Kanatarbeiten von Arabern und Gabrs[15] ausgeführt worden zu sein. Strabo erwähnt Kanats bereits zu Beginn unserer Zeitrechnung. Ich habe

15 Gabr ist die lokale Aussprache für das französische Guèbres, die feueranbetenden Anhänger Zarathustras.

einmal gelesen, dass noch immer unter dem Sand der Sahara wunderbare Kanäle vorhanden seien; diese Foggara sollen uralt sein. Ich nehme an, dass diese Art von Anlagen den Menschen, die sie benötigten, schon immer bekannt war.

* * *

Obwohl es eine höchst anstrengende Fahrt bedeutete, beschlossen wir, die etwa fünfhundert Kilometer lange Strecke zwischen Schahrud und Meschhed ohne Aufenthalt zurückzulegen; es gab unterwegs keine angenehme Campstelle. Da wir ›autark‹ waren, hätten wir allerdings unseren Spezialleinensack für Trinkwasser benutzen können; er hing an der Aussenseite des Wagens, wo die Verdunstung das Wasser eiskalt erhielt; der Strassenstaub an der feuchten Oberfläche verwandelte sich dabei in eine dicke Lehmschicht. Doch ein Bad und ein sauberes Bett im britischen Konsulat in Meschhed waren ein Ziel, das einige Anstrengungen lohnte. Wahrscheinlich würden wir für lange Zeit solchen Komfort nicht mehr finden, namentlich nicht, wenn die Hackins noch immer bei ihrer ›Grube‹ arbeiteten.

Wir begannen uns dem Land anzupassen und hatten bereits jenes Stadium erreicht, in dem wir unwillkürlich persische Wörter in unser Französisch mischten. Zum Beispiel kannten wir schon seit langem die Wörter für ›Mann‹, ›ja‹, ›Frau‹, ›sehr teuer‹, und ganz unbewusst sagte Christina: »Ein Nafar ging mir nicht von der Seite, er sagte dauernd ›Baleh, Khanum‹, das ist nicht ›kheili gheran‹; so habe ich schliesslich seine Zigarettenspitze aus Speckstein gekauft.« Von ihrem früheren Aufenthalt in Teheran her kannte sie noch Lazim niist (nicht gewünscht), ein Ausdruck, den wir oft in Garagen benutzten, wo die Mechaniker immer am Wagen herumbasteln wollten.

Auch hatte ich einen Fluch zur Verfügung, der stets wie ein Zauber wirkte, wenn wir nicht farda (morgen) als Antwort auf einen dringenden Befehl annehmen wollten. Lange wagte ich nicht, nach der Bedeutung des Wortes zu fragen; ich wiederholte einfach das, was ich 1937 in Ispahan von einem deutschen Touristen gehört hatte, der es mit grossem Erfolg anwendete; er sprach fliessend Persisch und konnte sich rühmen, auch Unterweltkenntnisse der Sprache zu besitzen, denn was er wusste, hatte er in der Berliner Untergrundbahn gelernt. Später fand ich dann heraus, dass dieses wunderbare Wort nichts anderes als ›Hundesohn‹ bedeutete.

Auch der Wagen wurde ›persianisiert‹: Christina hatte am Kühler einige der reizenden blauen Perlen angebracht, die den Tieren an die Hälse gehängt werden, um sie vor dem bösen Blick zu schützen. Um eine noch schlimmere Art von Unglück zu bekämpfen, führten wir nun zwei wie Dachrinnen gebogene Blechstreifen mit, für den Fall, dass der schwere Ford im Schlamm oder Sand stecken bleiben sollte.

Als weitere Vorsichtsmassnahme hatte ich Christina überredet, einen Rock zu kaufen; ich hatte sie überzeugt, dass sie, solange sie ihre grauen Hosen trug, für einen Mann gehalten würde und afghanische Harems ihr deshalb verschlossen blieben. Auch konnte ich ihr klarmachen, dass, wenn in Asien Schwierigkeiten auftauchen, Frauen leichter geholfen wird, wenn sie ohne Männerbegleitung sind.

Chorassan ist eine trübselige Gegend, eine Reihe riesiger, ausgetrockneter Wasserbecken, die durch graue Kieshügel oder nackte felsige Bodenstreifen voneinander getrennt sind. Das ganze Gebiet sieht noch öder und verlorener aus als Russisch-Turkestan. Aber am Morgen und am Abend verwandelt ein herrliches Spiel wechselnder Lichter diesen traurigen Hintergrund für kurze Zeit in eine Welt von beispielloser Schönheit.

Gold und Blau, Blau und Gold, das war am heutigen Morgen das Schauspiel: einige vergoldete Sträucher, die sich gegen den Hintergrund von Bergen abheben, die dunkelblau wie reife Pflaumen in der Ferne aufragen, während in der Tiefe des blauen Himmels goldner Staub und goldnes Licht wogen. Wegen dieses Himmels sind Wüsten so ergreifend; dieser weite Himmel, der grösste Raum, den man auf einmal mit dem Blick umfassen kann, ein Himmel, in dessen zarten Dunstschleier der ganze Zauber, alles Wesentliche dieses einst fruchtbaren Landes gestiegen ist und Zuflucht gefunden hat. Jawohl, Christina, das Leben ist schön!

Auf den Feldern in der Nähe eines Dorfes sahen wir riesige kaffeefarbene ›Eispuddings‹ – neugierig untersuchten wir den nächsten. Es war ein hoher Schlammhaufen, der über einer tiefen, mit dem Eis des vergangenen Winters angefüllten Grube errichtet war. Dank einem dieser Yakschal war unser nächstes Zitronenwasser überraschend kühl – und angenehm, solange wir vermieden, auf den schlammigen Grund des Glases zu schauen.

In Sabzewar grüsste uns das schlanke Minarett von Khosrowgird, erbaut im Jahre 1111, als Sultan Sandschar, der Seldschuke, Gouverneur von Chorassan war – lange bevor er nach Susa ging und den Sarg Daniels sah. Das einfarbige Backsteinmuster des Turmes erinnerte mich an Buchara, wo ein fünfzig Meter hoher Turm an der einen Ecke der Kalyan-Moschee steht; ein ›Todes-Minarett‹ von imponierenden Ausmassen – die vom Emir von Buchara zum Tod Verurteilten pflegten von dort hinuntergestürzt zu werden.

Bereits vor Mittag herrschte die Hitze über unserer Welt. Jede Einzelheit der Landschaft zitterte, als sei sie am Kochen. Jeder Windstoss, der von der backofengleichen Wüste kam, war so sengend, dass wir das windseitige Fenster hochschraubten und bedauerten, keinen Vorhang zu haben, der die Sonne daran hinderte, mich zu verbrennen. Immerhin war unser Verdeck mit rotem Flanelltuch ausgeschlagen, was sehr kühlend wirken sollte.

Wir bemühten uns nach Kräften, ein Tempo von siebzig Kilometern einzuhalten; sowie wir langsamer fuhren, glitten die Räder nicht mehr ohne weiteres über die wie aus Blechwellen gebaute Strasse, und der Wagen holperte teuflisch. Eine weitere Belästigung war der Staub; es herrschte immerhin so viel Verkehr, dass dauernd eine dicke Staubwolke über der Strasse wirbelte.

Unsere Rücken sowie die Ledersitze waren von Schweiss durchtränkt. Wenn wir eine Weile in dem starken Wind stehen blieben, fühlten wir uns eiskalt, bis wir trocken waren, denn Wasser verdunstet in dieser ganz trockenen Luft fast ebenso rasch wie Benzin.

Immerhin war unsere Fahrt bequemer als meine Reise vor zwei Jahren in einem überfüllten Autobus. Nach Tagen einer holprigen Fahrt auf derselben Strasse hatte sich mein Rücken derart an einem Brett gerieben, dass, als wir die Garage in Schahrud erreichten, meine Kleider durchgescheuert waren; damals war mein Rücken ›gestählt‹, denn eines Hexenschusses wegen musste ich mit einem Metallkorsett reisen. Diese Unannehmlichkeit und dazu die Hitze eines persischen Sommers machten die Dinge etwas schwierig; da wir tagelang neben der Strasse gemeinsam campieren mussten, wenn Pannen uns lahmgelegt hatten, war es unmöglich, sich auszuziehen. Ich suchte mich etwas zu ermuntern, indem ich daran dachte, was mir Irene von ihrem Vater, Lord Curzon, erzählt hatte, der nach dem Pamir in einem ähnlichen Panzer gereist war, weil er an chronischem Ischias litt.

Die Reise mit dem Autobus war höchst interessant gewesen, obwohl nicht so pittoresk wie mit einem afghanischen Lastauto. Das persische Vehikel enthielt keine auf goldgerändertem Papier geschriebenen Gebete an Allah, auf der Aussenwand keine bunten Abziehbilder, auf denen der Genfersee und sogar das Schloss Chillon zu erkennen waren, auch keine prächtigen Afghanen, die in der Wüste ihr Gebet verrichteten, während das Auto auf ihr Verlangen hin hatte haltmachen müssen, keine langen Turbanenden, die wie Isadora Duncans Schleier hinterher wehten, keine so tief verschleierten Frauen, dass sie beim Auf- und Absteigen kaum unser hohes Trittbrett erkennen konnten, keine Windeln, die einem auf die Rücklehne des Sitzes aufgehängt wurden, keine entsetzten Afghanen, die zum erstenmal die unverschleierten Gesichter persischer Frauen und krumme Beine mit Korkzieherstrümpfen sahen.

Nachdem wir unsere Pilgergarage in Meschhed verlassen hatten und dann am Imam-Reza-Schrein vorüberfuhren, stiessen alle Passagiere einstimmig den üblichen Schrei der Pilger aus – eine Anrufung Alis, die inbrünstig und drohend zugleich klang. Jener Autobus hielt nur an, wenn er eine Panne hatte; da das so ungefähr stündlich passierte, hatten die Frommen genügend Zeit, niederzuknien und ihre Verbeugungen zu machen.

Einmal, als ich gerade den kleinen Vorhang bewunderte, der uns vor der Sonne schützte, wurde der Draht, der ihn hielt, abgeschnitten – er wurde benötigt, um das Auspuffrohr, das auf dem Boden schleppte, hochzubinden. Dann fiel das Trittbrett hinunter, und bald kamen durch einen Kurzschluss unsere Scheinwerfer zum Erlöschen. Beim nächsten Reifendefekt konnte nichts getan werden, bis einer der Passagiere seine Taschenlampe zur Verfügung stellte; der Chauffeur legte sich in einem Graben schlafen, während sein junger Geselle arbeitete; die Haut dieses Burschen war vor Öl und Schmutz ganz grau. Später ging ein Bolzen verloren und wurde durch irgendeinen Behelf ersetzt. Bis dahin hatte niemand ein Wort der Klage geäussert.

Aber der Höhepunkt der Reise wurde erreicht, als durch unseren Kotflügel ein Mann von seinem Esel geworfen wurde. Der Chauffeur hob ihn auf und fuhr ihn zu einem einfachen Khan; jammernd behauptete der Verunglückte, er müsse sterben, und seine Gefährten wollten den Chauffeur nicht weiterfahren lassen, bis er eine grosse Summe als ›Blutgeld‹ bezahle; das Palaver und Handeln nahm acht Stunden in Anspruch.

Der Khan war ein Gasthof mit einem dunklen Gewölbe; auf einer Lehmestrade lagen ausgestreckt einige müde Kunden und rauchten Opium. Es gab nichts zu essen. Meine hungrigen Reisegefährten versuchten die langwierige Diskussion abzukürzen. Einige von ihnen machten sich etliche hundert Meter weit auf die Suche nach Essen … und kamen mit einem Ei zurück, das einzig Essbare, das sie hatten auftreiben können!

Ausser einem Schulknaben, der nach Teheran zurückreiste, schienen alle Passagiere Pilger zu sein, die von einem Besuch des heiligen Schreins in Meschhed zurückkehrten. Ein ungemein fetter Mann (es gelang ihm, einen breiten Ledergürtel unter seinem umfangreichen Wanst zu tragen und an Ort und Stelle zu halten) war ein Teehändler aus Bagdad; ein anderer handelte in Karachi mit Teppichen, ein dritter fiel dadurch auf, dass er während der ganzen fünftägigen Reise eine Flasche zwischen den Knien hielt. Es wird wohl heiliges Wasser gewesen sein, das über das Vorlegeschloss des Grabes des Imams gegossen wurde; ich kann mir nicht vorstellen, dass Arak oder Öl mit solcher Sorgfalt paradiert worden wäre.

Die meisten meiner Nachbarn trugen arabische Kleidung mit den wollenen Schnüren um das Kopftuch; sie redeten einander mit Hadschi an, waren also offensichtlich in Mekka gewesen. Ein pockennarbiger Mann, der Englisch sprach, war Schneider in Hamadan. Sein Bruder, ein Mullah in Meschhed, war wütend geworden, als er sah, wie abendländisch er sich trug: glatt rasiert und bekleidet mit einem eleganten blauen Pullover über einem Tennishemd, das in die Hosen gesteckt war! (Östlich von Istanbul bezeichnen die Hemden den jeweiligen Breitegrad: das muslimische Hemd, die russische Rubaschka, die indische Dschibba, alle flattern über den Hosen oder den Dhoti; so kann die Luft zur Haut dringen.) Aber der grösste Fehler meines Schneiders war, dass er noch keine Frau hatte!

Sein Bruder, der Mullah, wusste bestimmt, dass Schah Reza, obwohl er politisch gegen die Priester eingestellt war, einen Priester als Ratgeber hatte. Dessen Rat folgend, hatte der Schah gerade einen seit langem angekündigten Besuch der heiligen Stadt Meschhed verschoben – die Stadt war noch immer unsicher für ihn.

1935 hatten die Soldaten des Schahs mit Maschinengewehren auf eine fanatische Menge im weiten Hof des Schreins gefeuert, wobei einige hundert Menschen getötet worden waren. Dieser Zwischenfall war dadurch entstanden, dass ein bedeutender Mullah das neue Gesetz verflucht hatte, das den Gebrauch abendländischer Hüte vorschrieb – solche Hüte würden die Gläubigen daran hindern, während des Gebetes mit der Stirn den Boden zu berühren (Muslime dürfen nicht barhäuptig gehen). »Es ist eine Schande«, hatte der Mullah erklärt, »sogar die Engländer haben unseren indischen Brüdern niemals ein so gemeines Gesetz auferlegt! Schaut, was ich mit diesem Hut anstelle: Ich reisse ihn in Stücke!« Die Wut stieg rasch hoch in den Menschen, die sich sicher glaubten, da der Schrein stets ein unverletzliches Heiligtum gewesen war. Doch an jenem Tag mussten sie erfahren, dass ihre religiöse Welt vom Staat zertrümmert wurde. Nach jener Katastrophe mussten viele Mullahs in Irak oder in Afghanistan Zuflucht suchen. Seit damals werden die Pilger nur noch nach Zehntausenden gezählt, während es vorher Hunderttausende gewesen waren; ausserdem machen die neuen Devisenvorschriften in allen mittelöstlichen Ländern die Reise schwierig.

Dank jener blutigen Unterdrückung wurde uns, obwohl Ungläubige, erlaubt, ein Grabmal zu besuchen, das, wie es heisst, die schönste Moschee Persiens enthält.

Für schiitische Muslime ist Meschhed der vierte der bedeutendsten Wallfahrtsorte, nach Mekka, Kerbela und

Nedschef. Die Schiiten erkennen im Gegensatz zu den Sunniten die ersten drei Nachfolger Muhammads nicht an.

»In Persien gehörte die Macht dem König, dem Sohn Gottes, auf Grund seiner göttlichen Abstammung, die mit dem göttlichen Ruhm – Farri Yazdan – verbunden ist. Durch politische Revolutionen übertrug Persien auf das Haupt des Arabers Ali – des legitimen Erben Muhammads, der vom Kalifat ausgeschlossen wurde – alle Würden und allen Glanz der alten nationalen Monarchie. Er, der vorher in den Staatsprotokollen ›der göttliche König, der Sohn des Himmels‹ und in den heiligen Schriften ›Herr und Führer‹ (Herr in den weltlichen Dingen, Führer in den geistigen) genannt wurde, erhielt einen arabischen Namen: Imam, der Chef – der einfachste Titel, den man sich vorstellen konnte, und zugleich der erhabenste, denn alle Herrschgewalt, die irdische und die geistige, war darin enthalten. Gegen die Kalifen, die auf das blinde Geschrei der Massen hin durch Intrigen und Verbrechen zur Herrschaft gekommen waren, wurde das Erbrecht des Imams Ali verkündigt, als unfehlbar und durch Gott geheiligt erklärt. Nach seinem Tod wandte sich Persien seinen zwei Söhnen Hassan und Hussein zu, und nach ihrem Tod deren Nachkommen. Da Hussein eine Tochter des letzten Sassanidenkönigs geheiratet hatte, wurde das Imamat des alten Persien und des persischen Islams mit dem Blut Husseins auf dem Schlachtfeld bei Kerbela besiegelt.«[16]

Es hat zwölf geoffenbarte Imams gegeben. Der letzte wird der Mahdi sein, der zur Zeit der zweiten Wiederkunft Christi mit dem Propheten Elias erscheinen wird.

16 J. Darmesteter. *Zend Avesta.*

Der achte unter ihnen war Imam Reza, der in Meschhed begraben liegt. Er war ein grosser Heiliger und soll Wunder vollbracht haben. Nach der Überlieferung schweben dauernd zwanzigtausend glorreiche Engel über seinem Schrein.

Als ich diesmal, mit Christina neben mir, die goldene Kuppel von Meschhed sah, beneidete ich die Gläubigen, die da glauben:

»Am Tage der Wiederauferstehung werden vier der frühen heiligen Männer, Noah, Abraham, Moses und Jesus, und vier der späteren, Muhammad, Ali, Hassan und Hussein, im obersten Himmel sitzen und den Platz vor dem Thron Gottes durch ein Seil absperren. Alle jene, die die Wallfahrt zu den Gräbern der Imams unternommen haben, werden zu Füssen des Thrones sitzen; jene aber, die zum Grab des Imams Reza gepilgert sind, werden am nächsten sitzen, und ihnen werden grössere Gunstbezeugungen zuteil werden als den andern.

Der Mann, der eine Wallfahrt zum Imam Reza macht, wird am Auferstehungstag, der siebzigtausend Jahre dauern wird, ein eigenes Pult vor dem Thron Gottes haben, und an diesem Pult wird er sitzen, bis Gott seine Abrechnung mit der Menschheit fertiggestellt hat. Dann wird Gott ihn in den Himmel nehmen.«[17]

17 Mullah Noruz Ali, *Tuhfat al Rizawiyah,* zitiert von B. Donaldson in *The Wild Rue.*

17

Meschhed

Wir wanderten zum Heiligtum, die Kameras unter dem Arm verborgen, denn wir hatten keine Erlaubnis, in Persien zu fotografieren; die Behörden in Teheran waren wohl zu überlastet, um, obwohl wir wiederholt persönlich darum einkamen, unsere Gesuche um die entsprechende Erlaubnis zu bearbeiten. Wenn wir ertappt werden sollten, hatte ich vor zu versuchen, die Konfiszierung dadurch zu verhindern, dass ich einen bereits vor zwei Jahren verfallenen Erlaubnisschein vorwies.

Die breiten Alleen erinnerten mich an Taschkent. Müde Frauen ohne Hut mit schmutzigen Regenmänteln gingen mit einem Korb am Arm zum Markt. Zweispännige Droschken fügten dem Bild eine russische Note hinzu; die weissen Mähnen der Pferde waren rotgefleckt wie die Bärte alter Männer – ein sicheres Zeichen, dass sie mit Henna gefärbt waren. Die Kinoplakate waren in russischer und persischer Sprache, und in den Läden verstand jeder Dritte Russisch. Die neue antireligiöse Propaganda trug ebenfalls zu einer sonst nur oberflächlichen Ähnlichkeit bei: wie in Kiew und in Buchara war in Meschhed ein modernes Spital mit Geld erbaut worden, das man religiösen Körperschaften fortgenommen hatte.

Offiziell war nun der Zutritt zum Grab auch Nichtmuslimen gestattet, doch in der Praxis gab es viele Widerstände gegen die zwangsweise Durchführung einer Verordnung, die die Gefühle der Mehrheit verletzte. Wir wollten lieber nicht durch die grossen Gebäude schlendern; nachdem wir durch das Gittertor gegangen waren, fühlten wir uns befangen und unruhig. Unauffällig schritten wir durch den ersten Hof und gingen rasch zu den Bureaus.

Der Haupthof, über hundertzwanzig Meter im Quadrat, wurde von einer doppelten Arkadenreihe umgeben. Schah Abbas hatte ihn zu Beginn des siebzehnten Jahrhunderts erbaut; der schlaue Herrscher war von Isfahan zu Fuss nach Meschhed gepilgert und hatte beschlossen, einen Wallfahrtsort auf persischem Boden zu gründen. Er hielt es für unangebracht, dass nur die heiligen Stätten Arabiens und des Irak durch den ständigen Pilgerstrom bereichert würden.

In der Mitte einer jeden Seite befand sich ein herrlicher Iwan – der für persische Moscheen typische Torbogen. Jeder Zoll der Wände glitzerte von glasierten Ziegeln, aber das Bemerkenswerteste in dem Hof war das Gold, das die hohen Minarette bedeckte, die Innenseiten der Torbogen der Iwane überzog und prunkhaft auf der bombenförmigen Kuppel über dem heiligen Grab erglänzte. Die Fugen der viereckigen vergoldeten Kupferplatten waren deutlich sichtbar; leicht gebogen, erinnerten sie mich an reichgesteppte Polsterdecken. Die goldene Kuppel wies einen breiten blanken Kupferstreifen mit historischen Inschriften auf. Wie überirdisch muss solche Pracht dem Bauern vorkommen, der nur die in der Sonne gedörrten Lehmziegel der Wohnlöcher seines Dorfes und die sonnenverbrannten Steine der Wüste kennt!

Der Eingang zum Grabe selbst, ein grosses Portal mit vergoldetem Gewölbe, glich der dunklen kielbogenförmigen Öffnung einer Höhle; es führte zum Herzen des goldenen Heiligtums.

Wir baten einen der Beamten, uns zur Grabkammer zu führen. Ausweichend zeigte er uns zunächst die Schätze der Bibliothek. Unter den achtzehntausend Bänden waren etwa fünftausend Korane, viele davon berühmte Meisterwerke. Jede Seite prunkte mit illuminierten Originalzeichnungen, die Ränder füllten goldene und azurblaue Arabesken, grünes und rubinfarbenes Blumengeranke – eine ganze Schar moderner Maler auf der Suche nach neuen Mustern könnte sich daran inspirieren. Auch Alis in Schlangenhaut gebundener Koran mit grossen kufischen Schriftzeichen befand sich unter den bibliophilen Schätzen. Zu meinem Erstaunen entdeckte ich auf den Regalen sogar Bücher wie Thiers' *Révolution française* und selbst *Les trois mousquetaires* von Dumas.

In einem grossen Gemach hing ein Bildnis Alis, und seltene Teppiche wurden uns gezeigt, darunter ›Die vier Jahreszeiten‹, 1650 in Kerman angefertigt; er schimmerte in köstlich wechselnden Schattierungen, als der Wächter verschiedene Stellen gegen das Licht hielt. Der Schrein musste wirklich viele Schätze enthalten, denn die Pilger haben zehn Jahrhunderte hindurch dem Heiligen ihre Gaben dargebracht.

Ali ibn Musa Ur-Reza war im Jahre 770 geboren. Er wurde im Jahre 800 das Haupt des Hauses Ali – als Harun al Raschid Kalif in Bagdad war – und somit der Imam der Schiiten. Der Kalif starb an einer Krankheit auf dem Weg nach Samarkand, wo er einen Aufstand unterdrücken wollte. Mamun, der Sohn Haruns, versuchte die Schiiten und Sunniten zu einigen und ernannte deshalb Imam Reza zum Erben des Kalifats und gab ihm seine Tochter zur Frau. Die Schiiten jubelten, aber die Sunniten von Bagdad waren empört über diese kühne

Neuerung. Mamun befand sich in einer schwierigen Lage, doch zu seinem Glück starb im Jahre 819 der Imam Reza infolge unmässigen Traubengenusses. Die Schiiten behaupten, dass die Früchte vergiftet gewesen seien, und beim Besuch des heiligen Schreins verfluchen sie Harun und Mamun, deren Gräber sich in einer benachbarten Kammer befinden.

Unser grösster Wunsch war, die Grabkammer im Erdgeschoss zu betreten, aber unser Führer verlangsamte absichtlich seinen Rundgang. Das Stimmengewirr, das zu uns drang, zeigte uns an, dass dort viele Pilger sein mussten. Als ich jedoch abermals der engen Treppe zuschritt, sagte mir der Beamte, es sei nun zu spät, hinunterzugehen, und gefährlich, sich unter so viele Menschen zu mengen.

Wir waren schon vorher auf die ausweichende Art der Grabwächter aufmerksam gemacht worden, wussten aber nicht, was wir dagegen tun sollten. Durch ein kleines rundes Fenster erhaschte Christina einen Blick in die dunkle Halle, die mit Pilgern angefüllt war. Ich erzählte ihr nun, was ich vor zwei Jahren dort erlebt hatte:

Vier Wächter hatten mich ins Schlepptau genommen, und es wurde mir bedeutet, ich sollte ihre Gesten nachahmen. So mischten wir uns unter die Menge der Pilger, eine ungeheure Menge, die wie ein Strom einherzog, wehklagte, sang und betete, alles zugleich. Der Lärm schwoll zu lautem Geschrei an, als wir eine mit zahlreichen Fazettenspiegeln geschmückte Halle betraten, in der jeder Ton widerhallte. Ich ging weiter, eingepresst in eine fanatische Menge, deren Augen in Ekstase glühten. Wir kamen zur Grabkammer.

Dem Beispiel der ändern folgend, hatte ich erst ein prächtig bossiertes Silbertor geküsst, dann eine dunkle geschnitzte Holztür, und genau wie sie die Stirn an eine rosafarbene Marmorwand gepresst. Aber darüber hinaus konnte ich nicht mitgehen: Sie waren in Trance, sie schauten, schienen aber nichts zu sehen. Ich jedoch vermochte alles zu beobachten; das Grab unter einem Baldachin in einer Ecke des Raumes war mit einer blauen Atlasdecke verhüllt und von einem silbernen Gitter umgeben. In diesem engen Raum schwoll der Tumult an, donnerte und hallte wider wie eine mächtige Brandung in einer Höhle. Die silbernen Stangen des Gitters wurden gestreichelt, geküsst und umklammert in Ausbrüchen inbrünstiger Verehrung, die das ganze Wesen der Pilger verzehrte – sie nahmen an der Heiligkeit des Heiligen teil.

Sie murmelten, schrien und brüllten, ohne es zu wissen, schlurften weiter und pressten ihre Bündel an die heiligen Wände. Zwischen einem hochgestellten Kragen und einem möglichst tief in die Stirn gedrückten zerknitterten Filzhut funkelten fiebrig die Augen einer Frau, beturbante Männer erinnerten an wilde, ausgehungerte Tiere. Sie blickten nicht in eine irdische Welt – von glühender Leidenschaft fortgerissen, hatten sie etwas berührt, das grösser war als sie selbst.

Ich gehörte dort nicht hin. Sie zu beobachten, wie ich es tat, verhältnismässig kühl, war ungehörig, ja Gotteslästerung. Für sie bedeutete es den Höhepunkt ihres Daseins, der Moment, da sie sich wie durch ein Wunder über sich selbst erhoben. Wie durfte ich es wagen, sie zu mustern, wie ich es tat?

Während fast alle Pilger durch mich hindurchblickten, beobachteten mich zwei bärtige alte Männer, erkannten mich als das, was ich war; sie waren so gekränkt, ihre

Gesichter drückten einen so heftigen Schmerz aus, dass es mir weh tat. Hätten sie mich gelyncht, ich glaube, ich hätte ihnen sogar zugestimmt ... Mit würdeloser Hast schlüpfte ich hinaus. Selten hatte mich etwas derart bewegt, und ich fragte mich, ob einer der berühmten Wallfahrtsorte Europas eine ähnliche religiöse Inbrunst zu erwecken vermochte.

Trotz meiner Erregung – das zeigt, wie unabhängig die Sinne arbeiten – hatte ich bemerkt, dass, ungerührt und hässlich, eine japanische Wanduhr Sekunde um Sekunde banal wegtickte.

* * *

Den wirren Lärm hinter uns lassend, gingen Christina und ich einen engen Gang entlang, der uns zum Frieden von Gauhar Schad führte, dem köstlich einfachen Hof jener vollendet schönen Moschee. Inmitten der Masse formloser Lehmhäuser der grossen Stadt wirkte Gauhar Schad wie ein blauer Lichtteich. Wir sonnten uns darin und fühlten uns erfrischt, als seien wir in das reine offene Meer getaucht, in tiefblaues Wasser mit weissen Schaumkronen, die fröhlich hier und dort aufspritzen.

Zwei Arkadengeschosse umgaben den Hof, dessen vier Seiten durch je ein Portal verschönt wurden, die Wände waren mit intensiv farbenen Mosaiken bedeckt.

Der Haupt-Iwan wurde von zwei Minaretten flankiert, die ein Netzwerk von dunklen Rhomben schmückte; die Zwickel über dem beschatteten Durchgang des grössten Portals waren mit glasierten Blumen dicht besetzt, und an der Fassade stand die Inschrift: »Aus ihrem Privatbesitz und zu ihrem Heile im Jenseits hat Gauhar Schad diese grosse Moschee erbaut. Baisungur, Sohn des Schah Roch, Sohn des Timur Gurkhan, schrieb dies in der Hoffnung auf Allah, im Jahre 1418.« (Gurkhan ist der höchste türkisch-mongolische Titel, den die Kerait, die Kara Khitai usw. benutzt hatten.) Über dem Haupt-Iwan erhob sich die Ellipse einer köstlichen türkisfarbenen Kuppel mit verschlungenen weissen Arabesken. Ein schaumweisser kalligraphischer Fries lief rund um das Gebäude und verband die kostbare Farbenpracht der glasierten Mauern. In einem Reinigungsbrunnen spiegelte sich diese strahlende Vision: schöne Proportionen, herrliche Farben, ewige Harmonie.

Timur starb im Jahre 1405, und im selben Jahr begann seine Schwiegertochter Gauhar Schad den Bau dieser Moschee. In Herat sollten wir das Grab dieser bedeutenden Frau sehen.

Diese Mosaike waren fast ebenso schön wie die schwer beschädigten Wandverzierungen in der Blauen Moschee in Täbris und wirkten viel stärker als die gekachelten Zierflächen, die Schah Abbas im grossen Hof des Grabes hatte anbringen lassen. Das Verfahren, das Schah Abbas angewandt hatte, wird haftrenghi genannt: es werden, wenn nötig, bis zu sieben Farben nebeneinander auf eine Kachel gesetzt, bevor sie in den Brennofen geschoben wird. Das bewirkt, dass das einzelne farbige Detail vom nächsten nicht so scharf wie bei Mosaik-Fayence getrennt ist, wodurch ein etwas verschwommener, zarterer Eindruck entsteht. Bei dem Siebenfarben-Prozess ist es unmöglich, die stärksten Farbtönungen zu erhalten, da jede Farbe einen anderen Schmelzpunkt hat.

Ich setzte mich auf den Rand des viereckigen Beckens.

Am Morgen hatten wir eine Teppichwirkerei besucht. Und jetzt empfand ich die reichen Muster eines Gebetsteppichs als eine Version in Wolle der Mosaikfassade eines gewölbten Portals, und dieses wiederum ist eng verwandt mit der Pracht von Koran-Illuminierungen. Diese drei Höhepunkte der persischen Kunst können vielleicht auf die leuchtenden Blumenbeete in persischen Gärten zurückgeführt werden – kompakte geometrische Flächen mit vielfarbigen Blumen, die zu jedem Daseinsmoment in diesem von der Sonne versengten Land gehören.

Ich fühlte, dass ich diesen Bau liebgewann. Und das warf ein Problem auf, das mich interessierte. Bis jetzt hatte ich mich immer in mächtige dreidimensionale Kunstwerke verliebt: den Turm des Kabus, den Wagenlenker von Delphi, die Chinesische Mauer, die Reinheit der Abteikirche von Vézelay, die Mächtigkeit des Parthenon, die tiefverwurzelte Freude der romanischen St.-Philibert-Kirche in Tournus, die Trimurti[18] der Elephanta-Höhle. Was hatte ich also mit einer asiatischen Moschee zu tun, einer deckellosen Büchse, in der lediglich innere Flächen, von Malerei und Lack glänzend, zu sehen sind?

Ich wusste, dass die Moschee Gauhar Schad gute Kunst war, und sie übte einen starken Zauber auf mich aus. Dennoch zog ich die türkis- und ultramarinblauen Lüsterfayencen vor, die ich in Samarkand bewundert hatte, wahrscheinlich, weil ich dort zum erstenmal den reichen Glanz sah, der von jenen Glasuren ausgeht, wenn sie Seite an Seite gebraucht werden. Dort, neben dem Reghistan-Platz, betrachtete ich vom Dach der Tilla-Kari-Medresse aus, wo mir der ›Sovtourist‹ eine Zelle zugewiesen hatte, die untergehende Sonne. Zwischen mir und dem mächtigen Kuppeldom, dessen hohe Trommel ein riesiges kufisches Schriftband umgürtete, war eine vertraute Bezie-

18 Die Götterdreieinigkeit des Hinduismus. *Anm. d. Übers.*

hung entstanden. Meine Tilla-Kari schien eine schwache Nachahmung zu sein, aber ich befand mich auf Steinwurfweite von dem wunderbaren Ulugh-Beg-Kolleg, das nach dem Astronomen, einem Sohn der Gauhar-Schad, benannt ist.

Die alten Bauwerke Samarkands haben ihr Pathos, denn die meisten von ihnen sind zerfallen: die kühne Kuppel von Bibi-Khanum, die noch immer bei Sonnenuntergang den blaugrünen Himmel herausfordert; die Überreste einer schönen Arkade vor Timurs Mausoleum; die Gräberstrasse in Schah Zinda; die Paläste und die Jagdhäuser im Lande herum, die in Staub zerfallen. Lieben wir das mehr, was im Begriff steht zu vergehen? Würde der Parthenon uns ebenso stark bewegen, wenn sein Farben- und Goldschmuck noch immer glänzte? Die Zeit, Kriege und Erdbeben haben die Bauwerke Herats bös zugerichtet, aber das wenige, was geblieben ist – ein Grab mit Minaretten inmitten eines Weizenfeldes – rührt mich wie das Abschiedslächeln einen Freund.

Gut erhalten und gepflegt besitzt die Moschee Gauhar-Schad nichts von diesen anziehenden Eigenschaften. Ich musste erst Popes *Einführung in die persische Kunst* lesen, um zu begreifen, was mich daran so bewegte. Und ich erkenne nun klar, dass Wissen ›das Auge übt und ergänzt‹:

»Obwohl der persische künstlerische Geist sich vor allem in Linien offenbart, kann er nicht als zweitrangig bezeichnet werden denn im gleichen Sinne sind sowohl die Musik wie die Architektur Zeichnung, Beweis genug, dass die Linie in einem höheren Sinne grossen Ernst und tiefe Bedeutung erhält und zu einer der bedeutendsten Leistungen des Menschen wird. Das Ornament spricht nicht unmittelbar zum Menschen und hat keine direkte

Beziehung zur Natur; aber seine Abstraktheit, seine Lösung von einem spezifischen ideellen Inhalt oder einer gefühlsbetonten Verstrickung ist eine Quelle stiller Gewalt. Auch besteht diese Kunst nicht lediglich aus einer Reihe verlockender Formen; wie grossartige Musik kann sie letzte Werte enthüllen und charakterisieren und den allgemeingültigen Formen des Geistes selbst Ausdruck verleihen. Grosse Ornamentik hat die Massgeblichkeit der Logik, sie steht in der gleichen Beziehung zur Schönheit wie die Logik zu Philosophie und Mathematik. Die Zeichnung ist die richtige Einführung in die Kunst, ihr unentbehrlicher Rahmen und vielleicht ihre bedeutendste Leistung.«

18

Abbas Abad

Imam Reza ist der Schutzpatron der Reisenden, und ich stelle mir gerne vor, dass er uns am Tag unserer Abreise von Meschhed zur afghanischen Grenze geholfen hat.

Die Gegend, durch die wir fuhren, dehnte sich weit und war langweilig, nur zwei tönerne Löwen, die uns am Eingang des Dorfes Fariman, eines Gutes des Schahs, begrüssten, boten eine kleine Abwechslung. Diese vergoldeten Bildwerke harrten geduldig eines Herrn, der nun schon seit drei Jahren vergebens erwartet wurde.

Gegen Mittag rollten wir in das trostlose Städtchen Turbet-i-Scheich-Dschami. Viele zerfallene Lehmhäuser kehrten langsam und sicher zur Erde zurück, aus der sie errichtet worden waren. Männer in Plüschpantoffeln schlurften einher, die formlosen Mützen über ein Ohr gezogen, die erloschene Zigarette im Mund; andere tranken ihr Glas Tee in einer schmutzigen Tschai-khana; einige sassen auf wackligen Stühlen beim Coiffeur; wieder andere standen planlos vor einer neuen Tankstelle; ein verwahrloster Bengel zerrte ein blökendes Lamm hinter sich her. Es sah aus, als würde Turbet sich nie mehr von einem jahrhundertealten Verfall erholen.

Es passte zu dem trübseligen Tag, dass wir von einem Polizisten angerufen wurden, gerade nachdem wir uns in ein halbzerfallenes Zimmer in unserer Tschai-khana zurückgezogen hatten, um dem grellen Licht der Strasse und der Verfolgung lästiger Wanzen zu entziehen. Vor dem aus Brot und Melonen bestehenden Lunch hatten wir das grosse Grabmal des Scheich Dschami besucht, eine schattige, saubere Insel am Fuss eines grossen gewölbten Portals. Jenseits des gepflasterten Hofes und der Marmorgrabsteine fotografierte ich eine Frau, die an einem frischen Grab wehklagte. Jetzt wollte der Polizist wissen, nachdem er sich meinen Erlaubnisschein angesehen hatte, ob wir noch andere Aufnahmen gemacht hätten.

Er nimmt mein abgelaufenes Dokument mit und sagt uns, dass wir den Gasthof nicht verlassen dürften. Dann kommt er zurück und verlangt barsch einen besseren Ausweis. Ich stelle mich dumm und drohe ihm, mich bei seinem Vorgesetzten zu beschweren. Das macht keinen Eindruck auf ihn, und er geht fort, um seinem Chef unsere Ankunft zu melden – einen Kollegen lässt er zu unserer Bewachung zurück.

Wir arbeiten einen Fluchtplan aus: Christina geht zum Wagen, und als der Polizist sie zurückzuhalten sucht, erklärt sie, sie müsse tanken, und fährt weg. Ich täusche eine Kolik vor, verschwinde schwerfällig hinter einer Mauer und hinter noch einer; unser Geschirr und unsere Umhängetaschen habe ich gut verborgen. Anscheinend gemütlich eile ich zu Christina, und vor Erregung zitternd fahren wir auf und davon.

Das war unser kurzer Besuch des Dorfes, das seinen Namen dem Dichter, Gelehrten und Mystiker Dschami gegeben hatte, dessen Werke von Fitzgerald übersetzt wurden und der über den Kaiser Babur geschrieben hat, er sei »zu erhaben, als dass man ihn lobpreisen müsse«. Dschami starb gegen Ende des fünfzehnten Jahrhunderts in Herat, wo sich die grossen Männer jener Zeit zu versammeln pflegten.

Am Abend sollten wir in Karez den persischen Zollposten passieren. Natürlich würden wir vorher unsere Kameras leeren; falls man sie fände, würden wir behaupten, sie seien nicht benutzt worden; da jedoch die Kinokamera nicht versiegelt war, würde sie wohl konfisziert werden. Wenn aber die Polizei von Turbet aus unsertwegen in Karez anriefe, wären wir erledigt.

* * *

Wir kamen jetzt durch eine noch trostlosere Gegend. Die Kanats schienen verschüttet zu sein; ihre Krater waren verfallen, von den Stürmen zerfressen. Die Dörfer, durch die wir fuhren, waren anders als die früheren: statt flacher Dächer aus mit Erde bedeckten Pappelästen sahen wir Lehmkuppeln, auf denen Sonnenschein und Schatten wundersam spielten. Diese Bedachung hatte den Vorteil, kühl zu sein, und zudem, selbst wenn Bäume in diesem Wüstenteil Chorassans verfügbar gewesen wären, hätten die Balken den Legionen weisser Ameisen nicht widerstehen können. Einige dieser Halbkugeln waren, Souffleurkästen ähnlich, von einer Art breiten Schornsteins überragt; es waren Luftschächte, die den Hundertzwanzig-Tage-Nordwind, der dort das Leben während des Sommers erträglich macht, auffingen. Diese Schächte sind ganz anders als die Ventilatoren mit hohen Tragflächen in Haiderabad-Sind, die der Silhouette jener Stadt ein so erstaunliches Aussehen verleihen – ungeheure rhomboide Drachen, die jedes Haus der Stadt überragen und je nach der Windrichtung verstellt werden.

Von Feldern, auf denen ich nichts ausser Steinen erkennen konnte, wurde die Ernte eingebracht und auf diesen

Kuppeldächern zum Trocknen ausgebreitet – halbmondförmige Melonenscheiben, die schmale Kost der Wintermonate. Unter langen Hemden trugen Frauen bis zu den Knöcheln reichende Hosen; schmale Bänder hielten ihre grossen Kopftücher zusammen; ihre vollen runden Gesichter erinnerten mich an die afghanischen Hasaras und an die Kasaken und Kirgisen von Turkestan.

Wir machten im Schatten eines zerfallenen Khan halt, wo der heisse Wind unerwartet von kühlen Luftstreifen unterbrochen wurde. Vor dem blendenden Licht der Welt fliehend, setzten wir uns im Zwielicht einer überdachten Zisterne nieder. Christina hatte etwas auf dem Herzen, und was sie sagen wollte, war typisch für ihre Empfindsamkeit.

In Meschhed hatten wir ein junges französisches Paar kennengelernt. Den ganzen Weg von Paris aus waren sie geradelt und hatten die Absicht, bis nach Hinterindien zu fahren. Sie hatte ihre Rechtsanwaltpraxis gegen die Lenkstange eingetauscht und er war Alpinist. Ich entdeckte, dass er der war, der mir einmal geschrieben und mich gefragt hatte, ob man über den Himalaya nach Kaschgar radeln könne (ich hatte irgendwo einmal geschrieben, dass Kamele, obwohl aristokratisch, lästige Gefährten seien, und dass ich nicht einsähe, warum ein Velofahrer nicht von Peking aus nach Tibet gelangen könnte). Gemeinsam hatten wir uns im Schwimmbassin des Konsulats bespritzt, waren zusammen durch die Gassen des Basars gebummelt, hatten um Teppiche, Schmuck, billiges Parfum und wunderbar bunte Socken gefeilscht, hatten zusammen gescherzt und gelacht.

Christinas Französisch – wir sprachen französisch miteinander – war nicht sehr flüssig, da ihre Muttersprache Deutsch war, und sie war überrascht, als sie sah, wie fröhlich und ausgelassen ich mit Nicole und Raymond sein konnte. Sie schloss daraus, dass sie mich langweile, und ich daher vorzöge, mit unseren neuen Freunden weiterzureisen. Sie wünschte schon sehnlich, die Reise allein fortsetzen zu können.

Ich gab zu, dass ich mit diesen jungen Leuten viele Berührungspunkte hatte, fragte aber Christina, ob mich wohl Nicole verstehen würde, wenn ich ihr sagte, dass ich Afghanistan (ein Land, das bisher kaum vom Abendland verändert worden war) studierte, da ich Europa unter einem neuen Gesichtswinkel betrachten wollte, um den tieferen Grund unseres Irrsinns zu verstehen. Und wenn ich dann unseren Erdteil ergründet hätte, hoffte ich, zu begreifen, weshalb meine Zeitgenossen nicht mehr ihrem inneren Wesen entsprechend leben. Auf der anderen Seite der Grenze vor uns würden wir einen Lebensstil kennenlernen, der einfach, patriarchalisch und harmonisch war, wahrscheinlich weil er noch immer Raum liess für eine unbekannte Kraft, die göttliche genannt, während das Leben in der Heimat, wo die Menschen, Prometheus gleich, alle Naturkräfte an sich gerissen hätten, jedermann dem Wahnsinn entgegentreibe.

Und was würde Nicole sagen, wenn ich ihr gestände, dass mein höchster Wunsch sei, mein lästiges Ich loszuwerden, meine flatterhaften, jeder Weisheit baren Wünsche? Ich wollte es nicht tun, indem ich Selbstmord beginge oder mich wie bisher in immer neuen Ländern ruhelos herumtriebe, nicht einmal dadurch, dass ich Aussätzige pflegte, eine Tätigkeit, die einem wahrscheinlich dazu verhelfen würde, das eingebildete Ich loszuwerden. Es müsste eine weniger sentimentale Art geben, dieses Ich rational zu durchdringen, es zu verändern.

»Nein, Christina, ich bin sehr dankbar, dass ich dich bei mir habe, denn ich weiss, dass du mich verstehst.«

Wie mir Christina gestand, war sie noch immer voller Angst; in den verflossenen Monaten sei sie nur während zwei oder drei Stunden davon frei gewesen. Sie würde nicht von der Sucht nach Drogen verfolgt (sie verschafften ihr kein Vergnügen, sondern nur für einen langen Augenblick den einzigen Frieden, den sie kenne), sondern nur von der Furcht, Sklavin dieser Sucht zu werden.

Um ihr zu helfen, sagte ich naiverweise laut, was ich bisher für mich behalten hatte: »Glaubst du nicht, es hängt damit zusammen, dass du in einer Mischung von Intellekt und Gefühl zu leiden suchst, um darin Erfüllung zu finden? Sogar Schmerz bedeutet die Freude, intensiv zu leben ... aber solange du im Schmerz wühlst, wirst du seine Gefangene sein. Schmerz ist nur dann erhaben, wenn man ihn bezwingt, wenn man durch ihn seiner eigenen Tiefen bewusst wird, dessen bin ich gewiss ...«

Ruhig wie ein Arzt, der von irgendeinem anonymen Patienten spricht, erklärte Christina, dass die Menschen meist deshalb Drogen nähmen, weil sie ihr Bewusstsein schärfen oder erweitern wollten. Sie aber nähme sie nur, um ihre Qualen zu vergessen, und da sei die Wirkung sehr begrenzt.

Warum nahm sie sie dann wieder und wieder, nachdem sie es monatelang nicht getan hatte?

»Eines Tages wirst du deiner Angst kühn entgegentreten, dann wirst du dein wahres Ich erfassen«, erwiderte ich und las laut den Satz aus Shri Aurobindo Ghoses *Gedanken und Einblicke* vor: »Bewusst-Sein und Seligkeit sind die ersten Eltern. Sie sind auch die letzten Stufen. Unbewusstsein ist nur ein Zwischenzustand, Ohnmacht oder dunkler Schlaf des Bewusstseins. Im Schmerz und im Verlöschen des Selbstes sieht die Wonne des Seins sich selber, nur um sich anders oder anderswo zu finden.«[19]

Ich fragte sie auch, ob sie nicht inzwischen soviel gelernt hätte, dass sie die Grenzen der Wirkung der Drogen erkannt habe. Ich könnte mir denken, dass sie nicht mehr an der Integralität des Experimentes interessiert sei, sondern nur an der Form – eine perverse Neigung, dem Folge zu geben, was ein Teil ihres Ichs als naturwidrig verdammt. Sie wolle diese Perversität ganz auskosten, um zu sehen, wohin sie führen könnte. Durch die Ausübung von etwas Negativem hoffe sie, ein positives Resultat zu erzielen. Im selben Moment würde sie erkennen, dass die Natur und ihre Gesetze uns nicht binden können, sie würde in sich selbst eine über die Natur hinausgehende Freiheit empfinden, sie würde das Reich des Geistes betreten und seine Wirklichkeit an sich selbst erleben.

Dann würde sie nicht länger von der Notwendigkeit besessen sein, ihren Dämon zu bekämpfen. Wenn sie darüber hinaus wäre, wenn sie den Genuss des reinen Seins, in dem Liebe die aktive Kraft ist, gekostet hätte, würde sie etwas haben, an das sie sich während ihrer Rückfälle klammern könnte; wenigstens würde sie den Circulus vitiosus, dass sie dauernd daran denken müsse, ihre Furcht zu vergessen, durchbrochen haben. Bis dahin schmiede sie jedesmal, wenn sie an ihre Besessenheit denke, ein neues Glied in der Kette, die sie fessle.

Als wir wieder auf der ebenen Strasse einherfuhren, kam uns das öde Land vor uns wie eine leere Kinoleinwand vor, auf die wir die Silhouetten von T.E. Lawrence

19 Übersetzung: Alwina v. Keller.

und Alain Gerbault projizierten.[20] Nach dem, was wir wussten, schien es, als habe Lawrence, der zeitweise seine Gedanken nicht mehr ertragen konnte, versucht, seine Sinne zu benebeln, indem er einfacher Soldat wurde, der nicht zu denken braucht. Und Gerbault, der für Gedanken, die das Leben in Europa erweckt, nichts übrig hatte, entschloss sich, Südsee-Insulaner zu werden und sich nur um Meer, Wind, Sonne und Dichtung zu kümmern. Beide handelten so, weil ihnen die Gedanken, die sich unaufhörlich im Kreise drehten, unerträglich wurden.

Und so ging es auch Christina.

Am Spätnachmittag kamen wir nach Karez. Im Hof des Zollhauses standen keine Lastautos. Der Chef oder Reis hielt uns eine Stunde in seinem Bureau zurück und versuchte herauszufinden, was mit unseren dreissig Pfund Sterling geschehen war, die entgegen den Gesetzen des Landes verschwunden waren, ohne eine Spur in unseren Pässen zu hinterlassen. Wir unterbreiteten ihm unsere Abrechnungen vom Tag unserer Abfahrt aus Genf und rechneten ihm dann unsere Reisespesen vor, so versuchten wir, ihm zu beweisen, dass wir diese Summe nie besessen hatten. Ob er schliesslich glaubte, dass beim Betreten seines Landes ein Irrtum unterlaufen sei, weiss ich nicht. Jedenfalls liess er schliesslich die Frage auf sich beruhen und ging zu unserem Ford. Nach dem Zwischenfall in Turbet trug dieses Intermezzo dazu bei, unsere Nerven aufs höchste zu spannen, lange bevor wir die afghanische Grenze erreicht hatten, es sollte eines der grossen Erlebnisse unserer Reise werden.

20 Gerbault starb im Dezember 1941 an Tropenfieber in Portugiesisch-Timor. Nach Aussagen von Perreira de Costa verschwand später seine Yacht; ein Chinese segelte auf Befehl der Japaner mit ihr davon.

Christina berief sich auf ihre diplomatischen Privilegien und behauptete, dass alles Gepäck mit Ausnahme eines Handkoffers ihr gehöre; sie hoffte, dass unsere Schachtel mit Filmnegativen nicht gefunden und unsere fotografische Ausrüstung infolgedessen nicht untersucht würde. Da wir annahmen, dass Zöllner verborgene Ecken lieben, hatten wir unsere Kameras einfach unter meinen niedrigen Sitz geschoben. Nachdem mein Koffer wieder verschlossen war, entstand eine unerträglich lange Pause. Was ging wohl in dem Kopf des Mannes vor?

Schliesslich fragte er bloss, ob wir ein Mittel gegen entzündete Augen hätten. »Ja«, antworteten wir triumphierend. Er rief sein Töchterlein von der Terrasse, auf der ich zwei Jahre zuvor geschlafen hatte, und wir gaben ihr eine Tube mit Salbe.

Erleichtert atmeten wir auf – es sah aus, als habe sich Turbet noch nicht mit Karez in Verbindung gesetzt. Jetzt musste nur noch ein Hindernis überwunden werden; die Dunkelheit war schon hereingebrochen, und der Reis nahm als selbstverständlich an, dass wir auf seiner Terrasse übernachten würden. Wir sagten ihm aber, dass wir weiterfahren wollten.

»Aber Sie können doch nicht jetzt diese zwanzig Kilometer durch das Niemandsland fahren! Selbst bei Tag kann man kaum den Weg erkennen!« widersprach er.

Die Furcht, eine Verzögerung vermöchte den Erfolg, den wir fast mit Händen fassen konnten, in Frage zu stellen, veranlasste uns zu lügen – möge der Imam Reza für uns beten. Wir erklärten, wir könnten unsere Ehemänner am afghanischen Grenzposten nicht zu lange auf uns warten lassen, und eine Nachtfahrt durch ein Niemandsland sei gerade das, was uns gefalle.

Der Reis stand sprachlos da. Christinas Fuss setzte den Motor in Gang … unsere Scheinwerfer wiesen uns den Weg durch das Tor.

19

Die Grenze

Toll vor Freude rasten wir rumpelnd durch die Wüste – man hielt uns nicht länger davon ab, in ein schönes, kaum bekanntes Land, genannt das Land der Afghanen, zu fahren. Nun gehörte es uns, mit seinen riesigen Bergen, seinem prächtigen Volk, seinen eisigen Flüssen, seinen Ruinen, ›so alt wie die Welt‹, dem Frieden, der Abgeschlossenheit. Wir stiessen ein Triumphgeheul aus, beglückwünschten einander, lachten wie Verrückte, sagten die törichtesten Dinge, die uns gerade in den Kopf kamen.

Es war grossartig! Unsere Scheinwerfer bildeten einen Lichttunnel in der Finsternis vor uns. Aus der Dunkelheit auftauchend, schwebten riesige weissbrüstige Vögel mühelos in diesem fliessenden Strom. Sie glitten einher, indem sie nur ab und zu mit einer Bewegung ihrer braunen Flügelspitzen das Gleichgewicht sicherten; sonst sahen wir nur die unirdische Blässe ihrer unteren Flügelflächen. Konnten wir uns eine prächtigere Eskorte wünschen? Und wer weiss, ob nicht Simurgh, der edle Geier, einer von ihnen war und über uns wachte?

Unheimliche Laute ertönten, wenn harte Disteln den Wagen kratzten. Phantastische Silhouetten von riesigen Schierlingssträuchern, die Meile um Meile über verdorrten Pflanzenbüscheln Wache standen, leuchteten auf.

Plötzlich fuhren wir langsamer: zwei Männer – weisse Turbane, blitzende Zähne, weisse Hemden unter engen

Westen, Hosen mit Ziehharmonika-Falten – richteten ihre Gewehre auf uns. Ihr Anblick, ihre Haltung waren eine so typische Einführung in Afghanistan, dass ich laut lachend herausplatzte: »Habe ich es nicht gesagt? Sind sie nicht grossartig?«

Wir waren zu ihnen herangekommen. Einer der Soldaten – denn es waren Soldaten, Gott sei Dank hatte man sie noch nicht in enge Khaki-Uniformen gezwängt – kauerte sich zwischen Kotflügel und Motorhaube, der zweite war wie eine Katze über unseren Rücksitz geklettert und plumpste, krampfhaft seinen Schiessprügel festhaltend, zwischen uns … und vorwärts ging es.

Zwei rechtwinklige Wegbiegungen markierten die Grenze. In meiner Freude verkündete ich, was mir durch den Kopf schwirrte: »Ich mache dich darauf aufmerksam, dass wir hier, obwohl die Wüste die gleiche wie die in Persien ist, obwohl die Einwohner von Meschhed derselben Rasse angehören wie die von Herat, dennoch eine Grenze überschreiten, eine richtiggehende Grenze, die zwei ganz entgegengesetzte Länder trennt. Völlig verschiedene Lebensweisen – gegenseitig verachtet – sind der Beweis dafür. Der persische Reis bemitleidete uns, weil wir zu jenen ›wilden Afghanen‹ reisen müssen …, und ich wette meine Kinokamera, dass der afghanische Zollchef uns bemitleiden wird, wie er es schon vor zwei Jahren getan hat, dass wir mit ›diesen persischen Würmern‹ zu tun gehabt haben. Hier hat sich die Lebensweise nicht geändert, hier denkt der Sohn noch immer, wie sein Vater es getan hat, hier sind die Männer noch immer stolz darauf, Männer zu sein. Im Abendland gibt es derweil nichts als ständigen Wechsel, niemand weiss, was er denken soll, niemand fühlt sich sicher – am wenigsten die Reichen –, und das sogar in sogenannten Friedenszeiten. Hier gibt es keine Huren mit hohen Absätzen und kurzen Röcken – du kommst in das Land, in dem die Frauen nicht zu sehen sind, wo die Männer, in schneeweissen Mousseline gehüllt, mit schweren Schuhen, die Gondeln gleichen, einherschreiten. Du kommst in das Land, das noch nie unterjocht wurde, weder von Alexander dem Grossen noch von Timur noch von Nadir oder John Bull. Es ist die Schweiz Asiens, ein Pufferstaat ohne Kolonien und ohne Zugang zum Meer, ein Land, dessen hohe Berge fünf Rassen schützen, die drei völlig verschiedene Sprachen sprechen. Ein Land der einfachen Bergmenschen und der wohlerzogenen Städter, die ...«

Ich konnte meinen Gedankenflug nicht richtig weiterverfolgen, denn ich wurde durch unseren neuen Nachbar abgelenkt und durch das, was in seinem Kopf vor sich ging. Er konnte sich nicht erklären, was das für schnatternde Wesen waren. Hatten sie vielleicht den Wagen gestohlen, dass sie so aus dem Häuschen waren? Konnten das wirklich weibliche Wesen sein, diese beiden?

Der leichte Schimmer der Lämpchen am Armaturenbrett beleuchtete nur den unteren Teil unserer kleinen Kinne, die weiblich aussahen. Aber auf beiden Köpfen war das Haar kurz geschnitten ... Da Versuche, eine Unterhaltung anzuknüpfen, keine Aufklärung verschafft hatten, beschloss der Afghane, das Geheimnis auf seine Weise zu lösen; ganz langsam begannen seine Hände die Kurven unserer Körper abzutasten! Hat es je eine lächerlichere Situation gegeben? Wir konnten es uns nicht leisten, die Beleidigten zu spielen und den Zorn dieser wilden Soldaten heraufzubeschwören, denn schliesslich waren wir ihnen ja auf Gnade und Ungnade ausgeliefert.

Erklärungen und scharfe Proteste waren ebenfalls zwecklos. Unsere lustige Stimmung unterdrückend, hofften wir, dass unsere beleidigte Haltung unseren Gefühlen Ausdruck verleihen würde. Und dann tauchte unser Ziel auf.

Ein moderner rechteckiger Bau inmitten von Nirgendwo, ein langer Gang, eine Petroleumlampe, ein Wohnzimmer, Vorhänge, eine Plüschtischdecke und Stühle – unsere erste Nacht in Afghanistan! Nachdem wir unsere Schlafsäcke neben dem Fenster, wo wir vielleicht etwas Kühle erhaschen könnten, entrollt hatten, schliefen wir ein, mit befriedigtem Lächeln um die Lippen. Aber bald wachten wir auf … unbehaglich … beunruhigt. Jawohl, am Fenster flüsterte eine männliche Stimme. Brauchten wir eine Waffe? Wir hatten keine. Aber dann mussten wir zum letztenmal an diesem Tag lachen und vielleicht am herzlichsten – wir begriffen, dass der ›Bandit‹ bettelte: »Khanum, sigret (Lady, Zigarette)!«

* * *

Es stimmte, dass die Grenze wegen der Cholera geschlossen war – in den letzten vier Wochen war nur ein türkischer Wagen durchgekommen. Der Weg, auf dem wir am nächsten Morgen fuhren, sah recht verlassen aus.

Der Zollchef war sehr angenehm gewesen. Er sprach Russisch, trug eine kleidsame, spitze graue Astrachanmütze, hatte blaue Augen in einem wettergegerbten Gesicht. Das afghanische Wappen wurde in unsere Pässe eingestempelt: die Fassade einer Moschee mit einer Kuppel zwischen zwei Minaretten. Islam-Kaleh hatte sich seit meinem letzten Aufenthalt verändert (Kaleh ist der

Name für die grossen befestigten Häuser, die so charakteristisch für Afghanistan sind; ein solches musste früher dort gestanden haben). Die alte Karawanserei mit ihren kühlen dunklen Zellen, in der ich vor zwei Jahren die heissen Stunden des Tages verbracht hatte, war leider dem Erdboden gleichgemacht worden. Hatte die persische Gewohnheit, alles Altertümliche zu demolieren, bereits auf Afghanistan übergegriffen?

Strahlende Sonne, ein surrender Wagen in der Wüstenebene, das Gelb der Kamele, die am Grün der feingefiederten Tamarisken knabberten, das Gefühl, dass sich vor uns Berge türmen würden ... ich wusste, dass Christina so glücklich war, wie sie es überhaupt sein konnte.

Wir kamen zu einem Sandhügel, der sich wie ein gefältelter Rock ausbreitete und dessen Saum den Weg bedeckte. Wir arbeiteten uns mit dem Wagen hindurch, da wir zu der zwanzig Schritt vor uns liegenden Überbrükkung eines Grabens kommen mussten – und brauchten drei Stunden, um diese Strecke zurückzulegen.

Hätten wir uns an diese Arbeit gemacht, wenn wir gewusst hätten, dass uns die Anstrengungen beinahe das Kreuz brechen würden? Das Typische bei solchem Abrakkern ist, dass man sich dauernd sagt: »Der nächste Kniff wird uns aus diesem Schlamassel herausholen.« Wir liessen die verschiedenen Gänge spielen ... die Räder rutschten zurück, versanken, rasselten und surrten ... wir sassen und überlegten die Lage ... Unsere jugoslawische Schaufel verursachte uns Blasen an den Händen ... wir schoben die Rinnen aus Teheran unter die Räder ... wir schwitzten wie Kulis unter den Hüten aus Triest ... wir fluchten auf russisch und schweizerdeutsch: jede grosse Offensive brachte uns nur um eine Rinnenlänge vorwärts.

Ich gab als erste auf und sass trübe, erschöpft da, während Christina weiter schaufelte. Wo hatte sie bisher ihre Kraft verborgen? Wie nutzlos waren die Muskeln, auf die ich mir gewöhnlich so viel einbilde!

Dann, o Glück, sah ich drei Männer auf uns zukommen. Ich begrüsste sie lächelnd, machte erklärende Gesten und drückte dem Jüngsten den Spaten in die Hand. Zwei von ihnen arbeiteten einige Minuten abwechselnd, der dritte sass gelangweilt daneben. Gerade als ich unserem Glücksstern dankte, gingen sie weg ... ich lief hinter ihnen her, überzeugt, dass das Wort Bakschisch ihren Sinn ändern würde. Aber nein! Sie wollten mein Trinkgeld nicht haben – einfach so. Wie weit waren wir von dem bettelnden Persien entfernt!

Wie herzlich lachten sie, als ich dem Gelangweilten mein Halstuch fortnahm – ich weiss nicht, wie es an seinen Hals gekommen war –, auch das war ein neues Erlebnis.

Schliesslich kamen wir auf die sicheren Pflastersteine der Brückenwölbung.

Und dann – welch ein Lohn! – wurde die ausgedörrte Wüste durch das intensive Indigoblau eines Flusses unterbrochen, der auf uns zuströmte. Halb geblendet von der grellen Helle des sengenden Mittags stürzten wir in den Schatten einer alten massiven Brücke, rissen uns die klebrigen Kleider vom Leib und betrachteten, auf einem Felsblock stehend, die wunderbare Bläue, die uns gleich aufnehmen würde. Aber schweissfeucht, wie wir waren, zitterten wir in dem starken Wind, obwohl die Temperatur der Luft über fünfundvierzig Grad sein musste, und rasch sprangen wir in den Fluss. Bis zum Hals im Wasser, die Körper federleicht, war unsere Müdigkeit weggewischt, wir fühlten uns wie im Paradies – das weiche Wasser glitt um unsere Glieder, die Augen füllten sich mit dem Blau, das uns umgab, während schnelle Wellen einander lustig jagten.

Dieser klare Fluss hatte das Hasareidschatgebirge gesehen, das, noch immer unseren Blicken verborgen, vor uns lag, jene Berge Zentral-Afghanistans, wo die grossartige Landschaft von Bamian in Frieden atmet. Unter dem Namen Heri-Rud war das Gewässer an Herat, unserem heutigen Tagesziel, vorbeigeflossen. Nachdem es die Grenze zwischen Persien und Afghanistan bezeichnete, wird diese köstliche Bläue in der Sandwüste Russisch-Turkmenistans versickern. Ein Schrei Christinas unterbrach mein Entzücken; unsere samtige Seife war ihr aus der Hand geglitten, und wir bekamen sie nicht wieder. Das war nun das dritte Stück, das wir wider Willen den Najaden der asiatischen Flüsse opferten. Dort, am Rande des Wassers, stand Christina, schlank und zart, und bat um Entschuldigung – ihre Hüften, die so mager waren, dass es fast schmerzte, sie anzusehen, erinnerten mich an die Schlankheit indischer Jünglinge.

Da wir schläfrig waren, suchten wir ein schattiges Plätzchen, um uns eine Stunde auszustrecken. Wir fuhren zur Mauer eines zerfallenen Khan, aber Landstreicher hatten sich bereits dort niedergelassen. In der Hoffnung, einen Baum oder einen Felsen zu finden, rollten wir weiter und weiter durch eine ausgedörrte Welt, die gleichmässig kahl und eben blieb. Endlich, nach langer Zeit, erspähten wir mit unseren zusammengekniffenen Augen zwei, drei Kilometer vor uns im Süden ein gelbes Dorf – oder richtiger gesagt, wir sahen seine Befestigung, eine riesige Mauer mit zwei runden Türmen, die wie in Ghasni das

Tor flankierten. Der einzige grüne Fleck in unserer Welt, ein ummauerter Obstgarten, lag am Fuss der nördlichen Mauer.

Einsam in der Wüste stiegen drei Türme empor, massiv, viereckig, mit seltsamen senkrechten Schlitzen in den Mauern. Als wir näherkamen, sahen wir hoch oben komplizierte Takelungen. Doch erst als wir dicht darunter waren, erkannten wir, dass es riesige, mit Strohmatten bedeckte Flügel eines grossen Rades waren: die Flügel einer Windmühle. Diese Vorrichtung hatte jenes altertümliche sinnreiche Aussehen, das auch chinesischen Wasserrädern zu eigen ist. Die eine Mauer war in solch einem Winkel gebaut, dass sie die starken ›Hundertzwanzig-Tage-Winde‹, die *bad o sad o bist ruz,* den Flügeln zutrieben. Reihenweise angeordnete kleine Öffnungen in einer anderen Mauer wirkten in dem einfachen Bau wie eine schöne Saumnaht; vermutlich sollten sie Durchzug bewirken oder waren Entlüftungslöcher.

Im Schatten der Nordmauer verrichtete eine verschleierte Frau auf dem Wüstenboden kniend ihr Gebet. Hätten wir in ihrer Nähe ruhen wollen, wären wir bald gestört worden; eine Schar Kinder kam auf uns zugerannt, ihre langen weiten Hemden flatterten im Wind; die Zurückhaltung, mit der sie uns begrüssten, war mit einer Freundlichkeit gemischt, die wir in Iran nie angetroffen hatten. Das gleiche traf auch auf die Erwachsenen zu, die sich um uns drängten, als wir am Ende des Weges zur Festungsmauer kamen. Von einem seichten Teich führte ein schmaler Damm zum Haupttor. Ein Schafhirt trieb seine braunen und weissen Tiere am Fuss der beigefarbenen Mauer entlang. Unter dem tiefblauen Himmel und inmitten dieser nüchternen Farbtöne glänzten die Gewänder der Dorfbewohner blendend weiss. In Zeit und Raum fühlten wir uns fern von allem, was wir kannten.

Ich glaube, das Dorf hiess Schahbasch – mehr interessierte uns nicht. Von unserem Standort aus sah es vollkommen aus, aber wir hatten Angst, wir würden beim Betreten nur verfallene Häuser sehen, wie Nägel und Leim auf der Rückseite eines guten Gemäldes.

Als wir wieder auf der Fahrstrasse und ausser Sicht waren, machten wir halt, stellten den Ford quer und legten uns in seinen Schatten. Sofort schliefen wir ein, mitten auf dieser internationalen Landstrasse!

Spät am Nachmittag wachten wir auf; ein Bauer stand da und betrachtete uns. Er hatte drei Melonen im Arm – mit einem breiten Lächeln, das seine gesunden Zähne zeigte, bot er sie uns an. Eine Gottesgabe für unsere durstigen Kehlen! Der Mann ging über ein Brachfeld davon, nachdem er das von uns angebotene Geld zurückgewiesen hatte.

Nicht alle Afghanen sind so freundlich wie dieser Wohltäter. Einige Wochen später waren wir mit zwei Rädern in einem Graben festgefahren. Vier kräftige Nomaden kamen vorbei; mit ihren schwarzen Turbanen und bestickten Westen über weissen Hemden, das Weiss ihrer Augen durch Antimon stark betont, sahen sie wie Räuber aus. Als sie den Wagen auf die Strasse zurückgehoben hatten, drückte Christina dem grössten eine Fünf-Afghani-Note in die Hand – er schaute die Note an, blickte dann Christina an, gab die Note zurück und ging davon, ohne sie auch nur eines Wortes zu würdigen. Noch nie habe ich stolzere Augen und eine stolzere Haltung gesehen.

Wären wir in der Wildnis gewesen, hätten wir annehmen können, dass Geld diesen Bergbewohnern nichts bedeute, aber nicht dort an der Hauptstrasse südlich von Kabul, wo in jedem Dorf Tschai-Khanas den Reisenden in Versuchung bringen!

Während wir uns Herat immer mehr näherten, erfüllte uns tiefe Freude. Nicht nur hatten wir ›unser‹ Land erreicht, das Land, das wir mit Liebe erforschen wollten, sondern die Menschen, die wir im Laufe des Tages getroffen hatten, waren freundlich, verstanden zu lächeln, benahmen sich wie unseresgleichen und nicht wie Jammergestalten; sie bewegten sich ungezwungen in einem Rahmen, der ihnen gemäss war.

20

Herat

Wieder in Herat zu sein, in dem Rasthaus unmittelbar vor den geschleiften Befestigungen der alten Stadt, weckte in mir Erinnerungen, an denen ich Christina teilnehmen liess. Die Glasscheibe, die in dem wackligen Oberlicht über dem Speisesaal zu klappern pflegte, klapperte noch immer, als klopften Einlass heischend sämtliche Dschinnen Arianas an.

Mein erster Besuch Herats war nicht angenehm gewesen. Da der persische Gesandte in Kabul erfahren hatte, dass ich Journalistin war, weigerte er sich, das Visum zu erteilen, bevor ihm von Teheran mitgeteilt würde, dass ich bei seiner Regierung Persona grata sei. Nachdem drei Wochen verstrichen waren und wir auf unser Telegramm mit bezahlter Rückantwort immer noch keinen Bescheid erhalten hatten, war ich fortgefahren, entschlossen, meinen Weg in das Land zu erzwingen.

In Herat hatte ich mich als Touristin ausgegeben und bat beim persischen Konsul um die Erlaubnis, nach Meschhed zu reisen. Er sagte ja – was im Orient die verschiedenste Bedeutung haben kann. Als ich meinen Pass verlangte, verzögerte er die Angelegenheit so, dass ich den wöchentlichen Autobus nach Persien verpasste. Obwohl ich an die Schwierigkeiten modernen Reisens gewöhnt war, wurde ich diesmal nervös: in einem Monat sollte ich eine Vortragstournee in den wilden Bergen Schottlands beginnen, und die Verzögerung brachte mich gerade um die Zeit, die ich benötigte, um Schah Reza und Kemal Atatürk für meine Pariser Zeitung zu interviewen.

Endlich bekam ich meine Papiere und glaubte schon, das sei meiner Gerissenheit zu verdanken, aber ich musste erfahren, dass das Visum telegrafisch aus Kabul erteilt worden war.

Abgesehen von diesem Zwischenfall war mein Aufenthalt angenehm. Ich hatte den energischen jungen Gouverneur, der elegante europäische Kleidung trug, kennengelernt, und er hatte mich zu einem aus verschiedenen Pilaws bestehenden Mahl eingeladen. Auch unterhielt ich mich mit dem einzigen Europäer, der ausser dem russischen Konsul in Herat lebte: ein deutscher Ingenieur, der seine Einsamkeit unerträglich fand – jeden Tag versicherte er mir, was für ein Genuss es sei, mit jemandem sprechen zu können. Seine Frau sollte zu ihm kommen, aber er fürchtete, dass er noch vor ihrer Ankunft wahnsinnig würde. Überarbeitet und besessen, wie er war, wirkten seine blassen Augen schreckenerregend, und meine Versuche, ihn dazu zu bringen, mir von seiner Arbeit zu erzählen, hatten wenig Erfolg.

Ihm unterstand die Modernisierung Herats. Wenn er in der Provinz umherreiste, um Brücken zu bauen, lebte er unter den Nomaden. Als er hörte, dass ich im Basar ein Paar Satteltaschen-Teppiche suchte, bot er mir an, die seinen zu verkaufen; er könne sich von seinen Nomaden neue machen lassen. Später wollte er sie mir mit anderen seiner Besitztümer schenken, und eines Tages brachte er einen dicken Ballen von schwarzem Atlas, mit dem er mein Herz zu gewinnen glaubte. Infolge dieser komischen Szene beschloss ich, nicht mehr mit ihm zusammenzukommen, obwohl ich seinen Stadtklatsch vermisste.

Meine Nachmittage verbrachte ich faul in der Nähe des Grabes von Gauhar Schad, der Prinzessin, die die wunderbare Moschee von Meschhed erbaut hat. Ich ging dorthin auf einem Weg, der von Fichten eingesäumt war. Wie der Deutsche mir gesagt hatte, wurden diejenigen mit dem Tod bestraft, die ihre Ziegen an den Bäumen knabbern liessen; nur durch Androhung solcher Strafe sei es möglich, den Afghanen Verständnis für die Aufforstung beizubringen.

Die dunkle Fichtenreihe stand an einem gelben Weizenfeld, über dessen schimmernder Fläche die starren Überbleibsel der Vergangenheit emporragten, sechs oder sieben Minarette, die von weitem wie Fabrikschornsteine wirkten. Beim Näherkommen sah man aber das Glitzern der blauen Mosaike, das Weiss der grossen Inschriften, die Verkleidung mit Marmorplatten. Obwohl sehr imponierend, schauten die zwei grössten Minarette wie kolossale Würste aus; die teilweise heruntergefallenen türkisfarbenen Arabeskenornamente hatten eine verwitterte braune Terrakottafläche enthüllt.

Aber die Minarette beim Grab waren unglaublich schön. Die satten Farben, die Klarheit der Blumenmuster, der Glanz, den diese stolzen Säulen ausstrahlten, veranlasste mich, rundum zu rennen und den hoffnungslosen Versuch zu machen, einen Punkt zu finden, von dem aus eine Farbaufnahme solch wunderbaren Kontrasten gerecht zu werden vermöchte. Doch die Fotografie vermag ebensowenig die samtenen Töne dieser Fayencen wiederzugeben, wie sie den Glanz eines kostbaren Teppichs einfangen kann.

Am anderen Ende des Feldes stand eine gerippte Kuppel, die auf den vier Mauern der Gauhar Schad ruhte, ein

Bauwerk, das dem Beschauer tiefen Frieden einflösst. Strahlende türkisfarbene Fayencen verliehen dem Ganzen eine fröhliche Note. Je höher man in den Bergen steigt, desto tiefer wird das Kobaltblau des Enzians, das Grün der Wiesen, das Rot der Alpenrosen. Das Gleiche scheint bei den asiatischen Mosaiken der Fall zu sein, je weiter man in die Zeiten zurückschreitet. Im Gebirge herrschen, wenn man eine gewisse Höhe erreicht hat, Felsen und Gletscher vor, und alle Vegetation ist verschwunden. Gerade so gab es, soviel ich weiss, vor dem zwölften Jahrhundert keine farbigen Fayencen – der asketische, einfache Backstein regierte unbestritten neben dem Weiss des Stückwerks.

Christina und ich sassen an die Ruinen des Mausoleums gelehnt; ein Kind und der Wind waren die einzig lebendigen Dinge in unserer Welt. Der Knabe, dessen intelligentes Gesicht unter einem schwarzen Turban bleich wirkte, erklärte uns durch rasche Gesten den Grund, warum ein Grabstein, der vor dem Mausoleum verlassen dalag, ausgehöhlt war. Mit Hilfe eines Pflastersteines zerquetschen Leute, die an Halsschmerzen leiden, Beeren in diesem improvisierten Mörser; dann essen sie den entstandenen Brei, und – o Wunder! – jene, die die Stimme verloren hatten (der Knabe stiess einige unartikulierte Laute hervor), können wieder glücklich plappern. Selbstverständlich wird diese Heilung dem Geist der Heiligen, die hier begraben liegt, zugeschrieben.

Am Standort von Herat, beim Heri-Rud, muss es stets eine Stadt gegeben haben; erst hiess sie Haraeva gemäss dem Vendidad, dann Artacoana, dann Alexandria, Aria oder Heri; sie war einst ein wichtiger Kreuzpunkt der Handelsstrassen, auf denen Seide und Jade von China über den Pamir oder über die Oxusebene gebracht wurde.

In Sultanieh hatten wir die mongolischen Ilkhane kennengelernt, die gegen Ende des vierzehnten Jahrhunderts von Timur vernichtet wurden. Die Ruinen, bei denen wir jetzt sassen, vergegenwärtigten uns die Timuriden und das Goldene Zeitalter Herats im fünfzehnten Jahrhundert, nachdem Samarkand als Hauptstadt Zentralasiens aufgegeben worden war. Wenn wir die Jahrhunderte mit den verschiedenen Dynastien verknüpfen, erfahren wir, dass Babur (der im sechzehnten Jahrhundert Indien eroberte, weil er Samarkand nicht wiedergewinnen konnte) in seiner Jugend Herat besucht hatte, gerade bevor es in die Hände der usbekischen Eindringlinge fiel (im Jahre 1506). Und Zeit und Raum abermals überspringend, lesen wir, dass der letzte dieser Timuriden, der Mogul Bahadur Schah II., 1858 abgesetzt und nach Rangoon verbannt wurde, während man seine Söhne und Enkel hinrichtete. Königin Victoria war die nächste Herrscherin Indiens.

Den chinesischen Historikern zufolge sandten die Timuriden den Herrschern des Reiches der Mitte Tribute. Einer dieser Historiker berichtet, dass er 1410 als Gesandter einen Löwen aus Herat mitbrachte, ein Geschenk des Schah Roch, Sohn Timurs, an den Kaiser von China. Ich frage mich, wie wohl dem Löwen die Kälte im Hochland Pamir gefallen hat.

Ein anderer chinesischer Gesandter gibt uns eine Beschreibung von Herat in der zweiten Hälfte jenes glänzenden fünfzehnten Jahrhunderts. Alle Sitten und Bräuche wichen völlig von denen in China ab:

»Die Häuser sind aus Stein gebaut und gleichen einer hohen Terrasse. Das Innere, das aus einigen Dutzend Zimmern besteht, ist leer. Die Türen und Fenster haben wunderschöne Holzschnitzereien, die mit Gold und kostbaren Steinen verziert sind. Die Bewohner breiten auf dem Boden Teppiche aus, auf denen sie mit untergeschlagenen Beinen sitzen. Sie rasieren ihre Köpfe und binden ein Stück Tuch darum; die Frauen verhüllen ihre Köpfe mit weissen Tüchern und lassen nur eine Öffnung für die Augen frei. Weiss ist die Farbe der Freude, schwarz die der Trauer. Sie benutzen zu den Mahlzeiten weder Löffel noch Essstäbchen, sie haben Porzellangefässe. Wein wird aus Trauben gemacht. Münzen mit dem Wappen des Königs werden mit einer Steuer von zwei auf zehn Stück belegt. Zwei Schwestern dürfen die Frauen desselben Mannes werden. Die Trauerzeit beträgt hundert Tage. Särge sind unbekannt, die Toten werden in ein Tuch gehüllt. Den Ahnen werden keine Opfer dargebracht. Die Menschen beten zum Himmel.«[21]

Auch bis heute noch haben sich diese Sitten wenig geändert, ausser dass die modernen Häuser aus gewöhnlichem Lehm bestehen und getüncht sind. Das alte Herat war gerade abgerissen worden, um modernen Strassen Platz zu machen. Als der Gouverneur einem Schweizer Ingenieur die Stadt zeigte, sagte er bei einem alten Haus, dass es zum Gegenwert von zweihundert Pfund Sterling zu verkaufen sei. Im Innern entdeckte der Schweizer polierten Marmor, farbige Glasfenster, mit Messing und Silber eingelegte wunderschöne Holzschnitzereien. Er wurde ganz beredt: »Das darf nicht verkauft werden, es muss von Ihren französischen Archäologen wiederhergestellt und erhalten werden. Ist Ihnen, Exzellenz, bewusst, dass dies das beste Beispiel hervorragenden Kunstgewerbes ist, das ich in Afghanistan gesehen habe? Ihr wollt

21 Bretschneider: *Medieval Researches.*

euer Land erwecken und aufbauen, damit ihr stolz darauf sein könnt, aber wir Ausländer können das nicht für euch tun. Das muss aus eurer eigenen Begeisterung heraus geschehen. Auf dieses Haus können Sie stolz sein; stellen Sie es Ihren Handwerkern als Beispiel zur Verfügung, zeigen Sie ihnen, was ihre Vorväter vollbracht haben. Sagen Sie ihnen, dass die Menschen mit solcher Geschicklichkeit und Liebe nur bauen, wenn ihr Land gross und frei ist – so wie es Afghanistan heute ist.«

Wer weiss, ob der Schweizer und der Chinese nicht das gleiche Haus gesehen haben?

Nach Timurs Tod im Jahre 1405 herrschte sein Sohn Schah Roch von Herat aus. Von seinen Eltern hatte er mongolisches Blut in den Adern. Sein Vater kam aus dem Stamme der Berulas, dessen Ahnherr ein Bruder des Kabul-Khans war, des Urgrossvaters von Dschingis-Khan; seine Mutter Saral Mulk Khanum war eine Tochter Kasans, eines Nachkommen des Dschingis-Khan. Gauhar Schad, die Frau des Schah Roch, war eine Schwester von Kara Yusuf aus der Dynastie der ›Schwarzen Hammel‹. Baisungur und Ulugh Beg, der Astronom, waren ihre Söhne.

Gauhar Schad hatte in Herat das Mausoleum bauen lassen, das noch immer existiert, aber das Kolleg und die grosse Musalla-Moschee, die sie hatte errichten lassen, sind verschwunden. Im Alter von achtzig Jahren wurde sie von dem Herrscher Abu Said getötet, weil sie zugunsten ihres Enkels intrigierte. Auf ihrem Grab wurden die Worte eingemeisselt: »Die Bilkis ihrer Zeit.« Und vierhundert Jahre später schrieb Mohun Lal, Sekretär von Burnes, dass das Volk von Herat sie noch immer ›Die unvergleichlichste Frau der Welt‹ nannte.

Sultan Hussein Beikar folgte auf Abu Said und herrschte umgeben von berühmten Männern wie Bihzaad, der Maler, Mirkhond, der Historiker, und Dschami, der Dichter. Unter dem Namen Husseini schrieb der Sultan selbst Gedichte. Kaiser Babur zufolge hatte Hussein gemeinsame Züge mit den Ilkhanen und den Timuriden: »... er hatte geschlitzte Augen und den Rumpf eines Löwen, war aber schlank von der Hüfte abwärts. Von beiden Seiten her war er von bester Abstammung, ein Herrscher aus königlichem Geschlecht. Während sechs bis sieben Jahren nach seiner Thronbesteigung war er abstinent, später erniedrigte er sich durch den Trunk. In den fast vierzig Jahren seiner Herrschaft in Chorassan gab es wohl nicht einen einzigen Tag, an dem er nicht nach dem Mittagsgebet trank; vorher trank er allerdings nicht. Und seine Söhne, die Soldaten und die Einwohner der Stadt gaben sich alle im Übermass den Vergnügungen und dem Laster hin. Kühn und verwegen war er. Kein Mann des Geschlechtes von Timur Beg soll ihm je im Gebrauch des Schwertes gleichgekommen sein.«

Babur wurde von Sultan Hussein nach Herat befohlen, wahrscheinlich weil er gerade Kabul erobert hatte. Nachdem er der Aufforderung Folge geleistet hatte, schrieb Babur in seinen Memoiren: »... in der ganzen bewohnten Welt gibt es keine Stadt, wie Heri unter dem Sultan Hussein Mirza geworden ist, auf dessen Bemühungen und Befehle hin ihre Pracht und Schönheit wie von eins zu zehn gestiegen ist, oder richtiger von eins zu zwanzig.«

Danach war es bald zu Ende mit Herats Grösse.

Im Jahre 1885 wurden die grosse Musalla-Moschee und Gauhar Schads Kolleg sinnlos zerstört: eine afghanische Abteilung war bei Pandsche, nördlich von Herat, von den

Russen besiegt worden. Emir Abdur Rahman, der von Offizieren der indischen Armee beraten wurde, fürchtete für Herat. Es wurde beschlossen, die Bauwerke zu sprengen, damit nicht die Russen von ihren Dächern aus Herat beschiessen könnten, falls sie so weit nach Süden kämen.

* * *

Ich führte Christina zu einem anderen Monument, das mich bezaubert hatte. Einsam auf einem weiten steinigen Berghang steht das Gazur-Gah-Grabmal, wo Kwaja Abdullah Ansari begraben liegt. Colonel Yate zufolge wird der Name Gazur Gah (Bleiche) durch folgende Inschrift erklärt: »Sein Grab ist ein Waschbrunnen, in dem die Wolke der göttlichen Vergebung die schwarzen Sündenregister der Menschen weisswäscht.«

Zunächst kommt man in einen riesigen Vorhof für Karawanen, dann begrüssen einen in einem zweiten Hof schattenspendende Bäume, gepflasterte Wege und ein schimmerndes Bassin. Bärtige Mullahs mit schneeweissen Turbanen wandeln umher; einige von ihnen sind wahrscheinlich Flüchtlinge von den Unruhen in Meschhed.

Der dritte Hof zwischen hohen Mauern leuchtet ernst, er ist voll weisser Marmorgrabsteine. Gegenüber dem Torbogen erhebt sich der grosse Iwan mit seinen edlen Mosaiken, von denen einige chinesischen Einfluss erkennen lassen: dunkles Rot glitzert zwischen den klassischen Tönungen Türkisblau, Indigo und reinem Weiss. Nachdem ich eine der Zellen in der einen Mauer besichtigt habe, wende ich mich wieder dem Hof zu; er ist auf einmal von gelbrot karierten Hügelchen belebt, die zwischen den bleichen Gräbern aufleuchten. Es sind kniende

Mädchen, die scheinbar alle demselben Stamm angehören. Sie schielen aus ihren Tüchern zu uns herüber. Sie sind jung. Ihre schlauen Gesichter drücken Langeweile aus, aber auch Stolz darüber, dass man ihnen zusieht, wie sie ihre Andacht verrichten.

Unter einem knorrigen Baum hinter hölzernem Gitterwerk neben einer hohen Stange, die die Anwesenheit eines muslimischen Heiligen verkündet, befindet sich vor dem Iwan das riesige Grab des grossen Mannes. Überall hängen Schnüre und Lumpen als Opfergaben herum; kleine Öllampen können in dunklen Nischen angezündet werden. Die köstlichen Skulpturen in dem hohen dicken Grabstein glänzen. Daneben steht ein ebenfalls schön bearbeiteter kleinerer Stein, das Grab von Dost Muhammad, dem Emir Afghanistans, der 1863 starb.

Wieder einmal bezauberte mich die Atmosphäre, die von tiefem Frieden erfüllt ist; dieser Friede ist wahrscheinlich nicht nur auf die schönen Proportionen des Baues zurückzuführen, sondern auch auf die Stimmung der Pilger, die durch die Jahrhunderte hindurch von dem Wesen des Heiligen inspiriert wurden.

Abdullah Ansari starb im Jahre 1080. Das jetzige Grabmal wurde von Schah Roch erbaut. Als Babur es besuchte, sah er, wie Leute neben dem Grab in Ohnmacht fielen, wenn Dschalal-ud-din-Rumis ›Masnawi‹ rezitiert wurde. Ansar bedeutet ›Treuer Helfer‹ des Propheten; es war der Name einer Sekte, die der Heilige gegründet hatte. Wie Dschalal-ad-din-Rumi, der Gründer des Maulawi-Derwischordens, war Abdullah Ansari ein Mystiker, der überzeugt war, dass nur Gott ist.

* * *

Eines Abends beobachteten wir auf unserem Heimweg vom Basar ein aufregendes Spiel. Nachdem wir uns den Weg durch hartknochige Zuschauer (natürlich nur Männer) gebahnt hatten, sahen wir einem Kampf zweier kräftiger Männer zu. Zunächst glaubte ich, sie seien mit kurzen Gummiknüppeln bewaffnet, aber es waren nur Stöcke, die lediglich durch die Gewalt, mit der sie gehandhabt wurden, den Eindruck von Knüppeln erweckten. Die zwei Kämpfer machten Ausfälle und Täuschungsmanöver wie Boxer; ab und zu sauste ein Stock mit aller Gewalt hinunter, dann wurde der Schlag mit ledergepanzerter Faust pariert.

Nachdem er hintereinander mehrere Gegner besiegt hatte, blieb ein schwitzender Tapferer lange Zeit unbesiegt. Obwohl dick, kämpfte er mit der Gewandtheit einer wütenden Katzenmutter.

Ich beobachtete auch die Zuschauer, ihre schmalen Gesichter, ihre scharfen Augen, die spöttischen Münder unter den unordentlichen Turbanen, die ihnen ein so gutes Aussehen verliehen. Im Gegensatz zu einem Land wie Iran, in dem diese Kopfbedeckung abgeschafft ist, hat dieses turbantragende Land viel für sich; da die Menschen von dem, was sie tragen, beeinflusst werden, hält dieses Volk den Kopf stolz erhoben, und der Afghane, der an Würde und Schönheit gewinnt, indem er sich ein langes Tuch um den Kopf windet, wäre ja ein Narr, wenn er sich die zerlumpte Kappe des Persers aufsetzte. Selbst ein rundes Käppchen ist schön, wenn es in lebhaften Farben bestickt ist. Aber wenn man bedenkt, was der Perser heutzutage auf dem Kopf trägt, ist es kein Wunder, dass er sich selbst bedauert.

Wir gingen weiter, wir erweckten zuviel Aufmerksamkeit, und ich für mein Teil wünschte, mein Rock wäre länger. Uns überholend erklärte uns der Verwalter des Rasthauses mit wenigen Worten die Situation: »Denken Sie daran, dass diese Männer bisher nur die Gesichter von vier Khanums gesehen haben – ihrer Mutter, ihrer Schwester, ihrer Frau und ihrer Tochter.«

Ab und zu kamen wir an einigen dieser verhüllten Frauen vorbei – vermummte Gestalten, deren durch Spitzentücher verhüllte Augen kaum ihre Schritte zu lenken vermochten. Für den Autofahrer bildeten sie eine öffentliche Gefahr: sie sahen wenig und hörten noch weniger. Erst wenn man ganz dicht an sie herangekommen war, sprangen sie zur Seite, erschrocken wie gackernde Hühner.

Die Karawanenstrassen Zentralasiens sind tot, und der Fremde, der Herat besucht, fühlt, dass er sich weit abseits der modernen Verbindungslinien befindet; Bagdad und Teheran liegen viele Tagesreisen im Westen und Kabul und Peschawar weit im Osten. Etwa hundert Kilometer nördlich endet in Kuschk eine Zweiglinie der russischen Transkaspischen Eisenbahn, die aber nur dem Post- und Güterverkehr dient.

Vor uns lag, etwa fünfmal so gross wie England, ein Land, von dem wir soviel als möglich zu sehen wünschen. Wir beabsichtigten, das Paropamisgebirge, das zwischen Herat und Masar-i-Scherif aufsteigt, zu überqueren. Eine schlechte, achthundert Kilometer lange Strasse verbindet die beiden Städte. Aber der polnische Ingenieur, der nun in Herat arbeitete, sagte uns, dass die Brücke über den Murghab, die mein deutscher Bekannter aus dem Jahre 1937 erbaut hatte, im letzten Frühjahr vom Hochwasser fortgeschwemmt worden sei. Eine neue Brücke werde gerade fertiggestellt, und wir sollten die Nachricht abwarten, dass die Strasse wieder passierbar sei. Die letzten

Schneefälle seien schwer gewesen, und noch viele andere Strassenbauten seien vom Hochwasser zerstört worden. Doch auch die Deutschen und die Sitten Asiens seien daran schuld. Ausländische Ingenieure machten einen Kostenanschlag, und der entsprechende Betrag werde eines Tages von der Regierung in Kabul ausbezahlt. Doch infolge der Korruption, die zuweilen bereits hohe Kreise erfasst habe, erhalte der Ingenieur nie in genügenden Mengen Baumaterial. Wenn er kühn sei, gehe er der Sache auf den Grund, mache die Schuldigen ausfindig und überrede sie, ihre Habgier zu zügeln; eine zehnprozentige Kommission, die in der ganzen Welt zugestanden wird, sollte ein Maximum sein, das nicht überschritten werden dürfte. Auf diese Weise könne in Afghanistan Arbeit verrichtet werden, während das Huhn, das die goldenen Eier legt, noch willig und gesund ist; nach einigen Jahren werde dann der Profit ebenso gross sein wie auf die alte Weise. Aber damit solch eine Methode Erfolg habe, dürfe das Land keine Revolutionen erleben, sonst würden die Habgierigen möglichst viel an sich raffen, solange sie könnten. (Wenn der Ingenieur das öffentlich erklärt hat, ist er vielleicht schon entlassen worden!)

Vom Aussenminister erfuhren wir, dass ›unsere‹ Brücke fertiggestellt sei, nicht aber ein fünfzig Kilometer langer Sektor der neuen Strasse, die hinführt. Als er unsere Niedergeschlagenheit bemerkte, fügte er hinzu, dass er uns dem Gouverneur der Provinz, der vorübergehend in Kala-Nau war, empfehlen werde; wenn wir erst einmal dort wären, würden wir dann schon sehen, was wir tun könnten.

Ich wollte durchaus die nördliche Route nach Turkestan einschlagen und tat alles, um diesen Entschluss durchzusetzen. Da der Wagen nicht mir gehörte, fiel es mir wahrscheinlich nicht schwer, zu vergessen, wie sehr er darunter leiden könnte.

21

Bala-Murghab

Endlich kam ich in eine mir unbekannte Gegend. Die weite Reise lohnte sich allein schon, um wieder einmal die Erwartung, die tiefe Erregung, die das Unbekannte hervorruft, zu verspüren. Jeden Morgen würde ich mit dieser Ungeduld aufwachen, mit dem Bewusstsein, dass jede Minute der Fahrt mir völlig Neues bieten werde.

Unser Faktotum in Herat hatte uns den Weg aus der Stadt gezeigt, direkt nach Osten, am neuen Regierungsgebäude vorbei – wir könnten die Strasse nach Karokh nicht verfehlen, erklärte er. Nachdem wir den Aussenminister überzeugt hatten, dass wir keinen Platz für die Eskorte hätten, die er uns anbot, waren wir für uns allein. Wir hatten eine indische Generalstabskarte 1:190000, die uns auf jeden Fall Vertrauen einflösste.

Am 2. August morgens nahmen wir Abschied von Herat ... am Abend desselben Tages waren wir mit hängenden Köpfen wieder in dem Haus mit dem klappernden Oberlicht angelangt.

Wir waren durch ein kahles Land mit Bergen im Norden gefahren und wunderten uns nach zwei Stunden, dass wir noch nicht zum Sauzakpass, vermutlich dem ›Zarmast‹ unserer Karte, hinauffuhren. Obwohl wir durch ein schlafendes Dorf mit fensterlosen Lehmhütten kamen, in dem viereckige Türme die Klarheit der Luft durch ihre tiefen, scharfen Schatten betonten, trafen wir keine Menschenseele, die uns hätte sagen können, wohin dieser allzu gerade Weg führte.

Im Süden türmten sich auch Berge, und dann sahen wir zu unserem Erstaunen zwischen diesen und uns einen breiten, tiefen Fluss, der schluchtengleich die Erde spaltete. An seiner Grösse und seinem blauen Wasser erkannten wir, dass es sich nur um unseren Freund, den Heri-Rud, handeln konnte. Wir befanden uns auf der modernsten Strasse Afghanistans, der direkten Verbindung nach Kabul über den Hasaredschat. Teilweise war die Strasse sehr steil, und bis jetzt hatten sie nur einige Beamte benutzt – ein Lastauto mit Benzin war ihnen vorausgefahren. Bei meinem Aufenthalt 1937 in Kabul wäre ich beinahe dieser Strasse gefolgt; in letzter Minute hatte jedoch leider der Amerikaner, den ich begleiten sollte, eine Landsmännin getroffen und sie statt meiner nach Bamian mitgenommen.

Jetzt standen wir am anderen Ende dieser Strasse. Obwohl wir unvernünftigerweise versucht waren, ihr zu folgen, machten wir schliesslich doch kehrt, um die Hauptstrasse nach Turkestan zu suchen.

Einige Tage später benutzten Nicole und Raymond diese Hasaredschat-Strasse. Tapfer ihre Velos die steilen Stellen hinaufschiebend, verlief ihre Reise sehr hungrig. Die Dörfer lagen weit auseinander, und die Leute waren so arm, dass sie weder Mehl noch Milch zu verkaufen hatten. Lange vorher, ehe Babur Kaiser von Indien wurde, hatte er ebenfalls diesen Weg eingeschlagen. Er verirrte sich und wäre fast umgekommen, denn der Weg war unter dem tiefen Schnee verschwunden; doch mit grosser Willenskraft arbeitete er sich weiter, bis er Höhlen fand, in denen seine Leute schlafen konnten.

* * *

Da wir die Strasse nicht finden konnten, baten wir um einen Begleiter. Wir konnten mit unserem Mann kein Wort wechseln, und auch in der Zeichensprache versagte er. In der Nähe von viereckigen Türmen, die sich als Taubenschläge herausstellten, führte er uns an einigen Mauern vorbei und dann direkt in das steile Flussbett des ausgetrockneten Paschtan. Zweimal blieben wir in Sandanhäufungen stecken. Unser Mann bezeugte gar keine Lust, den Spaten zu handhaben, und da der Wagen im Weg stand, konnte man den Spaten auch nicht auf afghanische Art benutzen, indem man einen Strick gerade über dem Blatt anbindet, an dem dann ein zweiter Mann zieht.

Weiter oben, als wir auf eine gute Strasse mit sanften Steigungen gekommen waren, begegneten wir verschleierten Frauen, die auf Eseln ritten; ihre spitzen Schuhe hingen baumelnd an ihren bestrumpften Füssen. ›Die Nacht ist für den Schlaf, der Tag für die Ruhe, der Esel für die Arbeit‹ lautet ein afghanisches Sprichwort.

Plötzlich tauchte direkt vor uns eine kompakte dunkle Masse von Vegetation auf, die inmitten eines so kahlen Landes besonders dicht wirkte. Und hinter einer Mauer befand sich ein Fichtenwald, der ein Grabmal umgab. Es war Karokh.

Schattige Wege führten uns zu dem Grab. Es war im vorigen Jahrhundert erbaut, ein einfacher Sarkophag mit der üblichen Stange, den Lumpen und Widderhörnern. Die Fichten aber waren für uns eine grosse Erholung und Freude – Asien lehrt einen grossartig, Bäume zu schätzen. Die hölzernen Säulen einer Moschee erregten meine Aufmerksamkeit; ich fuhr mit der Hand darüber und hatte das Gefühl, ich kannte sie bereits. Jawohl, sie erinnerten mich an die grossen Holzpfeiler, die ich im Khans-Palast in Chiwa bewundert hatte; ich dachte damals, dass sie mit uralten Formen zusammenhingen.

Der Ortsvorsteher nahm sich unser an (er war dick, hatte ein rundes Gesicht, Mongolenaugen, trug neue Knickerbocker) und führte uns in sein kleines Haus, wo er uns mit Tee bewirtete, während wir auf einem lebhaft gemusterten Teppich sassen. Der Raum war kahl; die Fensterscheiben waren wie in China durch Papier ersetzt. Seine Wasserpfeife machte die Runde unter seiner Gefolgschaft, aber einige der Männer boten sich auch gegenseitig kleine Schnupffläschchen an. Christina war bezaubert von den Augen und den samtenen Wimpern eines schönen, aber schrecklich verwöhnten Kindes. Die Unterhaltung beschränkte sich bald auf einen Austausch von Lächeln, und schliesslich gingen wir in den Garten des Ortsvorstehers. Afghanische Weinberge sind originell: kleine, parallel liegende, steile Böschungen werden nach Norden zu gebaut, und die Reben wachsen auf dieser Seite, wo die Sonne nicht so sengend ist.

In Karokh hatten wir keine einzige Frau zu Gesicht bekommen.

Der Karte zufolge war der scharfe Grat, der sich im Norden erhob, das Paropamisgebirge. Auf und ab ging es nun von einer Geländerippe zur anderen – es war wie eine Fahrt mit einer Berg- und Talbahn auf einem Rummelplatz. Von dem Pass, der am Ende unseres immer enger werdenden Tales lag, sahen wir nichts.

Am Rand einer kleinen Wiese standen dicht beieinander einige schwarze Zelte. Mit einer wunderbaren Bewegung, einen Arm aufgereckt und scheinbar bewegungslos, wirbelten zwei Frauen über ihren Köpfen einen langen Faden mit einem Wollball am Ende. War das ihre Art zu spinnen? Dieser mit rasender Geschwindigkeit umhersausende Ball sah wie ein Zauberkreis aus, der zwei strenge Priesterinnen schützt. Als wir zu ihnen kamen, stellten wir fest, dass sie, abgesehen von ihrer Haltung, hässlich waren. Sie gehörten dem Maldar-Kutchi-Stamm an, der in der Nähe von Schahbasch überwintert, dem Dorf mit den alten Windmühlen.

Während wir einem klaren Kanal entlangfuhren, dachte ich an die Worte des Postmeisters von Herat, dass das Wasser südlich des Sauzak gut sei; er wollte aber damit nicht sagen, hygienisch einwandfrei – gutes Wasser ist eine Gabe, die einem guten Tee und gutes Brot verschafft. Auch in China, wo der Tee das Wichtigste ist, werden Gegenden und ihre Wasser ebenso eingeschätzt, wie es der Franzose mit seinen Weinbergen tut.

In Charschambeh machten wir am Ufer eines Gebirgsbaches unter Maulbeerbäumen Rast. Drei bärtige Hadschis sassen in unserer Nähe und blickten sehr streng, bis ich, eingeschlummert, fast ins Wasser gerollt wäre. Dann halfen sie uns, Tee zu bestellen. Das dicke, flache, schmackhafte und gutriechende Brot war das beste, das wir bisher bekommen hatten; das Fleisch der zarten Pfirsiche war süss wie weisser Honig. Zwei Kätzchen balgten sich auf dem Teppich herum und – willkommene Abwechslung! – die Wände bestanden aus richtigen trockenen Steinen statt trübseligem Lehm. Auch die Luft war gut; ich fühlte mich besonders lebendig, neugierig, unternehmungslustig – sogar bereit, Persisch zu lernen!

Auf dem Weg zum Pass begegneten uns Esel mit rosafarbenen und gelben Holzklötzen beladen – Zedern, Fichten oder Wacholder? Konnte in dieser kahlen Landschaft ein Wald verborgen sein? Hatte der polnische Ingenieur das gemeint, als er mir sagte, er wolle in diesen gottvergessenen Bergen ein Sanatorium bauen?

Der Weg öffnete sich; ein weites Land breitete sich zu unseren Füssen aus, fern im Norden begrenzt durch die rosafarbenen Felswände eines riesigen Tafellandes. Im Westen stieg es zu einer Reihe scharfkantiger Zacken empor, die intensiv orangefarben und purpurrot leuchteten, ein überraschender, grossartiger Anblick. An einem Berghang in unserer Nähe verstärkte noch die Schwärze einiger alter knorriger Bäume das Farbenspiel; diese Bäume, Archa oder Archalek geheissen, was Konifere bedeutet, müssen eine Art Wacholder sein. Zwischen ihnen verschwand die Erde unter dunklen runden Nadelkissen von Zwergbüschen, auf deren rosigen Blumen Sonnenstrahlen spielten.

Unsere Talfahrt war sehr aufregend. Der Weg war an einem sandigen Berghang ausgehackt worden. Christina, die steuerte, sass an der Bergseite, was ein Glück war: von meinem Sitz aus schien es, als hingen unsere Aussenräder in der Luft. An einigen Stellen war die abbröckelnde Erde mit Reisigbündeln verfestigt. Während wir um scharfe Kurven herumrutschten, erinnerte mich der schimmernde Schiefer an die eisige Piste, auf der ich vor einem halben Jahr in Zakopane die Skiläufer hatte hinuntersausen sehen. Ich sagte nichts – bis zum heutigen Tag bin ich sicher, dass Christina nicht ahnte, wie gefährlich diese Rampe war.

Was für eine Erleichterung, als wir unten ankamen und über einen sanften Hügelrücken fuhren, der gelb von reifendem Weizen war; drei stolze Kamele wanderten den Berg hinauf. Die Landschaft war reich vergoldet durch die letzten Strahlen der Sonne, aber unsere poetische Stimmung konnte nicht die Übelkeit unseres Afghanen verscheuchen, der an Fahrten um so scharfe Kurven nicht gewöhnt war.

Die Landschaft verengerte sich, als wir in das ärmliche, trübselige Kala-Nau kamen. Dorfbewohner standen hastig auf, als wir vorbeifuhren – eine Respektbezeugung, die man in Asien noch immer findet. Einige, die uns für Beamte hielten, grüssten militärisch – seit einigen Monaten schon hatte es keinen Privatauto-Verkehr mehr gegeben.

Auf einem ummauerten Grundstück standen drei Lehmhäuser; das eine beherbergte den Gouverneur der Provinz, das andere ein Bureau voller Benzinkanister, im dritten befand sich ein Mihmankhana oder Gästehaus.

In dem Hof waren mehrere tiefliegende viereckige Blumenbeete, die durch Berieselung unter Wasser gesetzt werden konnten. Schöne dunkelviolette Petunien versuchten zwischen Lehmstreifen zu blühen. Bald wurden von einem gutaussehenden Diener Reis, Brot und eine Schüssel mit Spinat gebracht – er musterte uns ungeniert aus seinen lachenden männlichen Augen.

Der kleine Gouverneur lächelte ebenso spontan wie sein Diener. Er trug lange, weite Knickerbocker und hatte auf dem Kopf eine gerade Kola aus braunem Lammfell; mit rundem Gesicht, mandelförmigen Augen, einer leicht gebogenen Adlernase und einer Haut, die kaum brauner war als die meine, gehörte er der herrschenden Muhammadzai-Sippe an. Für Eingeweihte ist dieser Umstand wichtig, obwohl die Regierungsleute in Kabul einem erzählen wollen, dass das Stammessystem seine Bedeutung verloren habe; wenn man einen von ihnen nach seinem Stamm fragt, lautet die Antwort: »Ich bin einfach ein Afghane!« Der Gouverneur hatte keine Kinder, und da seine Frau krank war, war er allein – ein höchst deprimierender Zustand, erklärte er.

Er war erst kürzlich zum Oberhaupt dieser armen Provinz ernannt worden. Früher, als noch Wälder die Nordhänge des Gebirges bedeckten, mussten Klima und Fruchtbarkeit besser gewesen sein. Jetzt findet man hier nur noch wenige kleine Pistazienbäume, obwohl diese auf der ganzen Strecke bis zur persischen Grenze vorkommen. Weiter im Norden, sagte er uns, kämen wir durch das Gebiet der Karakul-Schaffelle, die Afghanistan so hohen Gewinn bringen.

Er bot uns Trauben an, die so ausgezeichnet waren, dass ich, wenn man mir erzählt hätte, es seien Tautropfen aus dem Paradies, weder überrascht gewesen wäre, noch es blumenreiche persische Sprache genannt hätte. Die Pfirsiche, süss wie reife Feigen, kamen, wie er uns sagte, aus Chiwa. Ich überlegte, ob unser Gastgeber, der lebhaft Französisch sprach (er hatte eine der drei ausländischen Schulen Kabuls besucht), ausser den Nomadenfrauen, die unverschleiert gehen, und den Angehörigen seiner Familie je Frauen mit ›offenem‹ Gesicht gesehen hatte.

Obwohl die Strasse noch nicht fertiggestellt war, kehrte der Gouverneur nach Bala-Murghau[22], seinem ständigen Amtssitz, zurück. Am nächsten Morgen brachen also unsere beiden Wagen zusammen auf. Ich sass im Chevrolet des Gouverneurs; meinen Platz neben Christina hatte ich ihm abgetreten. Ich plauderte mit dem afghanischen Chauffeur, der Russisch sprach. Er glaubte nicht, dass bei seinen Landsleuten, die bedürfnislos seien

22 Murghau: regionale Aussprache für ›ab‹ = Wasser.

und nur Brot ässen, die Sowjetpropaganda Erfolg haben würde. Der Afghane, der noch immer unter dem Einfluss seiner Mutter stehe und fest am Islam hänge, neige kaum dazu, den gottlosen Doktrinen seiner Nachbarn im Norden zu lauschen.

Grosse Löcher in der Strasse zwangen uns, langsamer zu fahren, aber dennoch scheuten weidende Pferde vor uns und rannten um ihr teures Leben. Zwischen schwarzen Zelten standen runde Filzjurten – Turkestan war nahe. Wenn unsere dampfenden Kühler Wasser benötigten, kamen auf den Ruf des Gouverneurs Männer mit Wasserschläuchen über den Schultern herbei.

Gegen Mittag machten wir im Dorf Dareh Boum halt, wo uns eine Delegation von Würdenträgern erwartete. Die Dorfältesten küssten die Hand des Gouverneurs, der dabei charmant unbekümmert dreinblickte. Auf gesattelten Pferden ritten wir zu weissen Zelten, die für uns aufgeschlagen worden waren. Nachdem wir Doukh (Molken, das erfrischendste Getränk Asiens) mit Pfefferminz gewürzt getrunken hatten, setzten wir drei uns mit gekreuzten Beinen zu einem grossen Mahl nieder, das wir mit unserer rechten Hand assen – üppige Kababs, Pilaw mit Mandeln und Gewürzen gespickt, und aus tiefen Holzschüsseln löffelten wir mit einem Stück flachen Brotes rahmige Dickmilch. Als Abschluss gab es zur Auswahl grünen oder roten Tee in Näpfchen. Dann wurden eine Wasserkanne und Handtücher zum Händewaschen herumgereicht.

Einige der Bauern, die uns bedienten, hatten karottenfarbene Bärte – so sieht mit Henna gefärbtes weisses Haar aus. Gemäss einem Rat des Propheten sollte jeder Gläubige vier Dinge tun: sich mit Henna färben, die Zähne reinigen, eine Frau nehmen und Parfum benutzen. »Der

Gebrauch von Henna bringt viele Vorteile. Sie treibt stechende Schmerzen zu den Ohren hinaus, stärkt schwache Augen, hält die Nasenhäutchen zart, verleiht dem Mund einen süssen Geruch und stärkt die Zahnwurzeln, beseitigt Körpergerüche, sowie die Verführungen des Satans, erfreut die Engel, beglückt die Gläubigen, versetzt die Ungläubigen in Wut, ist ein Schmuck für den Gebraucher und vermindert die Prüfungen im Grabe.«[23] Weit entfernt, mich in Wut zu versetzen, machen mich diese flammenden Bärte stets fröhlich, wenn ich sie inmitten einer Menge im Basar leuchten sehe.

Die heissesten Stunden verbrachten wir in den Zelten. Als wir zu den Wagen zurückkehrten, fanden wir ihre Hauben mit Teppichen bedeckt – zum Schutz gegen die wütende Hitze.

In dem windigen Tal peitschte der grosse Murghab-Fluss seine wilden grauen Wasser gegen die Pfeiler der eingestürzten Brücke. Der von Deutschen errichtete Bau war durch ein aussergewöhnlich starkes Hochwasser eingerissen worden; es sei aber Aufgabe eines Ingenieurs, solche Möglichkeiten in Rechnung zu stellen, meinte der Gouverneur.

Der Fluss bewässert Merw in Sowjet-Turkmenistan, und seit dem englisch-russischen Vertrag von 1907 ärgern sich die Russen über diese Grenze. Zuweilen beschuldigten sie die Afghanen, sie benutzten zuviel von ›ihrem‹ Wasser, und der Emir musste ihnen beweisen, dass die Schneefälle und nicht seine Untertanen für solche Unregelmässigkeiten verantwortlich waren. Heutzutage befindet sich am Fluss, gerade auf der russischen Seite der Grenze, ein Musterdorf.

23 B. Donaldson: *The Wild Rue.*

Eine richtiggehende Strasse fanden wir nicht. In knöcheltiefem Staub folgten wir einem Weg, der steile Hügel zu kühn angegriffen hatte. Wenn bei einer Steigung die Wagen zu spucken und zu keuchen begannen, schütteten Arbeiter Geröll in diesen pulvrigen Lehm, und zwölf bis fünfzehn Mann folgten uns von Steigung zu Steigung, breiteten vor den Rädern Binsenmatten aus und schoben die hilflosen Vehikel. Aber nun wurde der Gouverneur ungeduldig – er wollte vor dem Sonnenuntergangsgebet ankommen.

Erleichtert erblickten wir endlich die neue Brücke, die viereckigen Mauern einer Zitadelle und schlanke Bäume, die über ummauerten Gärten zitterten.

Unser grosser Hof war mit den üblichen versenkten Blumenbeeten gefüllt. Die Nacht verbrachten wir auf dem flachen Dach vor unserem Zimmer im ersten Stock. Dort, zwischen Himmel und Erde, lullte uns das Rascheln der Pappeln in den Schlaf, bevor wir noch Zeit hatten, zwischen den aufgehenden Sternen in ein unendliches dunkles Meer zu versinken.

Wir blieben einen Tag in Bala-Murghab, da der Gouverneur uns zwei Pferde versprochen hatte, damit wir einen campierenden Nomadenstamm besuchen könnten. Die Tiere tauchten aber nie auf; so hatten wir Zeit, unseren Rucksack zu ordnen, und fanden dabei einige Zwiebeln aus Triest – der Gouverneur pflanzte sie sofort, er war begierig zu sehen, ob sie in seiner Provinz gedeihen würden.

Wir waren bis auf eine Höhe von 500 Meter heruntergekommen, und von jetzt an erfüllte der Gedanke an Hitze dauernd einen Teil unseres Bewusstseins. Während der heissen Stunden suchte der Gouverneur Zuflucht in seinem Sardab oder Kaltwasserzimmer, einer Art Keller, durch den ein Bächlein floss. Wenn ich aus der backofengleichen Aussenwelt dort hineinkam, erschauerte ich vor Kälte, so gross war der Temperaturunterschied.

Obwohl unsere Ankunft telefonisch gemeldet worden war und ein auseinandergenommener Ford eine Ecke des Gartens zierte, fühlte ich mich wie im Mittelalter. Sanft dahinfliessend schien das Leben unveränderlich. Der Basar war friedlich, ja schläfrig. Gläubige verrichteten auf dem Boden ihrer Kramläden kniend ihre Gebete. Untertanen küssten ihrem Herrn die Hand. Das gelangweilte Iah von Eseln erfüllte die Luft. An einer Strassenecke hielt ein in Lumpen gehüllter Fakir seinen Bettelnapf hin.

Es machte uns Spass, mit dem Gouverneur zu plaudern, und Ruhe war sehr wichtig für uns, damit Christina sich nicht übermüde. Da unser Gastgeber bemerkt hatte, dass sie eine starke Raucherin war, verehrte er ihr mehrere Schachteln russischer Zigaretten mit Pappmundstück. Das war Pech. Ich hatte gerade Christina davon überzeugt – oder glaubte es wenigstens –, dass sie, bevor sie versuche, die Schwäche, die ihr solche Gewissensbisse verursachte, zu meistern, ihren Willen trainieren müsse. Durch kleine Siege, wie zum Beispiel Einschränkung des Rauchens, würde sie dann Selbstvertrauen gewinnen. Und sie stimmte mir zu, zweifellos zum Teil deshalb, weil ihr Zigarettenvorrat stark abgenommen hatte.

Der Gouverneur erzählte uns, dass Erdöl – ›das beste der Welt‹ – in seiner Provinz gebohrt worden sei, und die gleiche Qualität habe man so weit südlich wie Farah gefunden. 1936 hatte die ›Inland Exploration Company‹ von New York in West-Afghanistan eine Konzession von über zweihunderttausend Quadratmeilen erhalten; die gleiche Interessentengruppe hatte sich auch eine Konzession auf persischem Boden gesichert, damit kein Konkurrent ihre Ölquellen von jenseits der Grenze aus anbohren könnte. Aber können die Bohrmaschinen so weit transportiert und das Öl über tausend Meilen weit durch die Wüste nach Tschahbar am Indischen Ozean geleitet werden? Durch einen fünfjährigen Kontrakt waren den Afghanen zwanzig Prozent der Gewinne zugesagt worden; doch nach zwei Jahren hatte die Gesellschaft plötzlich auf die Konzessionen verzichtet. Einige Leute behaupten, die Amerikaner hätten wegen der Erdölenteignungen in Mexiko Angst bekommen.

Die Schatten im Garten wurden länger, die Unterhaltung wurde persönlich.

Der Gouverneur wunderte sich: Wie konnten wir so lange und so weit entfernt von unseren Ehemännern und Freunden leben, wie konnten wir ohne sie in fremden Ländern reisen, wo uns zweifellos alles feindselig oder zumindest ungewöhnlich vorkommen musste? Einmal habe er auf einer Dienstreise bereits nach zwei schlaflosen Nächten gefunden, dass er es nicht ertragen könne, von seiner Frau getrennt zu sein – er sei zurückgefahren und habe sie geholt.

In der folgenden Nacht standen wieder Christinas Couch und die meine nebeneinander unter den funkelnden Sternen Zentralasiens. Vor dem Morgengrauen hörten wir dicht neben uns die Stimme unseres Gastgebers »Madame!« rufen. (Wir wussten, dass er in unserem Flügel des Hauses campierte, denn er hatte seine Zimmer einem Beamten, der ihn besuchte, abgetreten.) Schweigend verschoben wir die Antwort bis zum Sonnenaufgang. Dann erzählten wir ihm, wie tief wir gewöhnlich an geschützten Orten schliefen, während uns in einem Zelt sogar das Rascheln von Blättern störe.

Der Gouverneur entschuldigte sich, dass er uns geweckt hatte. Aber die Nacht sei so lang, er habe nicht schlafen können und hätte so gerne mit uns geplaudert. Er stand in seinem europäischen Schlafrock aus dunkelblauer Seide im Türrahmen, und seine Haltung war schüchtern und kühn zugleich. Dann blickte er charmant und schlicht über uns hinweg und sagte: »Ich hätte so gerne den blumigen Duft Ihres Gesichtes eingeatmet!«

Ich nahm an, dass diese Bemerkung nicht für mich bestimmt war, denn mein Gesicht war bisher nur mit einem Pferdekopf, einem Schiffsbug oder Schilfgras verglichen worden.

22

Schirbichan[24]

Der Weg führte uns um den Westteil des Gebirges Bend-i-Turkestan herum, durch eine erstaunliche Landschaft mit steilen runden Hügeln, wo nur Distelgestrüpp zu sehen war. An einer Stelle war es offenbar in grossen Mengen abgeschnitten worden, und der Wind hatte es zu einem Wall aufgeschichtet, der die tief eingeschnittene Strasse in der Nähe eines Passes sperrte. Sich durch dicke Ballen von Stacheln durchzugraben war ein neues Erlebnis. Der grosse Aminullah, unser neuer Begleiter, half uns bereitwillig.

»Östlich von Bala-Murghab verbindet das Gebirge Bend-i-Turkestan die Hochebene Firus-Kuh und die Sandsteinformationen des Tschal. Es ist eine gradlinige düstere Bergkette, von deren Grat aus man wie von einer Mauer diese eigentümliche, ungeheure Löss-Ablagerung, der Tschal genannt, sehen kann, die sich nördlich bis zum Oxus erstreckt, Erhöhung hinter Erhöhung, Welle auf Welle, wie ein weites, vom Sturm gepeitschtes gelbgraues Meer.«[25]

Um uns breitete sich eine trübselige, bedrückende, sandfarbige Welt aus. Doch plötzlich wurden wir munter, erregt; eine bunte, regellose Karawane kam auf uns zu. Reiter, Fussgänger, Bären, Affen, Kinder begrüssten wir mit Momentaufnahmen unserer Kameras. Dann ging

24 So in Stielers Handatlas. Lokale Aussprache: Schibarghan.

25 *Encyclopaedia Britannica,* Ausgabe 1875: Artikel *Afghanistan.*

es mit dem ›Woher- und Wohin-Fragen‹ los. Es waren Dschatts oder Zigeuner, die nach Kandahar und noch weiter südlich zogen. Ein Mann klappte sein tragbares Harmonium auf und zwang seinen Affen zu tanzen. Schmutzige Kinder in roten Lumpen zeigten schon den unbändigen Charakter ihres Volkes; eines von ihnen hatte riesige, kühne graue Augen. Fuchsähnlich, aber doch irgendwie königlich ritten Männer vorüber, ohne haltzumachen. Ihnen folgte ein Pferd, beladen mit einem Paar Kesselpauken; ein rebellischer weisser Hengst hatte sich am Gebiss blutig gescheuert; ein rötlichbraunes Pferd trug als rubinfarbenen Stirnschmuck ein Schlusslicht, wie man sie hinten an den Velos aufzuschrauben pflegt. Glöckchen, Glasperlen, Halsbänder, weite Röcke – Frauen, ebenso eindrucksvoll wie die Männer –, es war ein erregender Anblick, der an ähnliche Begegnungen in einem anderen Erdteil erinnerte. Den leibhaftigen Bruder ihres schmutzigen, von Motten zerfressenen Bären hatten wir vor zwei Monaten in Jugoslawien gesehen.

Mittags ruhten wir in einem sauberen kleinen Zimmer auf dem Dach der Kaleh-Wali-Karawanserei. Der freundliche Aminullah sorgte dafür, dass uns Trauben, dicke Milch und Eier gebracht wurden. Es war Markttag, und in der Strasse unter uns drängten sich die Menschen. Es gab keine Bäume, nur gelbe Erde und gelbe Lehmmauern, zwischen denen das Weiss der Turbane und das Rot der Kaftane fröhlich wie in der Komposition eines Meistermalers vibrierte. Wie üblich, war keine einzige Frau zu sehen.

Als wir zum Wagen zurückkehrten, umdrängten uns die neugierigen Müssiggänger derart, dass unser Wirt – strahlende gelbe Augen, noch betont durch die weinrote

Farbe seines langen Gewandes – eine Peitsche benutzen musste, um uns den Weg zu bahnen.

Christina gefielen diese Männer immer mehr, diese kräftigen, lustigen Männer, die einander am kleinen Finger hielten; zuweilen versuchten sie, wenn wir vorüberfuhren, sich spasseshalber gegenseitig zum Wagen zu stossen, und waren höchst entzückt, wenn ihr Kamerad sich erschreckte. Andere lachten laut, wenn ihr Pferd entsetzt davonrannte, stolz auf ihre Reitkunst.

Wir waren in ein weites, flaches, biblisches Tal gekommen. Neben riesigen Heuschobern wurden Rinder im Kreis herumgetrieben, um das Korn zu dreschen. Die Sonne schien heiter, und hätte ich nicht die kirgisenähnlichen Gesichter gesehen, die von einer Mauer aus kicherten, hätte ich glauben können, ich sei in der Gegend von Kandahar, wo ich mit so grosser Freude zugesehen hatte, wie Bauern am Tagesende ihre erregenden, kraftvollen afghanischen Tänze auf der staubigen Dreschtenne tanzten.

Der Anblick erregte mich immer, ich fand diese Tänze sogar noch wilder und urwüchsiger als die akrobatischen kaukasischen Tänze ähnlicher Art. Die magische Gewalt der Pauken kommandiert die Sprünge, das immer rascher werdende Stampfen der Füsse. Mit unglaublicher Geschwindigkeit wirbelnd, warfen die sonnengebräunten Männer ihre schwarzglänzenden Haarmähnen zurück, zur Seite – Haarbüschel, die bis zu den Schultern reichen. Wie lebende Kreisel sehen sie aus, wenn sie ihre weiten weissen Röcke unter den engen Westen hervor zum Schwingen bringen wie Ballettröckchen. Am Knöchel festgebunden, erinnern die dicken Falten der Hosen an die eleganten Rundungen der gräko-buddhistischen Skulpturen, die in diesem Land gefunden werden. Nach dem Tanz wickeln die Männer wieder den Turban um den Kopf und wischen sich mit dessen langem Ende, das am Rücken hinunterhängt, ihre glänzenden Gesichter ab.

Sie scheinen zu tanzen, wann immer ihnen danach zumute ist – es gibt keine Zuschauer, keine Mädchen, denen sie gefallen wollen, keinen Alkohol, der sie anfeuert. Auf diese schöne, männliche Art drücken sie ihre Gefühle aus, ihre überflutende Vitalität. Fussballmatchs, die für die Abendländer das gleiche bedeuten mögen, haben nur eine dieser beiden Qualitäten.

Aber es muss nicht immer Abend sein, wenn die Nomaden tanzen wollen, auch ist die Dreschtenne nicht unentbehrlich. Einmal fuhren wir durch ein enges Tal im Norden Belutschistans. Die Männer mähten in einer Reihe kauernd den reifen Weizen mit Sicheln; ihr Anführer stand singend da und klatschte mit seinen Händen den Takt zu ihren Bewegungen. Sie riefen uns, und wir gingen über das sonnenversengte Feld auf sie zu. Rasch bildeten sie einen Kreis, verbeugten sich, das halbmondförmige Instrument in der Hand, einmal nach innen, einmal nach aussen, und gingen mit langsamen komplizierten Schritten vorwärts. Der Rhythmus wurde schneller, der Staub stieg in Wolken hoch, nur ab und zu, wenn sie die Arme zu dem flimmernden Mittagshimmel emporreckten, wurde ihr wirbelndes Haar sichtbar. Von Zeit zu Zeit stiessen sie kehlige Schreie aus, ein wahrhaftes Brüllen. Nach dem Tanz nahmen sie wieder ihre Arbeit auf, anscheinend gar nicht erschöpft durch die anstrengende Vorführung, offensichtlich stolz darauf, ihre Geschicklichkeit gezeigt zu haben. Ihr bärtiger Vorarbeiter – oder Ballettmeister – erklärte, dass sie den Tigertanz vollführt hätten.

Am Tag unserer Begegnung mit den Dschatts erreichten wir Sangalak-i-Kaissar. Dort fühlten wir uns leicht mit dem Rest der Welt verbunden: die Leute erzählten uns von einer regelmässigen Autobusverbindung mit den Städten Afghanisch-Turkestans. Ich hoffte, es bedeute, dass der Zustand der Strasse uns nicht mehr zwingen würde, fast an jeder gewölbten Grabenüberführung haltzumachen. Wie bei den meisten modernen Wagen lag das Chassis unseres ›V 8‹ zu tief, und hundertmal am Tag scheuerte es sich an diesen Buckeln, obwohl wir versuchten, vermittels der besten Technik von der Seite her hinüberzukommen. Wenn die Oberfläche einsackte und das Reisig- und Knüppelgerippe zum Vorschein kam, wurde die Sache noch schlimmer, denn das Wasser hatte die Strasse in einen Morast verwandelt, in welchem sich unsere Räder wütend und vergebens drehten.

Auf einer solchen Strasse versuchte Christina, mir das Zwischengasgeben beizubringen. Ich wollte das unbedingt lernen, damit sie nicht mehr als ihr Pensum fahren müsse. Aber sie litt derart, wenn ich geräuschvoll die Gänge schaltete, den Motor absterben liess oder mit dem Öltank aufschlug, dass sie erstarrte, wenn vor uns ein Buckel auftauchte, und ich versagen musste, weil ich mich so sehr bemühte, sie nicht aufzuregen. Zu meinem grössten Kummer entdeckte ich, dass ihre übliche Ruhe nur eine Fassade war, die eine grosse Nervosität verbarg.

Doch es sah so aus, als könnten wir uns bald ausruhen; Maimeneh, das Ende unserer heutigen Etappe, war nur noch eine halbe Stunde entfernt, so erzählte uns der Dorfvorsteher, ein kräftiger Mann in Kakhi-Breeches; er hatte blaue Augen, wohl ein Zeichen, dass er russisches Blut in den Adern hatte. Er lud uns ein, mit seinen Frauen zusammen zu essen.

Bald sassen wir auf einem Teppich unter einem Maulbeerbaum, von reizenden Menschen umgeben. Man zeigte uns alte Modeblätter, fragte um unsere Meinung; nach einigem Tuscheln und Ellbogenstossen wurde ein Stück blauer Seide gebracht, und man bat uns, es für die junge Tochter des Hauses zuzuschneiden. Durch Zeichensprache versuchten wir ihnen begreiflich zu machen, dass wir nichts von Röcken verstanden, da wir selbst ja Hosen trugen. Ich würde mir zwar zutrauen, ein Kleid für mich selbst zu schneidern, aber ich konnte nicht Gefahr laufen, das Material anderer zu verderben. Ich bedauerte tief meine Unwissenheit in dieser Art von Schneiderei, fand aber eine Lösung: ich gab unserer Gastgeberin ein abgetragenes Leinenkleid von mir, das als Muster dienen konnte.

Als der Vorsteher hörte, dass Christina schon einige Jahre verheiratet war, fragte er nach ihren Kindern, und auf die Antwort, dass sie keine habe, rief er: »Was haben Sie denn dann die ganze Zeit gemacht?« Bevor Christina sich eine geeignete Antwort ausdenken konnte, verkündete seine Frau mit einem Blick auf meine überschlanke Freundin: »Sie muss eine Masse Reis essen, bevor sie welche gebären kann!«

Da diese kleine Szene das Eis gebrochen hatte – wenn man diesen Ausdruck auf einen so glühenden Nachmittag anwenden darf –, genossen wir die uns umgebende freundliche Atmosphäre. Die Dame des Hauses, ganz in Weiss, distinguiert und ruhig, erinnerte mich an eine italienische Tante von mir: klein, dick und schwarzhaarig. Die verheiratete Tochter der Frau Dorfvorsteher,

Zara – mit rosafarbenem Rock, weisser Bluse und weissem Schleier –, wiegte ein blondhaariges Baby in einer peinlich sauberen Wiege, die an einem Ast hing. Eine schöne, grosse junge Frau mit einem kühnen Gesicht, dessen Züge von einem weissen Schleier gemildert wurden, war die Schwiegertochter, oder schien es zu sein. Sie hatte einen kräftigen Knaben auf dem Schoss, und unsere Gastgeberin sagte mit einem Unterton von Verachtung in ihrer sonst so liebenswürdigen Stimme, der Knabe sei ›sehr schwarz‹, und daher nicht schön.

Ein reiches Mahl wurde serviert – eine Schüssel mit Reis, in dem saftige Lammfleischstücke verborgen waren, dann verschiedene Gemüseplatten –, und danach wurden wir sehr schläfrig. Obwohl noch wach, träumte ich von Sinkiang, zwei Gesichter mit mongolischen Augen tauchten im Hintergrund auf, eine alte Frau und ein Mädchen namens Hamitah. Ich vermutete, dass sie kirgisischer Abstammung seien, obwohl Hamitah mit ihrem sanften, runden Gesicht auch Chinesin hätte sein können; ihr langes Gewand mit grossem roten Blumenmuster erinnerte mich an den losen Khalat, den die Männer in Samarkand tragen; sie brachte es fertig, auf ihrem kleinen Kopf das weisse Tuch festzuhalten, das ihr lang über den Rücken hinunterhing. Es waren turkmenische Dienstboten. Wieder und wieder richteten sich meine Augen auf ihre unbeweglichen Gesichter, und darüber hinaus sah ich die weite Ebene, aus der sie zu stammen schienen.

Bei unserer Weiterfahrt nach Maimeneh sprachen wir über ein Thema, das uns beiden fremd war. Ich hatte beobachtet, wie oft Christina die hübsche Schwiegertochter betrachtet hatte. Und jetzt fragte sie, ob ich es schlimm fände, dass sie von dem Reiz einer Frau tief beeindruckt werde. Es war schwer, diese Frage zu beantworten, denn sie war in Christinas ganzem Sein tief verwurzelt und verästelt. Es würde nicht genügen, wenn ich Christina sagte, dass sie der aufrichtigste und ehrlichste Mensch sei, den ich je kennengelernt habe.

Aber da meine Erfahrungen sehr anders als die ihren waren, konnte ich den Ursprung ihrer Reaktionen nicht analysieren. Nach immer tiefer dringendem Fragen kamen wir zu einem ruhigen Gespräch und zu gewissen Folgerungen, die ich hier kurz wiedergebe, weil sie uns so stark interessiert hatten: Für Menschen, die sich völlig mit ihrem Körper identifizieren, wäre es bedauerlich, wenn sie sich hauptsächlich von ihrem eigenen Geschlecht anziehen liessen. Wenn man die physiologischen Gesetze ausser acht liesse, wäre die Nichterfüllung die erste Strafe, der dann solch geistige Konsequenzen folgten wie Morbidität und Mangel an innerem Gleichgewicht. Doch bei aussergewöhnlichen Menschen, die sich fast völlig mit ihrem Geist identifizieren, die wissen, dass er das wichtigste ist, weil dort, wo keine geistige Grundlage vorhanden ist, es auch kein körperliches Problem geben kann, ist diese Frage weniger wichtig: der Geist ist geschlechtslos, oder richtiger gesagt, er umfasst abwechselnd oder sogar gleichzeitig beide Geschlechter. Der Körper mag ab und zu darüber murren, dass er vergessen wird, aber da er vom Geist abhängig ist, dem er nur als zeitweiliges Werkzeug dient, wird er nicht imstande sein, ihn, den Geist, aus der Fassung zu bringen. Für solche Menschen kann es keine schweren Folgen haben, wenn sie den Gesetzen der Natur nicht gehorchen, man kann von ihnen sagen, sie seien über sie hinaus gelangt. Aber jenen andern stehen Schwierigkeiten bevor, die sich in einem Augenblick auf den Geist konzentrieren und im nächsten auf den Körper: die Freiheit des Geistes wird dann durch Naturgesetze herausgefordert, die die Herrschaft beanspruchen, sowie dem Körper der Vorrang gegeben wird. Man kann daher nicht für jede Situation eine Lektion lernen, es gibt keine Möglichkeit, zu einer Folgerung zu gelangen oder eine konsequente Linie zu finden, die zum inneren Frieden führt. Unwillentlich, unwissentlich versuchen Menschen, zwei stolze Pferde zur gleichen Zeit zu reiten – den Hengst Natur und den hermaphroditischen Geist. Sie leiden daher, weil sie hin- und hergerissen werden – so wie vielleicht Christina hin- und hergerissen wurde.

Unsere Fahrt nach Maimeneh dauerte zwei Stunden. Der Vorsteher von Sangalak-i-Kaissar legte ihn allerdings in einer halben Stunde zurück; da er aber wie der Teufel fuhr, hatte er sich schon einmal die Knochen gebrochen. Als wir dort ankamen, war es bereits so spät, dass inmitten der Strasse Charpoys[26] aufgestellt waren; Männer warteten auf die Kühle der Nacht und benutzten die unvermeidlichen Schnupffläschchen zum letztenmal am Tag. Mit Limette vermischtes Tabakpulver brennt im Mund noch stärker als roter Pfeffer. Stellt man einem Mann, der es gerade geschluckt hat, eine Frage, so antwortet er mit einer vom Brennen gelähmten Zunge; er bekommt eine kauende Aussprache, die dem englischen Akzent ähnelt, den Komiker auf dem Kontinent zur Nachahmung des Englischen brauchen. Ein Mann deutete auf ein Haus mit einer Antenne und erklärte uns, das sei nicht das Rasthaus, sondern das ›Ruschisch Konschulati‹. Er schob seine Lagerstatt zur Seite, um den Wagen durchzulassen, und begleitete uns zum Gasthaus, einem einfachen Bau

26 Ein vierfüssiges, mit Seilen bespanntes Gestell, das als Couch dient.

im Zentrum der schläfrigen Stadt. Der Wirt hatte einen langen, herunterhängenden Schnurrbart wie ein mongolischer Krieger und hielt in der Hand eine Benzinlampe, die dauernd blakte, als protestiere sie dagegen, nicht mit dem gebührenden Respekt behandelt zu werden.

In Maimeneh trugen viele Dinge eine ›ruschische‹ Marke – Streichhölzer, Konfekt, Zigaretten, Teekannen, Zucker, Benzin in Kanistern, die ›Shellaks‹ genannt werden.

Ein gescheiter Junge, der die deutsche Schule in Kabul besucht hatte, diente uns als Dolmetscher bei unserem Besuch beim Ortsvorsteher – einem dicken, bärtigen, gähnenden Mann –, den wir fragten, wie die Strasse vor uns beschaffen sei ... Sanddünen verursachten zuweilen Schwierigkeiten; man telefoniere gewöhnlich zu einem bestimmten Posten, damit im Notfall Leute bereitstünden.

* * *

Wie die düstere Umgebung Pekings, wenn ein Sturm den gelben Sand von der Wüste Gobi heranweht, war hier die Luft zum Ersticken mit Löss angefüllt.

An diesem Tag wussten wir bestimmt, dass wir uns im Land der Persianerfelle befanden; nicht nur grasten Schafe auf Weidegründen, die Sandhügeln glichen, sondern wir begegneten auch Wagenladungen mit starren Fellen, die mit einem Gemisch von Salz und Mehl gegerbt worden waren. In einem Sortierhaus in der Nähe von Andchoi befühlten wir Muster von Karakul – das schwarze, glänzende, weiche Nazukscha, das Fell eines acht Tage alten Tieres mit breitgezogenen, flachen Lokken. Ein kleines Fell war gegen drei Pfund Sterling wert. Dann gab es seltene Breitschwanzfelle, dünn wie Moiré, und grossgelochte Astrachanfelle, naturbraun in helleren und dunkleren Farben oder blaugraue, dicht gelockte. Die Geschichte, dass trächtigen Schafen die Bäuche aufgeschnitten werden, um die Felle der ungeborenen kleinen Tiere zu erhalten, stimmt nur teilweise; das geschieht bloss, wenn das Mutterschaf ein Bein gebrochen hat oder krank ist oder man eine Fehlgeburt befürchtet.

Der jährliche Export von Karakul nach London und New York beläuft sich auf zweieinhalb Millionen Pfund Sterling – ungefähr die Hälfte sämtlicher afghanischer Exporte.

Es interessierte mich ungemein, diese Felle an ihrem Ursprungsort zu berühren und zu bewundern, denn sie verbanden mich mit meiner Jugend; zuweilen hatte mein Vater solch einen kostbaren Mantel an einen Kunden ins Ausland verkauft, und dann brachte ich ihn nach Paris, um ihn ohne Verzögerung abzuliefern. Und es versetzte mich in die Zeit zurück, da ich das Gewerbe meines Vaters lernen, aber dennoch dem gekünstelten Grossstadtleben entrinnen wollte; so kam mir der Gedanke, nach Kanada oder nach Asien zu gehen, um dort für ihn Rohfelle einzukaufen. Und jetzt war ich an Ort und Stelle und sah, wie die Felle, einem Pack Spielkarten gleich aufeinander gehäuft, in ein grosses Stück weisses Leder gewickelt und die Ballen eng zusammengenäht wurden.

Die Fettschwanzschafe sahen erstaunlich aus, wie sie einherwatschelten. Ihr Schwanzende baumelte schwer hin und her. Man konnte meinen, sie trügen hinter sich ein dickes Kissen, das in seiner Mitte ein wenig angebunden war. Ein Turkmene hielt zwei Tiere fest, so dass ich sie genau studieren konnte. Ich kann aber die Behauptung nicht bestätigen, die man in Fussnoten zu Marco Polos Buch findet, dass einige Prachtschafe ihren Schwanz auf einem zweirädrigen Wägelchen tragen müssten.

Andchoi liegt in Sehweite der kahlen russischen Grenze. Die graue Erde, die grauen Kamele, die grauen Mauern und die würfelförmigen Häuser schienen von der Hitze gebleicht und erstickt zu sein. Als wolle er diesem Klima ein Schnippchen schlagen, lag der gedeckte Basar geruhsam im Dunkeln. Obwohl jeder Stand besetzt war, war das Geschäft nicht lebhaft. Wir feilschten mit einem Juwelier, der unser Angebot für ein silbernes Brauthalsband nicht annehmen wollte – es waren kleine runde Kugeln, jede mit zwei Nadelkopfornamenten, ein einfacher Schmuck, der nach Gewicht verkauft wurde, das man auf einer altertümlich aussehenden chinesischen Waage feststellte. Die Jagd nach Teppichen geniesse ich stets am meisten, und obwohl es schon seit zehn Jahren mein Wunsch ist, an Ort und Stelle einen guten, aber billigen Nomadenteppich zu kaufen, wandere ich immer noch von Stadt zu Stadt, ohne das Gewünschte zu finden. Die meisten Männer trugen gestreifte oder geblümte Khalats und viele einen pilzförmigen Pelzhut.

Der Ortsvorsteher – jung, fröhlich, dick – riet uns, in Gesellschaft eines Autobusses nach Schirbichan zu fahren, damit wir Hilfe hätten, wenn der Sand zu schlimm würde. Wir hatten uns inzwischen wegen des Zustandes der miserablen Strasse mit dem Gedanken versöhnt, eine Eskorte zu haben, obwohl diese Männer gewöhnlich ordinär und nicht angenehm waren. Sie entschädigten sich für das erzwungene Schweigen während des Tages in unserer Gesellschaft, indem sie die ganzen Nächte hindurch mit den jeweiligen Gasthofknechten plauderten.

Einer unserer Begleiter seufzte und jammerte ohne Unterbrechung, was aber auch nicht erstaunlich war; man stelle sich ihn vor: bei einer Temperatur von fast 45 Grad wurden seine Waden von Sockenhaltern gezwickt und Lackschuhe drückten seine Füsse, während sein Körper in einem schwarzen Kammgarnanzug briet. Wenn er die Jacke auszog, um uns durch den Sand zu helfen, zeigte er ein Hemd mit rosa, dunkelgrünen und violetten Streifen. Arrogant nach unten und servil gegen Höherstehende, war er einfach widerlich – und das in einem Land, in dem es sich lohnt, den einfachsten Bauern zu betrachten.

Die tiefen Geleise der Lastautos waren für uns zu weitspurig, so dass wir in dem Sand rutschten. Das Fahren war derart mühselig, dass wir in Schirbichan haltmachten, obwohl es keiner der üblichen Halteplätze war. Und da unser Begleiter mit unserem Campierplan nicht einverstanden war, geleitete uns ein Führer quer durch Brachfelder und über ausgetrocknete Gräben zu einem Tor in einer Mauer.

Dann geschahen Dinge wie in einem Märchen. Im ersten Hof stand ein einfaches Haus und ein riesiger Baum, in dessen Schatten wir den Wagen stellten, wo er sich in einem tiefen viereckigen Bassin spiegelte. In einem zweiten Hof – Garten, Wohn- und Essraum in einem – lernten wir den grossen, eleganten Hausbesitzer, Abdul Nahed Khan, kennen. Er verliess seine Freunde, um uns zu begrüssen, und forderte uns auf, unter einer Platane Platz zu nehmen. Unser Begleiter setzte sich auf die rotsamtene Decke und die Kissen, die gebracht wurden, ohne seine dreckigen Schuhe auszuziehen, und verletzte damit die elementarste Anstandsregel in Ländern, in denen die Menschen auf dem Boden leben – vielleicht war er auch zu faul, seine enggeschnürten Schnürsenkel zu lösen.

Ein Mahl wurde uns dort, wo wir sassen, serviert. Inzwischen hatten wir zwar schon gelernt, mit den Fingern aus Reis und Fleisch eine Kugel zu machen, aber es war etwas anderes, Eierfruchtstücke in einer üppigen Sauce aus Öl und geronnener Milch zu fischen. Nach dem staubigen Tag tat uns die Sauberkeit dieser Oase wohl, in der fallende Blätter ein beruhigendes Geräusch verursachten.

Nach Sonnenuntergang begaben wir uns zu einer Estrade inmitten des richtigen Gartens. Die Blumen erblassten in ihren tiefliegenden Beeten, während die Sterne in dem samtenen Dom über uns aufleuchteten. Alles wirkte wie eine persische Miniatur, nur wir passten nicht hinein. Man brachte uns Teppiche und Decken, dann wurden wir allein gelassen und konnten die Reinheit einer asiatischen Nacht geniessen.

* * *

Unser Gastgeber, ein Junggeselle, machte den Eindruck, völlig im Frieden mit sich zu sein. Er war ein Freund von Schah Wali Khan, jetzt afghanischer Gesandter in Paris, dessen Porträt im Haus hing (der Mann, der 1929 Kabul vom Usurpator befreit hatte, und ein Bruder von Haschim Khan, dem jetzigen Premierminister, und des verstorbenen Königs Nadir Schah).

Wir beschlossen, sehr spät aufzubrechen, um die Tageshitze zu meiden. Am Nachmittag brachte Abdul Nahed Khan ein Schachspiel; er besiegte uns leicht. Dann holte er ein Album und zeigte uns Ansichtskarten vom

Mont Saint-Michel, dem Eiffelturm, dem Hafen von Port Said und den Kuppeln des Kreml.

Unter den Ansichten war auch ein Bild einer hübschen Brünetten mit der Unterschrift ›ta Lucienne‹. Eine Weile überlegte ich, an wen sie adressiert sein könnte – unser Gastgeber war noch nie über Taschkent hinausgekommen, und ich konnte es kaum glauben, dass es in jener Stadt ›Luciennes‹ gäbe. Ob man wohl fragen durfte, wer sie war?

Aber es war nun an der Zeit, von unserem ritterlichen Gastgeber Abschied zu nehmen.

23

Turkestan

In der Dämmerung fuhren wir durch den Staubschleier dahin, der bewegungslos über der Strasse hing. Im Licht unserer Scheinwerfer schien es, als zögen weissgekleidete Reiter schweigend durch Rauch hindurch, und später dachten wir erregt, wir überholten majestätisch einherschreitende Elefanten, deren schmale, abfallende Hinterteile in einem winzigen Schwanz endeten. Es waren aber nur grosse Kamele, die unförmig und missgestalt erschienen durch Säcke, die ihnen an beiden Seiten herunterhingen.

Achtscha türmte sich wundervoll in der Nacht, die verschwommene Silhouette einer rechteckigen Zitadelle, von niederen Häusern mit flachen Dächern umgeben. Männer lagen auf ihren Charpoys ausgestreckt; eine Anzahl in lebhaften Farben gestrichener Autobusse war für die Nacht eng zusammengestellt worden; wieder einmal hatten wir das gleichsam physische Empfinden, am Ende der Welt zu sein.

Es war vier Uhr früh, wir hatten unseren Tee getrunken und wollten aufbrechen, weil wir hofften, Masar-i-Scherif vor der Mittagshitze zu erreichen. Da die Strasse nun besser war, entliessen wir den Begleiter, der so wenig zu uns gepasst hatte. Der Mann begann aber zu brüllen, und bald waren wir von zahlreichen kräftigen Afghanen umringt. Ein ›alter Bart‹ in einem stilvollen Khalat mit braunen Streifen, der ausgezeichnet Russisch sprach, versuchte, die Meinungsverschiedenheiten zu regeln. Er verstand unseren Gesichtspunkt: Wir sollten unserem Begleiter einen Brief mitgeben, in dem stand, dass wir ihn zurückliessen, und dass er nicht gestraft werden sollte. Wir erklärten dem Alten, wir könnten es in solch einer Hitze, in der der leichteste Druck unsere Haut reizte, nicht länger ertragen, zu dritt auf dem Vordersitz zusammengepfercht zu sitzen, zumal die schweissigen Socken des Mannes uns zwängen, ständig die Taschentücher an die Nase zu halten. (Ich weiss nicht, ob all das übersetzt wurde, aber die Sympathie der Menge galt bestimmt nicht unserem grässlichen Polizisten.)

Inzwischen gingen die kostbaren Morgenstunden vorüber, da wir nicht das Gesicht verlieren wollten. Der Polizist wollte uns nur davonziehen lassen, wenn der Ortsvorsteher von Achtscha es ihm befahl. Der Dolmetscher ging zum Vorsteher. Schliesslich kehrte er zurück, in Gesellschaft eines anderen Mannes als Eskorte und mit einem Tablett Feigen für uns! Da wir endlich aufbrechen wollten, fügten wir uns und nahmen den neuen Mann mit.

Er war sehr gross und wusste nicht, wie er seine Knie ruhig halten sollte, er war ein Prognath und hielt den Mund dauernd offen, musste ihn auch offen halten, da ihm vom Schwanken des Wagens ständig übel war; das war die Änderung gegenüber seinem Vorgänger, der unentwegt Tabaksaft gespuckt hatte. Jedenfalls genügte es, den merkwürdigen Reiz einer Reise durch eine Gegend zu verderben, die wie eine von zuviel Hitze erstorbene Mondlandschaft aussah. Zweifellos war das grelle Weiss des Lichtes der Bodenbeschaffenheit und dem Fehlen jeglicher Erhöhung zuzuschreiben. Da wir ausserdem mit dem Wind fuhren, war es im Wagen unerträglich heiss.

Das Land war ganz flach, nur zuweilen unterbrochen von breiten Bewässerungsgräben, die Wasser aus den fernen hohen Bergen Zentral-Afghanistans herbeibrachten, von den kühlen Seen im Bend-i-Emir, die wir besuchen wollten.

Um unserem Polizisten etwas Erholung zu gönnen, machten wir bei einer Hütte in der Wüste halt, wo ein Usbeke, der seinen Samowar putzte, uns etwas durststillenden Tschai sabz – grünen Tee – verkaufte. Der Schatten, den die Hütte warf, war der einzige, der uns vor der sengenden Sonne schützen konnte. Ein ordentlich aussehender Afghane, der dort auf der gestampften Erde schlief, wurde, bevor wir es verhindern konnten, von unserem Polizisten mit einem Tritt aufgeweckt und fortgejagt – das empörte uns.

Und das an dem Morgen, an dem wir uns den Ruinen von Balch, dem Bactra der Alten, der Mutter der Städte, näherten! Die Stadt soll einen Umfang von zwanzig Meilen gehabt haben; jetzt lag sie aber tot in dieser Ebene des Oxus, die im sechzehnten Jahrhundert vor Christus, so heisst es, die erste arische Völkerwanderung nach Indien über Herat, Kandahar und den Bolanpass im Süden von Quetta erlebt hatte. Balch, wo die Religion Zarathustras zum erstenmal von einem König angenommen wurde, Balch, wo gemäss Marco Polo Alexander der Grosse die Tochter des Darius heiratete, jene Stadt, deren Satrap Bessus diesen Darius getötet hatte, während er durch Chorassan entfloh.

Im zweiten Jahrhundert vor Christus leitete Chang-Kien eine chinesische Mission, die zu den Yue-chi von Sogdiana (was Bactria ist) geschickt wurde; seine Reise scheint den Beginn des Seidenhandels quer durch Asien zu bezeichnen. Die Yue-chi waren Indo-Skythen, die in das Land, bis dahin ein grossartiger Aussenposten des Griechentums, eingedrungen waren. »Weil diese Nachfolger Alexanders des Grossen so mächtig und energisch waren, kannst du jetzt gräko-buddhistische Altertümer ausgraben«, sagte ich zu Christina.

Die weissen Hunnen waren die nächsten, die im fünften Jahrhundert nach Christus in Baktrien einfielen. Trotz ihrer Verwüstungen hatte das Land noch immer buddhistische Bauten, als zwei Jahrhunderte später Hsuan-Tsang dorthin kam, der ›auf der Suche nach Weisheit‹ von China nach Indien pilgerte – die Wege Hsuan-Tsangs habe ich während drei Reisen in Zentralasien gekreuzt, und seine Schriften haben mir sehr dazu verholfen, das zu schätzen, was ich zu sehen bekam. Bei seinem Besuch gab es in Balch noch immer etwa hundert Klöster, reich an Reliquien Buddhas, als er von Kundus kam, der Hauptstadt der Westtürken, die über Afghanisch-Turkestan oder Tokharestan herrschten.

In Balch bewunderte Hsuan-Tsang ›ein wunderbares Plateau‹. Damals muss es in dem Land mehr Wasser gegeben haben als heute. Diese Veränderung ist wohl dem Umstand zuzuschreiben, dass die Erdkruste in diesem Teil der Welt noch immer steigt, was von Geologen bestätigt wird.

Ein Jahrhundert später wurde der Hohepriester des berühmten Feueraltars von Balch zum Islam bekehrt, und seinem Beispiel folgten die Grundbesitzer. Im Jahre 1221 wurde Balch von Dschingis-Khan verwüstet. Zuerst war die Stadt, die Muhammad von Chwaresm bei sich aufgenommen hatte, lediglich besetzt worden. Als aber Dschingis-Khan vernahm, dass der Sohn Muhammads in Südafghanistan ein Heer von siebzigtausend Mann aufgestellt habe, zerstörte er die Stadt, marschierte nach Bamian und besiegte später den jungen Mann am Indus.

Fünfzig Jahre danach kam Marco Polo nach Balch, das er eine grosse, wunderbare Stadt nennt. »Sie war früher bedeutender, hat aber viel Schaden durch die Tataren erlitten, die bei ihren zahlreichen Überfällen die Gebäude zerstört haben. Es gab darin viele Marmorpaläste und geräumige Plätze, die noch immer sichtbar sind, wenngleich nur als Ruinen.«

Im vierzehnten Jahrhundert war Timur der nächste Eindringling, und seinem Beispiel folgten die Usbeken, die 1506 Herat eroberten. Einer ihres Stammes, Abdul Aziz, kämpfte gegen den Prinzen Aurengzeb von Delhi, damals Gouverneur von Balch. Der tapfere Mogul-Prinz stieg bei Sonnenuntergang von seinem Pferd, betete während der Schlacht, und errang so die Bewunderung beider Heere. »Gegen einen solchen Mann kämpfen, heisst den Untergang heraufbeschwören«, rief Abdul Aziz und stellte die Schlacht ein. Es war der letzte Versuch der Moguln, diese entlegenen Provinzen zu behaupten.

* * *

Wir durften nicht hoffen, Renan und seine ›Prière sur l'Acropole‹ nachzuahmen, indem wir auf den Ruinen Balchs meditierten und Asien mit Europa verglichen. Von der Zukunft von Paris, London oder Berlin träumend, würde uns unser Begleiter gestört haben, der neben uns stand, jede unserer Bewegungen beobachtete und bereit war, uns das Fotografieren zu verbieten, wie er es schon vorher getan hatte. Photophobie war die neueste

Heimsuchung der afghanischen Bureaukratie – wahrscheinlich von Persien angesteckt, das am liebsten all die Bilder vernichten möchte, die zeigen, dass es noch kein völlig modernes Land ist.

Aber wir beabsichtigten, unserem gaffenden Mann ein Schnippchen zu schlagen. Als wir zu den Lehmhügeln kamen, die einst die Wälle Balchs gewesen waren, ging Christina auf sie zu, hob ihre Kamera, von dem »Mafi! Mafi!« brüllenden Eskortmann gefolgt. Inzwischen richteten sich meine Blicke auf ein grosses Bauwerk mit einer schimmernden blauen Kuppel, das einige hundert Schritte entfernt am Eingang der bewohnten Stadt stand. Ich sprang in den Wagen, fuhr so rasch als möglich davon und liess einen Mann hinter mir, der sich am liebsten gespalten hätte, um jede von uns zu beaufsichtigen.

So hatte ich einige Minuten gewonnen, die ich dazu benutzte, meine drei Kameras in Funktion treten zu lassen: ich machte farbige und Schwarzweiss-Aufnahmen, sowie farbige Kinoaufnahmen. Die Sonne schien grell auf die gerippte Kuppel und auf das hohe Bogenportal davor. Das Glitzern der glasierten Ziegel brachte eine erstaunlich lebendige Note in eine Landschaft, die wie ohnmächtig in der Weisse der Mittagshitze zu liegen schien. Die meisten dieser Backsteine waren zu blass, um mir zu gefallen, aber neben dem Grabmal von Khwaja Abul Nasr Parsar ragte stolz die Grüne Moschee mit ihrem grossen Portal zwischen dicken Spiral-Minaretten.

Khwaja ist der Name einer Sekte heiliger Männer, die einst Macht über die Khans von Turkestan erlangte; ihre Gräber findet man überall in Zentralasien. Dieser Name ist vielleicht von Khojagian, Lehrer, abzuleiten. Sie gehörten dem Derwischorden der Naqschbandis an, die durch völlige Konzentration die ›Macht des Willens‹ entwickelten. In ihren Büchern steht geschrieben: »Es ist unmöglich, sich gegen einen Arif oder einen ›wissenden Menschen‹, der die ›Macht des Willens‹ besitzt, zu behaupten. Der ›Tarikh-i-Raschidi‹ berichtet uns, dass ›sie Wundertäter waren und Kranke heilten und infolgedessen Macht auf die Gemüter der Menschenmassen ausübten‹. Die Naqschbandis (Maler) wurden so genannt, weil ihr Gründer Naqschband unvergleichliche Bilder der göttlichen Weisheit zeichnete und Gestalten der ewigen Erfindung malte, die nicht unerkennbar sind.«[27]

Nachdem Christina, von ihrem Polizisten beschattet, zu mir gekommen war, brausten wir nach Masar-i-Scherif. Um die Vorhaltungen unseres Mannes zum Schweigen zu bringen, begann ich laut aus dem ersten Buch, das mir in die Hand fiel, zu lesen: ›Mr. Fords Anweisungen an Besitzer seiner Wagen.‹ Bald hörte ich aber auf damit: es war zu beunruhigend, schwarz auf weiss all das zu lesen, was wir getan hatten und nicht hätten tun dürfen.

Die tiefen Löcher in der Strasse waren eine Drohung für unsere Wagenfederung, aber wir vergassen sie mehr oder weniger über der Frage: »Ist es für unsere Zeit möglich, solche Mystiker wie die Naqschbandis hervorzubringen?« Der berühmteste war der in Balch geborene Dschalal-ad-din-Rumi, der den Derwischorden der Maulawis gründete. Wie sein Freund Schams-ad-din von Täbris, bekannt als der Spiritus rector des Ordens, der Sultan der Bettler, das Mysterium Gottes auf Erden, der Vollkommene in Wort und Tat, lebte er zu Beginn des dreizehnten Jahrhunderts, in dem Dschingis-Khan einer Welt durch Zerstörung all ihrer grossen Kapitalen –

27 John P. Brown und H. A. Rose: *The Darvishes.*

Balch, Merw, Nischapur, Ray – den Untergang bereitete. Vielleicht würden, wenn ein Weltkrieg – das neuzeitliche Gegenstück mongolischer Invasionen – unsere heutige Welt zerstören sollte, wieder Mystiker aufstehen, eifrig bedacht, sich mit Wichtigerem und weniger Widerlichem als dem Wahnsinn der Menschen auseinanderzusetzen.

Wir hatten hinter unserem Sitz ein Bücherregal angebracht. Die armen Bücher wurden in all diesen Tagen toll herumgeschüttelt, aber wir waren glücklich, dass wir im richtigen Moment das richtige Buch zur Hand hatten. Friedlich nebeneinander standen da Marco Polo, Pelliot, Evans-Wentz, Vivekananda, Maritain, Jung, eine Biographie Alexanders des Grossen, Grousset und der ›Zend-Avesta‹. Ich nahm ›The Darvishes‹ von John P. Brown und H. A. Rose und las laut den Abschnitt über Dschalal-ad-din-Rumi vor. »Als er mit anderen Jünglingen auf einem Dach sass, wurde er gefragt, ob es möglich sei, auf das Dach des gegenüberliegenden Hauses zu springen. Er antwortete: ›Wehe dem Menschen, der versuchen sollte, das zu tun, was Katzen und Hunde tun. Wenn ihr euch dazu fähig fühlt, lasst uns in den Himmel springen‹, und dann sprang er empor und entschwand ihren Blicken. Die Jünglinge schrien laut, als er verschwand, aber einen Augenblick später kehrte er zurück, völlig verändert in Gesicht und Gestalt, und erzählte, dass eine Legion grüngekleideter Wesen ihn ergriffen und kreisend nach oben getragen habe! ›Sie zeigten mir seltsame Dinge himmlischen Charakters, und als eure Schreie zu uns drangen, brachten sie mich wieder zur Erde zurück.‹

Wenn er sich später ganz in inbrünstige Liebe zu Allah versenkte, erhob er sich von seinem Sitz und drehte sich um sich selbst, und ab und zu stieg er nach oben, sich von der irdischen Welt trennend. Nur durch Musik konnte er daran gehindert werden, aus der Mitte seiner treuen Anhänger zu verschwinden.«

Jahre danach kam mir das folgende Gedicht von ihm unter die Augen, das für Christina hätte geschrieben sein können:

Mag Wille, Geist, Nachdenklichkeit
Auch Hölle sein und Fluch der Welt,
Doch fehlt Gewissenhaftigkeit,
Sieh, wie der Nüchternste verfällt
Der Droge und der Trunkenheit.

24

Pol-i-Khumri

Obwohl Masar-i-Scherif sowohl die Hauptstadt Afghanisch-Turkestans wie auch ein Pilgerzentrum ist, wollten wir die Stadt rasch verlassen, bevor die Behörden auf uns aufmerksam würden. Nicht um meinen Plan zu verwirklichen, in der Wildnis Kafiristans zu verschwinden (ich musste erst Christina zu den Hackins bringen), sondern um das schöne Tal des Hindukusch zu geniessen, war es wichtig, das Eskortensystem loszuwerden. In unserem kleinen Hotel (gekacheltes Badezimmer, Metallbetten und lange Esstische) lauschten meine Ohren dauernd gespannt auf das Telefon, aus Furcht, der Direktor würde uns der Polizei melden.

Der Name der Stadt – edler Schrein – kommt von einem Grab, das, wie die Afghanen behaupten, dasjenige Hazrat Alis sei, des vierten Imams, der viele Sufis unter seinen Anhängern zählte. Das Grabmal, ein massiver Bau, von helltürkisblauen Kuppeln überragt, steht inmitten eines mit Steinplatten belegten Hofes. Vom Haupttor aus gesehen bietet es eine verwirrende Vision von Blitzen, die aus jeder Wand mit ihren Lüsterfayencen springen. Doch beim Nähertreten schwindet der Zauber; es gibt zu viele hellblaue und gelbe Flächen, und es geht einem wie mit Dulacs Illustrationen, sie haben etwas allzu Verfeinertes an sich. Dichte Scharen von weissen Tauben setzten sich lärmend in den Schatten der Torbogen, reihenweise warteten Bettler geduldig auf das Auftauchen eines Wohltäters.

Die auf Befehl von Hussein Baikara, der im fünfzehnten Jahrhundert in Herat herrschte, erbaute Moschee wurde vor nun knapp hundert Jahren mit neuen Fayencen verkleidet. Dschingis-Khan hatte ein älteres, 1136 erbautes Grabmal zerstört. Hazrat Ali lebt in meinem Gedächtnis als Symbol für die friedliche Atmosphäre der Zuflucht, die mich einhüllte, sowie ich das Heiligtum betrat, dessen Eingang eine schwere Eisenkette sperrte.

Als wir Masar verliessen, waren wir nur noch zu zweit im Wagen. Am späten Nachmittag war die Hitze noch immer unerträglich, aber wir wollten die Nacht auf den Höhen bei Heibag verbringen.

Wir fuhren durch eine fahle Wüste, in der sich braune Zelte scharf von dunkelblauen Wolken abhoben. Ein heftiger Wind blies uns in den Rücken. Der Boden des Wagens war so heiss, dass die Sohlen meiner Schuhe mich nicht mehr schützten und ich meine Füsse auf den Sitz zog – irgendwo braute sich ein Sandsturm zusammen. In Taschkurgan mussten wir nach Süden abbiegen und die Strasse nach Kabul benutzen, die über den Hindukusch führt. Am liebsten wäre ich gerade weiter gefahren, zur Quelle des Oxus, bis ich wieder meinen Weg erreicht hätte, auf dem ich vier Jahre zuvor zum chinesischen Pamir gereist war. Ich wäre dann an den Ruinen von Kundus vorbeigekommen, wo die Hackins die ersten buddhistischen Monumente – abgesehen von den Stupen von Balch – ausgegraben hatten, die in Baktrien gefunden wurden; ich hätte die Provinz Badakschan durchquert, deren erbliche Könige zur Zeit Marco Polos noch immer von Alexander dem Grossen abstammten und den Titel Zulcarnein, Herr der Hörner, das arabische Epitheton des grossen Mazedoniers, innehatten. Ich hätte dieses Badakschan kennengelernt, das berühmt ist für seine Rubine und für die Lapislazuli, woraus all die dunkelblauen Mosaike entspringen, die ich gesehen habe; diese Landschaft, deren Urbevölkerung ›einen heftigen und rauhen Charakter‹ hat, wie Hsuan-Tsang berichtet, der auf seiner Heimreise nach China durch ihr Land dem Oberlauf des Oxus folgte. Hsuan-Tsang schrieb auch, dass sie ›grösstenteils grünblaue Augen haben und sich daher von anderen Menschen unterscheiden – eine Tatsache, die auch heute noch zutrifft.

In der Dämmerung kamen wir durch Taschkurgan, das nur aus Gartenmauern zu bestehen schien. Und dort, gerade als wir zu den Bergen abbogen, platzte ein Hinterreifen – seine Art, gegen die unerträgliche Hitze zu protestieren. Wir montierten ein Ersatzrad auf – es hatte keine Luft. Eifrig und intelligent pumpten zwei Nomaden den Reifen auf und gingen dann fort. Kaum hatten wir unsere Werkzeuge zusammengepackt, als der Reifen schon wieder keine Luft hatte. Das Aufmontieren des zweiten Ersatzrades beanspruchte den Rest unserer Tatkraft; nicht nur war ich von der Hitze erschlagen, sondern unser Schweiss, der freigebig in den Staub tropfte, zog eine derart dichte Wolke von blutsaugenden Moskitos heran, dass ich kaum zu sehen vermochte, was ich tat.

Eine erstickend heisse Nacht war hereingebrochen. Es wäre Wahnsinn, ohne Ersatzreifen in die Berge hinaufzufahren, erst mussten sie repariert werden. Wir könnten Hilfe in dem Rasthaus erhalten; wir wussten, dass es eines im Dorf gab. Doch wir konnten es nicht finden, wir waren hilflos in einem anscheinend ausgestorbenen Ort. Wir klopften und polterten an Holztüren, versuchten durch verriegelte Tore zu spähen – alles, in Staub gehüllt, blieb stumm. Es war ein merkwürdiges Erlebnis; ich hatte das Gefühl, im Traum zu handeln, und man weiss ja, dass dann alle Bemühungen zwecklos sind. Hatten die Einwohner Angst vor Räubern?

Auf der Strasse zu campieren kam gar nicht in Frage, wenn sich in Steinwurfweite eine Dusche und vielleicht ein Mechaniker befand, der unsere Reifen flicken würde. Schliesslich wurde ein Tor, das von flachen Benzinkanistern eingerahmt war, entriegelt und geöffnet. Eine würdevolle Persönlichkeit erschien, gefolgt von einem Diener mit einer Laterne: unsere Schwierigkeiten waren zu Ende.

Wir allein hätten nie das Rasthaus gefunden – jenseits eines riesigen, schmiedeeisernen Tores führte ein *jardin à la française* zum Palast von Dschahnama, der ursprünglich für den Emir Abdur-Rahman erbaut war, den schlauen Mann, der Afghanistan Ende des vorigen Jahrhunderts beherrschte. Ich stellte mir den Emir stark vor wie seinen Palast.

Hier in Taschkurgan versuchte Abdur-Rahman den aufrührerischen Gouverneur von Badakschan zu unterwerfen. Aber seine Soldaten waren unzuverlässig und begannen, zum Gouverneur Ischak Khan zu laufen, um sich ihm zu ergeben. Doch Ischak Khan, der befürchtete, gefangengenommen zu werden, machte sich auf und davon, und so verwandelte sich der Sieg, den er fast schon in den Händen gehabt hatte, in eine Niederlage für ihn!

Bevor er Emir wurde, war Abdur-Rahman von Schir-Ali in Kabul besiegt worden. Er floh nach Samarkand, wo er sich zehn Jahre aufhielt. Die Russen, die ihn für einen Bauerntölpel hielten, besprachen alle politischen Angelegenheiten vor ihm, weil sie glaubten, er würde sie nicht verstehen. Aber der zukünftige Emir hatte insgeheim Russisch gelernt und erfuhr nun viel über asiatische Politik.

Während ich durch die leeren Hallen des Palastes schritt, dachte ich an ihn – bärtig, schlau, die Astrachangola auf dem Kopf, korpulent, würdig, steif von Rheumatismus.

Es war noch früh am Morgen, als wir, aus einer tiefen Schlucht hinauffahrend, Heibag erreichten, das Samangan der persischen Sage. Die junge Sonne beleuchtete ein idyllisches Bild: die imposante Ruine einer von Zinnen gekrönten Bürg ragte auf einem Hügel, zu dessen Füssen ein klarer, seichter Bach schillerte, an dem schwarz verschleierte Frauen glitzernde pralle Wasserschläuche füllten und auf Esel verluden.

Auf einer Binsenmatte sitzend und aus kleinen Schalen Tee trinkend, bewunderten wir die fernen Gebirge, die wir durchqueren sollten, und die bernsteinfarbenen Felder vor uns, sowie die stolzen Köpfe und die aristokratische Haltung von drei älteren Männern. Auch gab es einen Früchtehändler neben einem Haufen fleckiger Melonen, unter denen jeder Kunde umständlich seine Wahl traf, bevor er den Kauf abschloss. Etwas weiter entfernt hing an einem Ast ein Schaf, das der Metzger geschickt häutete. Hinter uns standen im Schatten auf einem Regal eine Reihe glänzender Teekannen, und ein Knabe fächelte die Holzkohlen seines Samowars. Einige Männer trugen bestickte runde Käppchen, fröhlich leuchtend wie eine Vase mit bunten Blumen. Tauben gurrten, in einer Welt verloren, die nur ihnen bekannt war. Die Fremdlinge bestaunend, streichelte ein Knabe geistesabwesend sein gezähmtes Rebhuhn. Einige braune Ziegen starrten von dem flachen Dach aus, auf dem sie untergebracht waren, zum Horizont.

Und dann, um das Bild noch grossartiger zu gestalten, tauchten langsam sechs Kamele auf, feierlich unter dunklen Decken mit baumelnden Quasten einherschreitend;

auf dem ersten sass eine Nomadenfrau von Rang mit turkmenischem Kopfgestell unter orangefarbenem Schal, eine besonders fröhliche Note in diesem blauen Morgen.

Freude, jawohl, und Friede – friedliche Herden zogen an der majestätischen Burg vorbei, von der aus im sechzehnten Jahrhundert ein König von Heibag eine Kampagne zugunsten des Paschtu, der Sprache der afghanischen Stämme, begonnen hatte. Die friedliche Erde, die den weissgekleideten Bauern ihren gelben Weizen bot; Friede einer beständigen Welt, die nichts von unserer Achtundvierzig-Stunden-Woche weiss oder von ›organisierter Freizeitgestaltung‹ oder von Rotationspressen, die die Welt mit unzähligen Zeitungen überschwemmen.

Am Abend desselben Tages war das Bild erstaunlich anders.

Von der Höhe bei Heibag fuhren wir hinunter in das grosse Kundustal, dem wir bis zum Schibarpass folgen sollten. Der Kundus floss zwischen Schilfsümpfen und Reisfeldern dahin, und es stieg eine feuchte Hitze hoch. Mit zufallenden Lidern fuhren wir weiter, bis das Tal enger zu werden schien.

Und plötzlich sahen unsere geblendeten Augen, überrascht und entsetzt, jenseits eines Felsvorsprungs die weissen Mauern einer Fabrik, deren zahlreiche Dächer wie Drachenzähne in die dunstige Luft ragten. Rundherum standen Zelte und Baracken für Tausende von Menschen, und etwas weiter erhob sich ein noch nicht fertiggestellter grosser Betondamm. Hier, im Herzen Asiens, und diesmal ohne Sowjet-Initiative, die dieses Wunder erklären könnte, hatte dieses Ungeheuer Wurzeln geschlagen, während das bescheidene Masar, die nächste Stadt, über zweihundert Kilometer entfernt lag.

Auf einer Bogenbrücke, die vielleicht vor siebenhundert Jahren von Dschingis-Khan erbaut worden war, machten wir halt; obwohl sie so viele Jahrhunderte hindurch den reissenden Wirbeln eines wilden Flusses widerstanden hatte, war sie jetzt dazu verdammt, unter den Gewässern des neuen Stausees unterzugehen.

Dieses Bild erinnerte an Beschreibungen aus dem Wilden Westen: Baracken, Zelte, Verkaufsbuden, schmutzige Werkschuppen, Lärm und Geschäftigkeit überall; schmalspurige Loren rasselten einher, Nieten wurden eingeschlagen, Hügel abgetragen, Zement gemischt – alles wurde auf den Kopf gestellt. Wir waren in Pol-i-Khumri.

Wir machten Rast und tranken Tee in einer Tschaikhana. Dort erfuhren wir, dass fünfhundert Webstühle und achthundert Arbeiter jährlich zehn Millionen Yard Baumwolle spinnen und weben sollten. Das Wasserkraftwerk sollte auch Strom für eine Zuckerrübenraffinerie in dem flussabwärts gelegenen Baghlan liefern. Tausende von Arbeitern waren bereits an Malaria gestorben. (Das gleiche war beim grossen Wachstroi geschehen, dem Kraftwerk, das die Sowjets vor sieben Jahren nördlich des Oxus erbaut hatten.)

Die Männer waren sehr verschieden voneinander, alle hatten sie aber Lumpen statt Turbane um die Köpfe gewickelt. Die freundlichen Hasara, deren Vorfahren von Dschingis-Khan im Lande zurückgelassen worden waren, haben Schlitzaugen und vorstehende Backenknochen. Wallende schwarze Bärte und regelmässige Gesichtszüge bezeichnen den Tadschik aus den Bergen, der wahrscheinlich unser asiatischer Vetter ist. Die Gesichter der Afghanen sind lang und schmal, sie haben Adlernasen und durchdringende Augen. Die Männer mit breiten Gesichtern sind Usbeken, deren Brüder jenseits des Oxus leben, wo Taschkent und Samarkand schon vor langer Zeit der westlichen Zivilisation angepasst wurden, wo Pioniere des Sozialismus zuweilen mitleidvoll an Feudal-Afghanistan denken. Persianisierte Türken werden Kisilbasch genannt, abgehärtete Turkmenen aus den Wüstenebenen des Nordens mit stolzen geraden Nasen sind als die einzig willigen Arbeiter dieser ganzen Zusammenrottung bekannt.

Einige gelernte Leute waren aus Kabul gekommen, wo bereits Fabriken im Betrieb sind, aber die meisten Arbeiter stammten aus den Nachbardörfern. Wie reagierten sie auf einen Tag mit ununterbrochener Arbeit? Wie gefiel es ihnen, sich ständig unter Aufsicht eines Vorarbeiters zu befinden, während bis jetzt die meisten von ihnen im Schatten ihrer Ulmen hatten sitzen dürfen, wenn sie keine dringliche Arbeit hatten?

Ab und zu hörten wir Lärm: eine Gruppe sang oder, richtiger gesagt, grölte ein Wort, immer das gleiche ›Yakh Tschariah!‹, um sich bei ihrer Arbeit zu ermutigen. Es war auch ihr Kriegsschrei, sagte man uns. Wie bezeichnend – die Arbeit wie einen Feind zu attackieren!

Auf einem Badakschan-Pony reitend, stattete uns im Teehaus ein tüchtiger Deutscher einen Besuch ab (als ich ihn neugierig betrachtete, fiel mir ein, dass ich seit langem keinen Europäer mehr gesehen hatte), und an dem Abend genossen wir die Gastfreundschaft von Herrn Kuhn, während die Arbeit in einem mit Elektrizität überfluteten Wundertal weiterging!

Ein Bild Hitlers wachte über den Kaffeetisch, den Schosshund, die Kissen und die blondhaarige Dame des Hauses. Waren wir noch immer in Asien? Jawohl, ohne

Zweifel: unsere Gastgeberin verkündete, dass sie nur kondensierte Milch verwende, da es zu gefährlich sei, etwas mit den Kühen des Tales zu tun zu haben!

Die Kuhns kannten Iran; er hatte das Haus mit der Veranda, in dem wir in Schahi am Kaspischen Meer übernachtet hatten, gebaut und dort gewohnt. Und Frau Kuhn zog einen Vergleich, der eine Schmeichelei für die Perser sein sollte:

»Die Afghanen sind unmöglich. Während des dreckigen Winterwetters in Kabul gehen sie nicht vom Trottoir runter, wenn sie mich treffen; sie zwingen mich, durch den Dreck zu waten, während die Perser mir immer Platz gemacht haben.«

»Es ist bekannt«, entgegnete ich, »dass der stolze Afghane sich für besser als alle übrigen Menschen hält. Zudem sind, so sehr er auch seine Mutter respektieren mag, unbekannte Frauen für ihn nichts als Tiere.«

Aber Frau Kuhn, die an einen anderen Kummer dachte, hörte gar nicht zu. »Würden Sie das für möglich halten«, sagte sie, »man hat Frau Kirsten und mich gebeten, nicht im Fluss zu baden, das einzige, was die tropische Hitze hier erträglich macht!«

»Wir können uns kaum vorstellen, was das für ein Gefühl ist, wenn man nie die Arme oder Beine einer Frau gesehen hat, gar nicht von einem Frauenkörper in einem Badekostüm zu sprechen«, bemerkte Christina.

»Aber wir stellen uns doch gar nicht aus, die Kerle brauchen uns doch nicht anzuschauen«, erwiderte die dicke Frau Kuhn. »Jedenfalls hat es mein Mann den Ältesten des Tales klargemacht, dass die zwei Khanums weiterhin baden würden. Er unterwerfe sich gerne den Landesgesetzen, aber er werde gemäss den Sitten Deutschlands leben: Er denke nicht daran, seine Frau unter einem Leichentuch zu verhüllen, wenn sie ausser Hauses gehe.«

Die beiden deutschen Ingenieure erzählten von ihren Schwierigkeiten: die höheren afghanischen Regierungsbeamten seien voll grosser Ideen, wollten aber nicht einsehen, dass ihnen das geeignete Personal fehle; sie hätten keine ehrlichen Untergebenen, denen sie die Ausführung ihrer Befehle anvertrauen könnten. Und obwohl sie keine Maurer- oder Schreinervorarbeiter hätten, wollten sie eine Technische Hochschule eröffnen! Nie würde irgend etwas vollbracht werden, die kleinste Leistung koste eine Masse vergeudeter Energien. Ein typisches Beispiel: nach monatelangen Bemühungen sei einer ihrer Kollegen in Kabul, dem eine zerbrochene Fensterscheibe im Bureau nicht ersetzt wurde, zum Minister für öffentliche Arbeiten gegangen und habe sich beschwert. »Ich bin der einzige Mann hier, der die Erlaubnis hat, einen Tritt zu geben oder einen Stock zu brauchen – kommen Sie also immer zu mir!« hatte ihm der Minister erklärt.

»Erinnern Sie sich noch an das, was wir neulich hörten?« sagte ein anderer. »Skoda hatte der Armee Gebirgsmaschinengewehre geliefert. Als die Soldaten die einzelnen Teile der Waffe tragen sollten, fanden sie sie zu schwer und liessen sie einfach liegen; es stehe im Koran geschrieben, erklärten sie, dass schwere Arbeit den Eseln zu überlassen sei. Diesen Leuten musste dann beigebracht werden, dass ein Krieg gegen Angreifer oder die Ausbildung dafür alle Übertretungen des Korans entschuldige.«

Herr Pertsch fügte hinzu: »Wenn ich meinem Schreiner sage, dass die neue Tür nicht genau rechtwinklig sei, erwidert mir der Mann lachend: ›Was macht das aus, die Hauptsache ist doch, dass sie schliesst!‹ Wie kann ich solchen Leuten beibringen, dass der Bruchteil eines Millimeters wichtig ist, wenn sie die Grundfläche für einen schweren Dieselmotor legen?«

»›Ich gestatte Ihnen zu prügeln, wenn nur der Damm rechtzeitig fertiggestellt wird‹, hat mir der Minister gesagt«, erzählte Herr Kirsten. »Aber in Afghanistan ist Prügeln eine gefährliche Sache – es ist gesetzlich verboten. Der Direktor der deutschen Schule musste innerhalb vierundzwanzig Stunden das Land verlassen, weil er einem Wachtposten eine Ohrfeige gegeben hatte; der Mann hatte in Ausführung seiner Befehle ihn nicht in die Auto-Reparaturwerkstatt eintreten lassen, in der er seinen Wagen hatte.«

Ich versuchte über meine Gefühle klarzuwerden, als ich diese in den Falten des Hindukusch verborgene Fabrik entdeckt hatte, und fragte die Deutschen, ob sie der Gedanke daran, dass sie durch ihren grossartigen Bau dem Tal schon so viel Elend beschert hätten, nicht bedrücke. Seien nicht die technischen Errungenschaften unserer Zivilisation ein Fluch, wenn sie den Afghanen den Boden unter den Füssen wegzögen und sie plötzlich zu einer Lebensweise zwängen, die nie für sie bestimmt war? Aber die Ingenieure wollten nicht zugeben, dass ihr Kraftwerk die Lebensweise der Eingeborenen vernichte. Natürlich sprachen sie von Fortschritt, diesem entsetzlichen Gott, der von Kriegen gedeiht. Ihre Aufgabe war Bauen – solange sie bauen konnten, waren sie zufrieden. Glücklich die Kurzsichtigen, die nicht weiter als ihre Nasenspitze sehen!

* * *

Uns wurde das Esszimmer mit seinen zwei Diwanen zugewiesen. Die Hitze quälte uns derart, dass wir nicht zu schlafen vermochten, und wir unterhielten uns.

Wir meinten, es sei nicht die Maschine an sich, die schlecht ist, sondern die Art, wie sie verwendet wird. Wenn der Mensch Herr einer Maschine ist, fühlt er sich mächtiger, ob er auf einem Freilaufvelo radelt oder über den Wolken am Himmel einherfliegt. Ein tüchtiger Autobuschauffeur zeigt eine gewisse Würde: nach Gott ist er der Herr seines Vehikels, ein Held für seine fünfundzwanzig Passagiere. Aber wenn ein Mensch der Sklave einer Maschine ist, die die Bewegungen diktiert, die er machen muss, findet er bald, dass das Leben fade wird, obwohl der höhere Lohn ihm mehr und schmackhafteres Essen verschafft – aber der Geschmack liegt in einem selbst, nicht in dem Happen, den man isst. Solch eine Arbeit erfordert keine Initiative, keine Entschlusskraft, kein Verständnis, keine Schaffensfreude. Menschen, die in unseren monströsen Grossstädten geboren werden, bleibt wenig Wahl, sie können es kaum vermeiden, Fabrikarbeiter zu werden; aber gesunde Bauern oder unabhängige Schafhirten in entnervte und entwurzelte Roboter zu verwandeln, ist fast Mord. Der Tag muss kommen, da die Maschine nicht länger dazu verwandt wird, die Hälfte von dem umzubringen, was der Mensch ist. Das ist die einzige Lösung, denn in Europa können wir nicht mehr zum patriarchalischen System der Fürsorge des Stammes für die Bedürfnisse aller seiner Angehörigen zurückkehren.

»Inzwischen ertönt der Schrei nach Chinin, Schulen, Spitälern, Strassen und Soldaten«, erklärte Christina. »Um dafür zu zahlen, muss es Fabriken geben, gehorsame

Untertanen und steuerzahlende Arbeiter. So kommen wir allmählich zu der Entwicklung, die Europa charakterisiert und deren Hauptauswirkungen auf die übrige Welt darin besteht: mehr Maschinen und mehr Spezialarbeiter, die jeden Tag mehr und mehr produzieren.«

Pol-i-Khumri wurde zu einem Symbol unseres Maschinenzeitalters, in dem die Seele des Menschen unterdrückt wird, zum Symbol unserer Maschinenzivilisation, die von den asiatischen Ländern sklavisch nachgeahmt wird, trotz dem Umstand, dass alle Orientalen nur Verachtung für die abendländischen Barbaren empfinden. Die Natur, das Klima und der Charakter der Afghanen sind dem vollkommen fremd, was bereits hier und dort auftaucht: nicht nur Fabriken und sonstige eiligst durchgeführte Industrialisierungsbestrebungen, sondern Häuser im abendländischen Stil mit breiten Fenstern und dünnen Dächern, europäischen Anzügen, Schnürschuhen, Fahrrädern … Wenn maschinengewebte Baumwollstoffe eine Bevölkerung von Robotern bedingen, wäre es dann nicht besser, weiterhin handgesponnene Stoffe zu tragen?

Natürlich müssen Menschen ernährt und gekleidet werden, aber muss man deswegen ihre wichtigsten Eigenschaften abwürgen? Mit anderen Worten: Ist es nötig, dass jedes asiatische Land unser materialistisches Experiment bis zum bitteren Ende durchmachen muss? Angenommen, Europa beginne jetzt die Notwendigkeit einzusehen, sein Leben wieder auf geistigen Werten aufzubauen, wann wird Asien seinerseits die Fata Morgana ›sofortiger Industrialisierung um jeden Preis‹ als solche erkennen? Wird Haschim Khan, der kluge Premierminister Afghanistans, einsehen, dass er durch Einführung zu vieler abendländischer Methoden sein Volk nur verwirren wird? Es wird nicht imstande sein, gegen die moralische Depression zu kämpfen, die im Kielwasser unserer materialistischen Kultur einherkriecht. Minen, Erdöl, Elektrizität, Kohle bieten raschen und hohen Gewinn. Viehzucht, Früchte, Lammfelle, Wolle, Weizen, Wälder erfordern Geduld, aber die Tatkraft der Afghanen sollte sich der Ausbeutung dieser afghanischen Produkte widmen, da diese Arbeit ihnen gemäss ist; sie bedeutet keinen Bruch mit der Vergangenheit, sie ist kein fremdes Gewächs, sie lässt ihnen Harmonie und Freude, lässt sie frei sein, normal gedeihen.

»Es sollte uns tiefe Sorge verursachen, dass die materielle, gewinnsüchtige Seite der abendländischen Kultur eine so mächtige, revolutionierende Wirkung auf die übrige Welt ausübt«, schrieb Dr. J. H. Oldham in einem seiner ›Christlichen Blätter‹. Das ist die Antwort, die man Technikern erteilen muss, wenn sie von Fortschritt reden.

Nicht die Bescheidenheit unserer Forscher, die Selbstverleugnung unserer Wissenschafter, die Ehrlichkeit unserer Handwerker sind in Übersee bekannt, sondern unsere Methoden des Geldverdienens, unsere Nähmaschinen, mechanischen Webstühle, Autos, Gewehre, Kinos und billigen Lehrbücher. Warum zersetzt unsere Kultur alles, was sie berührt? Warum nehmen die meisten Araber, Japaner, Hindus, Chinesen nur das Schlechteste von uns an?

Ausser zweitausend Quartieren für Arbeiter sollte Herr Pertsch Schulen bauen. 1937 erzählte mir der Premierminister in Kabul, dass die Hälfte seines Budgets für das Unterrichtswesen verwandt werde; sein Motto war ein Spruch aus dem Koran: »Suche Wissen, selbst wenn du dafür bis nach China wandern musst!« Er glaubte,

Bildung sei die beste Sicherheit gegen Invasionen ehrgeiziger Nachbarn.

Schulen! In Kirgisistan, in der Mandschurei, in China, in Indien wird dieses Wort gebraucht, als sei es der Schlüssel zur Lösung aller Probleme. Natürlich bin ich froh, dass ich lesen und schreiben kann und zusammenzurechnen vermag, was ich am Tag ausgegeben habe, wenn ich sehe, dass mein Portemonnaie leer ist. Aber Schulen entwickeln die Eigenschaften nicht im gleichen Masse wie sie sie ersticken können mit abgedroschenen Fakten und lahmen Argumenten, die der chinesische Student und der Hindu-Angestellte wie eine göttliche Offenbarung verkünden: »Wir wissen bestimmt, dass der Mensch vom Affen abstammt.« Nein, das wissen wir nicht. Tolstoj, der über unsere abendländische Kultur ebenso gut Bescheid wusste wie über die Unwissenheit seiner Bauern, schreibt in *Krieg und Frieden* von den »sogenannten fortgeschrittenen Menschen – ein Pöbel von Ignoranten, die in unserem eingebildeten Zeitalter der Popularisierung des Wissens dank der mächtigsten Waffe der Ignoranz – der Verbreitung von Druckerzeugnissen« leben.

Unsere abendländischen Ideen werden sich mit der Entwicklung der Bildung weiter ausbreiten. Diese wird einem jungen Mann dazu verhelfen, sich materiell rascher unabhängig zu machen; er wird nicht länger seinem Schwiegervater, Gholam Haidar, oder von wem immer er abhängig ist, gehorchen müssen. Aber unsere Art der Bildung ist ein gefährliches Lösungsmittel: es spaltet, es wird ihn lehren zu kritisieren, er wird glauben, er wisse genug, um zu urteilen. Er wird die Reihen der kleinen Prometheusse vergrössern und bald wird er sich allein fühlen, wird allein in völliger Einsamkeit gegen die Welt anschwimmen.

Die Frage ist: Sind die Vorteile von Krankenhäusern, Schulen, Zeitungen, Radioapparaten, die der frischgebackene Fabrikarbeiter zur Verfügung hat, den Verlust des Lächelns wert, das sein schweres, aber ausgeglichenes Leben begleitete? Sowjet-Russland antwortet: Ja, weil die Gewinne der Fabriken nicht mehr einem Schah oder einem Plutokraten zufallen, sondern schliesslich wieder dem Arbeiter zugute kommen. Ich sage nein, weil ich überzeugt bin, dass, wenn man den besten Teil seiner Energie dazu verwendet, jahrein, jahraus acht Stunden am Tag zwei Schritte vor und zwei Schritte zurück zu machen, um die Fäden einer teuflischen Webmaschine in Ordnung zu halten, keine Inspiration oder Vitalität übrigbleibt, um während des Restes des Tages sein eigenes Leben zu leben.

Doch bevor ich mit völliger Sicherheit für die Afghanen nein sage, müsste ich ein oder zwei Jahre mein Leben unter ihnen verbringen, ihr Leben in Sturm, Sonne, Schnee, Mühsalen und Entbehrungen teilen. Ich müsste darauf gefasst sein, dass der verwirrte Nomade vielleicht gerne seinen freien Himmel für ein Leben in der Fabrik und einem jämmerlichen Loch in Kabul vertauscht, damit er einmal in der Woche in einem Kino über einen entwürdigenden Film lachen kann, der zwischen Pappkulissen gedreht wurde; dass er sich täglich rasieren lässt, während er dem Stadtklatsch lauscht; dass er schlecht verdaute Zeitungsnachrichten seinen Nachbarn im Teehaus in die Ohren bläst.

Am frühen Morgen ritten wir ein Seitental hinauf, dann folgten wir einem Zickzackweg durch ein weites Land mit sanften kahlen Bergen, ausgedörrt wie jene, die wir hinter Bamian sehen sollten. Hier und dort grasten in fernen Bodensenkungen Tiere – kleine Pünktchen wie Nisse in den Falten eines ungebleichten Tuches.

Wir gingen nicht weit. Der Eindruck von so viel Raum beschwingte uns. Wir tranken das Gefühl der Grenzenlosigkeit in uns hinein, das aus diesen monotonen Bergen emporsteigt, im Gegensatz zu den vergänglichen Ameisenhaufen, die unten im Tal wimmeln.

Nach dem Mittagessen fühlte ich mich krank. Die Hitze hatte mir zugesetzt, nehme ich an, oder vielleicht war es der Holzsattel meines kurztrabenden Ponys oder die aufregende Unterhaltung vom Abend zuvor? Ich fühlte mich so schwach, dass Christina ohne mich die Fabrikanlagen besichtigen ging.

Wieder einmal wunderte ich mich über sie: es war das zweitemal während unserer Reise, dass dieses zarte Wesen mehr Stärke bewies als ich. Wo verbarg sie sie?

25

Do-au

Wir näherten uns dem schönsten Teil unserer langen Reise.

Heibag war die Schwelle am Fuss des Hindukusch gewesen, und nun sollte uns das Kundustal zu seinem Herzen führen. Hindukusch kommt vielleicht von dem griechischen Namen für dieses Bergland: ›indischer Kaukasus‹. Oder, nach dem Reisenden des vierzehnten Jahrhunderts, Ibn Battuta, bedeutet es ›Hindu-Mörder‹, weil »die Sklavenkinder, die von Indien dorthin gebracht werden, infolge der aussergewöhnlichen Kälte und des tiefen Schnees in grossen Mengen sterben. Wir überquerten dieses Gebirge in pausenlosem Marsch vom Morgengrauen bis zum Sonnenuntergang. Dauernd mussten wir Filzmatten vor unsere Kamele legen, damit sie nicht im Schnee versänken.«

Die Kamele verschwinden mehr und mehr und werden durch prustende und klappernde Lastautos ersetzt, die mit einem öligen Saft aus dem fernen Burma oder Baku gespeist werden. Nicht mehr versammeln sich am Abend die Karawanenführer um das Feuer im Serai, um einem Märchenerzähler zu lauschen. Der Serai ist zur Garage geworden, wo findige Chauffeure einen Teil der Nacht damit verbringen, unter ihren Maschinen zu liegen und sie zu reparieren. Ihre Lehrlinge helfen ihnen, sowie sie die Kühler entleert haben – sie lockern die heisse Schraube mit dem losen Ende ihres Turbans –, und stützen mit der Winde den Hinterteil des überladenen Chassis.

Diese modernen Lasttiere führen ein anstrengendes Dasein. Löcher und tiefe Wagengeleise in den Strassen sind in Afghanistan so zahlreich, dass einige Leute behaupten, sie gehörten zu seinem Verteidigungssystem. Im Winter rutschen die schwerfälligen ›Tiere‹ die vereisten Rinnen des dreitausend Meter hohen Schibarpasses hinauf und hinunter, zwischen Schneemauern, die bis drei Meter hoch werden. Bremsen, selbst wenn sie in brauchbarem Zustande wären, sind dann nutzlos; wenn das Lastauto anhalten muss, verlässt sich der Chauffeur auf sein Batcha (Kind), das einen dicken Holzhammer unter eines der Räder schieben muss.

Wie Esel sterben auch Lastautos auf der Strasse. Ich habe sie nebeneinander liegen sehen, die einen ohne Räder, ihre verrosteten Eingeweide zeigend, die andern augenlos, da sich die Geier schon auf ihnen niedergelassen haben, nach langem, stummem Todeskampf zucken die kleinen Hufe nicht mehr. Zuweilen kann man auf dem Grund einer Schlucht ein Metallskelett erspähen, das nach einem Sturz dort landete, oder es war an einer unübersichtlichen Kurve mit einem Autobus zusammengestossen und umgekippt. So sah ich im Jahre 1937 eines auf dem Grund des Dareh-i-Schikari; eine hölzerne Brücke war zusammengekracht und sieben Passagiere hatten ihr Leben verloren; der Chauffeur war davongekommen, wurde aber wegen ›Beschädigung einer Brücke‹ bestraft!

Welcher Dichter wird die Lastautos Asiens besingen, das moderne Epos der Wüste Gobi, der Bergketten Burmas, der Berge des Schensi schaffen, die rasselnden, polternden Kolonnen feiern, die sich nicht um ihre Verwundeten und ihre Besatzungen kümmern können? Wird er den schweigenden Chauffeur besingen, der so an seinen jungen Gefährten gewöhnt ist, dass er nur noch in Gesten zu ihm spricht, den Chauffeur, der so toll einherrast, dass einem die Haare zu Berge stehen und man all seinen Mut zusammennehmen muss, um nicht aus dem Wagen zu springen? Der junge Bursche ist todmüde, aber seine Augen leuchten noch immer vor Stolz, dass er diese Strasse zu bezwingen vermag. Der Lehrling steht den ganzen Tag hinten auf dem Lastauto; er hat nur Platz für einen Fuss, hat einen grossen Holzhammer auf seiner Schulter, vollbringt Wunder im Bewahren des Gleichgewichts, und sein einziger Lohn ist, an den Haltestellen beschimpft und herumkommandiert zu werden.

Wäre ich als Knabe in einem afghanischen Dorf geboren, hätte ich wahrscheinlich das Leben als Chauffeurgehilfe auf einem der dreitausend Lastautos des Landes begonnen – es wäre wohl die beste Art gewesen, jung in der Welt herumzukommen. Den einen Tag gepeitscht von den eisigen Winden eines Passes, den nächsten Tag auf dem warmen Teer des Khaiberpasses; von den kühlen Schatten der Schluchten zu den Sanddünen von Andchoi auf dem Weg zu dem ehrfurchtgebietenden Schrein in Meschhed.

Ich wäre so glücklich gewesen, einer solch männlichen Welt anzugehören, dass der Mangel an Schlaf und Nahrung nur eine andere Form des Lebens, eine andere Form der Freude bedeutet hätte.

Tutende, ratternde, dampfende, prustende, knirschende, rutschende Lastautos wären mein Leben geworden ... bis ich, nachdem ich genügend geschmuggelt hätte, meinen eigenen Wagen hätte kaufen können und dann selbst der grosse Meister gewesen wäre.

* * *

Christina war sehr besorgt: sogar Privatwagen erlitten Unfälle; Herr Kuhn hatte sich das Schlüsselbein gebrochen, sein Chevrolet war an einem Flussrand abgestürzt … Aber was bedeutete dieses Jammern, das aus einem schwarzen Zelt ertönte? Wir machten halt. Ihre Trauer unterbrechend, kamen die Frauen zu uns heraus, unverschleiert, unvergesslich in ihren dunkelroten Gewändern unter schwarzen Kopftüchern. Wir musterten, befingerten, befragten einander, bis ein Mann einherkam und versuchte, unsere neuen Freundinnen fortzuschicken. Auf einmal waren wir alle guter Stimmung, gegen ihn verbündet – mit schallendem Gelächter wurde meine Bemerkung aufgenommen, dass »Frauen ganz gut ohne Männer auskommen können«.

Aber in seiner Selbstsicherheit war dieser Mann mit einer Sichel in der Hand, den goldenen Augen, die unter schwarzem Turban hervorblitzten, mit seinem Schnurrbärtchen, den vollen Lippen, die gesunde Zähne zeigten, so schön, dass unser Zusammentreffen mit den schwarzen Hexen an Interesse verlor. In der Art, wie er den Wagen inspizierte und uns befragte, zeigte er seine rasche Auffassungsgabe; er hatte es nicht nötig, auf die alten Fragen »Wieviel Kinder? Wie viele Brüder und Schwestern?« zurückzugreifen. Dieser Afghane könnte lügen oder töten, nach einem Ehrenkodex, der ganz anders ist als der unsrige, aber vor allem war er ein Mann, ein strahlendes Meisterwerk, voller Leben, ausgeglichen – sein Ausdruck zeigte seine schlichte Würde.

Während unseres Picknicks im Maulbeerhain von Doschi vermochten wir von nichts anderem zu sprechen als von diesem wunderbaren Mann.

Auch war er nicht einzig in seiner Art. Einige Tage später, meilenweit allein in dem gewellten Land, das sich jenseits von Bamian erstreckt, erblickten wir einen einzelnen Nomaden. Wir waren ganz plötzlich auf ihn gestossen. Er schritt schnell und munter aus, während er vor sich hin sang und auf einer kleinen Geige spielte, die er gegen die Taille gestemmt hielt. Er lachte uns zu, als wir langsamer fuhren und rief uns den üblichen Gruss *Mandana bashi!* zu, den wir mit *Zenda bashi!* erwiderten. In einem Land, in dem die Entfernungen so gross sind, könnte man keine besseren Worte wechseln als »Werde nicht müde!« und »Sei lebendig!« Nicht nur die Gestalt des Mannes war schön, auch seine Augen leuchteten wunderbar. Der ganze Tag war für uns strahlend und unvergesslich, da wir ihm begegnet waren. Dasselbe Licht leuchtet in den Augen eines Mädchens auf, wenn es entdeckt, dass Liebe in ihm ist, eine Liebe, die es so unerschöpflich findet, dass es die ganze weite Welt damit überschwemmen könnte.

* * *

Das Tal, das bisher lang und eng war, weitete sich plötzlich, und rosafarbene Felsen ragten gegen einen tiefdunkelblauen Himmel. Sie bildeten ein vollkommenes Tafelland – eine Überraschung in dieser felsigen Landschaft, in der jede andere Linie eher vertikal verläuft; sie waren ein unerwartetes Lächeln in einem düsteren Tal, das sich zur Sonne drängt.

Dieses steinige offene Land endete in Do-au, einem Dorf am Eingang des Dareh-i-Schikari, der Schlucht, durch die wir fahren mussten. Zwei kleine Autobusse standen vor einem Teehaus. Wir machten ebenfalls halt und bestellten Tee und hartgekochte Eier. Während wir warteten, badete ich den Abszess eines alten Mannes in Permanganat; er war eine Art Witzbold, und es schien eine freundliche Atmosphäre zu herrschen. Aber nein: Obwohl ich im Teehaus Eier gesehen hatte, behauptete der Wirt, er habe keine, und riet uns, in das Regierungsrasthaus zu gehen. Ich brauste auf. Noch nie waren wir derart behandelt worden, es verstiess gegen die Gesetze der Gastfreundschaft; wir waren keine wilden Tiere, die man in einem traurigen Steinhaus absondert. (Später, zu spät, fiel mir ein, dass der Mann wahrscheinlich dem Befehl folgte, dass Fremde das Haus benutzen müssten, das für sie gebaut worden war.)

Das muffige Rasthaus wurde eiligst geöffnet; seine Plüschmöbel wirkten in dieser Hitze aufreizend, obwohl sie zweifellos im Winter angenehm waren. Dumpf, gefängnisgleich kam einem dieses Haus nach der Lebendigkeit der hellen Wirtschaft vor. Wir hatten nicht zwei Erdteile durchquert, um gegen unseren Willen zwischen düsteren Wänden zu hocken. Und das Faktotum brachte uns eine Preisliste, um seine Behauptung zu bestätigen, dass Tee und Eier ebenso viel kosteten wie eine volle Mahlzeit. Obwohl wir schon so lange im Land lebten, hatten wir uns noch immer nicht an die Preise dieser staatlichen Rasthäuser gewöhnt; es hatte schon manche Diskussionen abgesetzt, wenn die Rechnung vorgelegt wurde. Das war ein so wunder Punkt, dass ich in Kabul dann den Generalpostmeister, dem diese Hotels unterstehen, aufsuchte. »Ihre Preise«, erklärte ich, »mögen den wenigen Ministern, die dort reisen, oder Engländern, die ein hohes Gehalt in Indien beziehen, passen. Aber Europa ist voll von Menschen wie wir, die so billig als möglich reisen müssen. Da Sie Hotels für Fremde bauen, nehme ich an, dass Sie den Touristenverkehr heben wollen, doch damit Ihre Gasthöfe nicht wie die Pest gemieden werden, müssen Sie an Leute wie uns denken.«

Da wir von Do-au die Tür hinter uns zuschmetternd fortgingen, weit über Gebühr über diesen kleinen Zwischenfall verärgert, beschlossen wir, in Bamian einen grossen Bogen um das Hotel zu machen. Dieser Entschluss sollte schwere Folgen haben.

* * *

Die Jägerschlucht oder Dareh-i-Schikari bot während fünfzig Kilometern atemraubende Anblicke. Beinah senkrechte Felswände, die zu beiden Seiten der Schlucht emporstiegen, liessen nur einen schmalen Streifen des Himmels sehen. Die Strasse wechselte dauernd über Brücken von einem Ufer zum andern. Dunkle Felsüberhänge bedrohten uns, da sie aber dauernd im Schatten lagen, war es köstlich kühl. Wenn wir Lust gehabt hätten, in der Gegend Forschungen anzustellen, hätten wir eine grosse Höhle voll menschlicher Gebeine finden können, die Höhle, in der neunhundert oder vielleicht neuntausend Menschen auf ihrer Flucht vor Dschingis-Khan umgekommen waren.

Zuweilen öffneten sich die Berge, die Sonne liebkoste das sich kräuselnde blaue Wasser, Ziegen weideten in dem harten Gras am Ufer, auf Hügeln standen viereckige Türme – eine Erinnerung daran, dass die Heere, die diesen Weg entlanggezogen waren, ihre langen Verbindungslinien hatten verteidigen müssen.

Ein bauchiger Samowar, ein Boden aus gestampfter Erde unter einem grossen Dach, eine Reihe lustiger Teekannen, das war eine Begrüssung, die zur Erhöhung der Freude beitrug.

Ein Reiter kam – klack, klack, klack – die steinige Strasse herunter. Dieses Geräusch erinnerte mich an meine Zeiten auf den Saumpfaden Asiens – sehnte ich mich nicht mehr danach? Der Sturm heulte durch die Schlucht, diesen kolossalen Schacht, der gewissermassen als Blasbalg für den Backofen, die turkestanische Wüste, dient.

Wir waren beträchtlich in die Höhe gekommen, und ich fühlte mich neu belebt. Zudem hatten wir nur noch eine Stunde bis Bamian, dem höchsten Punkt unserer Reise und der letzten Etappe, bevor wir zu den Hackins kamen.

Vorwärts rasten wir und verliessen, der Kälte dieser felsigen Schluchten entrinnend (wir hatten sogar Schnee auf einem dreieckigen Gipfel gesehen, der während zwei Sekunden auf uns hinabgeblickt hatte), das Tal durch einen Spalt in seiner westlichen Mauer. Dann folgten wir dem Bamianfluss, der brausend von Felsblock zu Felsblock hüpft. Die grösste Freude in Asien: klares, fliessendes Wasser – das verspricht Felder, Bäume, Weideland.

Eine Eselkarawane rastete auf einem kleinen Landstreifen; die Ladungen sahen wie rosafarbene rechteckige Marmorplatten aus. Ich wusste, dass es Salz war; ich hatte das schon einmal gesehen, als ich früher mit den Hackins nach Bamian gereist war.

Zum letztenmal verengte sich das Tal; dem Bug eines Schiffes gleich, das einem Angreifer trotzt, ragte die purpurfarbene Felswand Schar-i-Zohak wie ein Keil über grünem Gras, das von funkelndem Wasser besprengt wurde; von dort führt ein Weg dem Kalvfluss entlang über den Hadschi-Gak-Pass und den Oberlauf des Hilmendflusses, sowie den Unaipass direkt nach Kabul.

Dann lag ganz Bamian vor uns: einige Quadratmeilen friedlicher Felder, die vom Hindukusch gegen den Nordwind geschützt werden. Sanfte Hänge steigen zu dem Kuh-i-Baba-Gebirge im Süden empor, und dort konnten wir auch das alleinstehende Hotel mit dem hellen Dach erkennen. Zwei dunkle Öffnungen, wie riesige Schildwachhäuschen, waren die Nischen der grossen Buddhaskulpturen in den nordwärts ansteigenden Felswänden.

Die würden später an die Reihe kommen, augenblicklich beschäftigten wir uns damit, unser graues Zelt aufzuschlagen; vor uns war eine wunderschöne Wiese, deren Grün das Braun der kleinen Kühe noch betonte. Jenseits des kleinen Tales liefen zwei Bergwände rechtwinklig zueinander, gezackt, verwittert, geriefelt, stufenartig wie Orgelpfeifen emporsteigend und burgähnliche Formen annehmend. Sie wiesen so lebhafte Farben auf, purpurrot, orange, grau, dass das Auge sich wieder und wieder ihnen zuwandte, um sich dessen, was es gesehen hatte, zu vergewissern. Durch die Strahlen der untergehenden Sonne verwandelten sich diese Mauern in eine Vision von flammendem Samt, die einer Märchenwelt anzugehören schien.

Der weiche Wiesenboden, die strahlende Reinheit der Bergluft, der tiefe Friede des wunderbaren Tales, all das rief in uns höchstes Entzücken hervor.

Allein für diesen unvergesslichen Augenblick tiefster Erfüllung lohnte es sich, so weit gereist zu sein.

* * *

Die Gemütlichkeit des kleinen Zeltes umgab uns. Wieder einmal wurden auf dem Primuskocher Suppe, Risotto und getrocknete Aprikosen gekocht. Wieder einmal sprachen wir über die Zukunft.

Christina wusste, dass sie nie eine Archäologin werden würde, Schreiben war ihr einziger Ehrgeiz. Aber das Beste, was sie jetzt tun konnte, war, während wenigstens eines halben Jahres bei den Hackins ein regelmässiges Leben zu führen. Ich wollte sie nicht nach Kafiristan mitnehmen, und sie war ihrer selbst noch immer nicht sicher genug, um allein leben zu können – obwohl ihr Selbstvertrauen von Tag zu Tag stieg.

Ich erinnere mich, dass ich ihr erklärte: »Wenn du eine geborene Schriftstellerin bist, wird eine Zeit kommen, da du dich so voller Inspirationen fühlst, dass du von deiner Arbeit völlig mitgerissen wirst. Bis dahin nimm den Halt an, den eine Gemeinschaft ihren Angehörigen bietet. Irgendeine vorübergehende Arbeit, die intelligent verrichtet wird, kann genügend interessieren, um dir über deine Depressionsanfälle hinwegzuhelfen.«

Sie fühlte sich ihrer selbst so sicher wie noch nie zuvor in ihrem Leben.

Sie konnte nicht verstehen, warum ich Ethnologin werden wollte. Warum wollte ich nicht weiterhin Bücher schreiben, die in den an ihre Heimat gebundenen jungen Menschen die Lust auf die weite Welt erweckten? »Selbst wenn meine Bücher jemals so viel gegeben hätten«, entgegnete ich, »befriedigt mich das nicht mehr. Was für einen Zweck hat es, Menschen zu Weltreisen zu veranlassen? Ich bin umhergereist – es hilft nichts, man schlägt damit nur die Zeit tot, man kehrt ebenso unbefriedigt zurück, wie man ausgezogen ist. Es muss mehr geschehen.

Es ist kindisch, diesem Diktator oder jener Regierung die Schuld an dem Tohuwabohu zuzuschieben, in dem wir stecken. Die Ethnologie wird mir die Möglichkeit geben, uns mit einer nichtmechanisierten Gesellschaftsform zu vergleichen. Erinnerst du dich noch an unsere Unterhaltung auf der vereisten Strasse bei Neuchâtel? Wann fing Europa an, in die Irre zu geraten? Wann hörten wir auf, unserer selbst würdig zu sein, wann hörten wir auf, den Kopf mit Würde hoch zu tragen? Warum sind überall die althergebrachten Kulturen so schwach geworden, dass sie vor unserem Materialismus zusammenstürzen, der nichts an ihre Stelle zu setzen hat?«

Meine Worte wurden durch einen eiskalten Windstoss weggeweht; eiligst zog ich den Reissverschluss unseres Zeltes zu.

»Ich weiss, dass auch der afghanische Bergbewohner, der Tibetaner, der Mongole, die ich kennenlernte, ihre Sorgen haben«, fuhr ich fort, »aber, als seien sie Götter, sind sie frei von unserem quälenden Trieb, das Elend der ganzen Welt zu betrachten. Warum haben wir, sowie wir etwas Schönheit und Freude genossen haben, ein schlechtes Gewissen und denken mit Scham daran, dass unsere Freunde einander in Spanien oder in China morden und dass die Kinder unserer Putzfrau in ihren jämmerlichen Kleidern zu bleich sind?« Nach kurzem Schweigen schloss ich: »Gibt es keinen Mittelweg zwischen der bitteren Erkenntnis des Abendländers und der glücklichen Unbekümmertheit eines Nomaden?«

26

Bamian

Die Morgenröte begeisterte mich. Die Farben waren leuchtend, aber zart, als seien sie mit Perlmutter eingerahmt – das Smaragdgrün des kurzen Grases, das Violett und Orange der Felsen, das Gelb der Felder, das Funkeln der Pappelblätter und über all dem die unwirkliche Bläue des Himmels, ein tiefes köstliches Blau, wie wir es über den Schneefeldern und Gletschern in der Schweiz haben.

Das Kuh-i-Baba-Gebirge lag grau, dunstig da, als sei es ganz weit entfernt. Im Norden, jenseits der rosa Felsen und ihrer Statuen, stiegen hohe Berge empor, deren samtblaue Falten hier und dort mit kleinen Schneefetzen gefleckt waren.

Zahlreiche Höhlen waren in die steile Sandsteinwand vorgetrieben worden, einige waren noch bewohnt, ihre Öffnungen waren von Rauch geschwärzt. Das archäologische Departement tat sein möglichstes, diese Höhlen und Schreine, die mit Malereien und skulptierten Ornamenten geschmückt sind, zu erhalten. Ich erinnere mich an eine, deren oberer Teil gerillt und kegelförmig war; die oben flache, in den Berg gehauene Decke verjüngte sich in vier Quadraten nach oben – die Deutschen nennen das eine ›Laternendecke‹. Es war interessant: ich hatte dasselbe Muster in Holz gesehen, in einem Haus im Taghdumbasch-Pamir, wo es die einzige Öffnung des mittleren Zimmers bildete. Die gleiche Art von Dächern hat man weiter im Norden im Zentrum von Sinkiang, in den Höhlen von Qyzyl, gefunden. Selbst die heutigen Gebräuche der Sarikolis, die jenen Teil der Welt bewohnen, können noch von der Feuerverehrung abgeleitet werden. Viele Sarikolis haben hellgraue Augen, und Sir Aurel Stein schreibt, dass sie wie die Galtschas und die Wakhis den ›homo al-pinus‹-Typ in bemerkenswerter Reinheit bewahrt haben.

Wir gingen zu dem kleinen (35 m hohen) Buddha, der steif in seiner Nische steht. Sein Gesicht ist teilweise zertrümmert, sein verstümmelter rechter Arm hält sein gefaltetes, mit Stuck überzogenes Gewand. In einer Entfernung von nur einigen Schritten konnte man nichts mehr von der Kannelierung erkennen, man sah nur ein rätselhaftes Spiel von Licht und Schatten.

In der Höhe des Kopfes war eine Galerie in den Felsen eingehauen, von der aus an Wänden und Decke noch Überreste von Fresken zu erkennen waren: Pferde, Menschen, Sonne, Mond, Tiaras, Perlen, sowie geschwungene Bänder, die den Sassanidenstil charakterisieren. Ich erinnere mich, in einem Fresko, das Jean Carl für das Musée Guimet reproduziert hatte, ein intensives Kobaltblau, genau wie der Himmel Bamians, gesehen zu haben.

Ein funkelnagelneues Mauerwerk stützte einen Felsen, der gerade neben der Skulptur gespalten war. Vor einigen Jahren hatte die afghanische Regierung eine Briefmarke mit der Abbildung des Buddha von Bamian herausgegeben; sie wurde aber bald wieder zurückgezogen, da zu viele Menschen an einer bildlichen Wiedergabe menschlicher Formen Anstoss nahmen. Doch als ein Aufruf erlassen wurde, diesen selben Buddha zu erhalten, den so häufig fanatische Muslime beschädigten, wurde mit Leichtigkeit ein Betrag von sechzigtausend Afghani gesammelt.

Nachdem wir durch das Dorf Bamian gefahren waren, kamen wir zu dem grossen Buddha, der aus seiner Höhe von fünfzig Metern die Luzernen- und Melonenfelder beherrscht. Die Beine sind fast völlig zerstört, auch ein Teil des Kopfes ist beschädigt (das Ohr allein ist zweimal so gross wie ich). Vom Scheitel des Kopfes aus sieht die Welt in der klaren Bergluft wunderbar aus – das Schachbrett der Felder, das lächelnde Kakrak-Tal und jenseits davon das freundliche Kuh-i-Baba-Gebirge. Die Fresken neben der Statue zeigen dunkel drapierte Bodhisattvas in der traditionellen sitzenden Haltung; sie gehen auf das dritte Jahrhundert zurück.

Mit ihrer lächelnden Geruhsamkeit ist die Landschaft das Beste von Bamian. Wegen dieser Friedlichkeit kamen wahrscheinlich zu Beginn unserer Zeitrechnung Buddhisten hierher und erbauten Klöster. Hsuan-Tsang, an so vielen Orten mein Führer, war 632 hier gewesen, zwanzig Jahre bevor die islamische Eroberung die Zerstörung fortsetzte, die die Weissen Hunnen begonnen hatten. Er zählte zehn Klöster mit mehreren tausend Mönchen. Von den Menschen schrieb er, »sie sind hart und wild von Natur, sind aber ihren Nachbarn an Glaubensinbrunst überlegen«.

Wir durchquerten das Tal, wo Bauern dicke Bohnen ernteten, und kamen zum kleinen Buddha von Foladi in einer anderen Felswand, der die Öffnungen der bewohnten Höhlen einen wabenartigen Anblick verliehen. Töpfer waren damit beschäftigt, ihre Produkte zu brennen; das Buta – Gestrüpp –, mit dem sie ihre Feuer unterhielten, verursachte einen dicken schwarzen Rauch. Ich sah das fensterlose Bauernhaus, in dem ich vor zwei Jahren einen bezaubernden blinden Dichter besucht hatte;

mit Hilfe von Ahmed Ali, dem Dolmetscher, hatte Ria Hackin Gedichte und Sagen aufgeschrieben. Ich fühlte mich in dem einfachen Bamian von heute zu Hause, nicht aber in dem alten Bamian.

Am kiesigen Flussufer sitzend, betrachteten wir das Bild. Was für ein Drang lebte in Menschen, die solche Symbole ihres Glaubens in diese Felsen gemeisselt hatten? Wie waren die Gedanken, Gebete und Meditationen dieser Tausende von Mönchen beschaffen, die einst von einem Grossen Lama regiert worden waren?

Hsuan-Tsang war, obwohl in China für seine Gelehrsamkeit berühmt, auf der Suche nach Weisheit nach dem Westen gezogen. Er hatte alle grossen Männer seiner Zeit besucht. Der Meister Asanga lehrte ihn viele Aspekte des Buddhismus. Einer der wichtigsten ist das Mitgefühl. Wenn ich die Lehren Asangas lese, fühle ich, dass wir es heute mehr denn je brauchen – »für die Elenden, für die Wütenden, für die Jähzornigen, für die Leichtsinnigen, für die Materialisten, für die Hartnäckigen im Irrtum!«

Mitgefühl und höchste Erkenntnis sind die grossartigen Eigenschaften, die der Mahayana-Buddhismus lehrt. Keine Erkenntnis ohne Loslösung des Herzens und des Verstandes, doch diese Loslösung kommt langsam. »Durch zahllose Prüfungen«, schrieb Asanga, »durch unermessliche Ansammlung von Güte wird höchste Erkenntnis erlangt. Alle Hindernisse verschwinden, und die Buddhawürde wird wie ein Schrein aus köstlichen Steinen, gross an Macht geoffenbart.« Wenn das der Fall ist, so bedeutet dieser Zustand nicht jene Vernichtung, die, wie ich glaubte, zum Nirwana gehört. »Die Universalität der Buddhawürde in allen Wesen wird durch die Tatsache bezeugt, dass sie alle in sich aufnimmt. Wie der

Raum in der Vielzahl der Formen, so ist sie weltumspannend in der Vielzahl der Wesen.« Ein Zustand, der alle Wesen in sich aufnimmt, kann keine Negation sein.

Jedenfalls, es waren nur Worte. Was aber war das direkte Erleben, worauf sie sich beziehen? Gibt es heute einen Menschen, der weiss, was tatsächlich damit gemeint ist? Und dann: Was für eine Beziehung kann es zwischen solch einem Menschen und diesem unbegreiflichen Buddha-Zustand geben? »Ihre Persönlichkeit besteht in völliger Unpersönlichkeit. Diese transzendente Unpersönlichkeit ist nichts anderes als die absolute Natur der Dinge.«[28]

Da sassen wir und lasen diese Worte in Groussets Buch über Hsuan-Tsang. Wusste Grousset, was sie bedeuteten? Ich erinnerte mich, wie er mich einmal in Paris den »Parisern, die man kennen muss«, vorstellen wollte. Aber glücklicherweise vergass er seine Absicht, als wir an einem Tisch vorbeikamen, der sich unter einem Berg von Erdbeertörtchen bog. Wir stürzten uns schamlos darauf, froh, dass wir uns noch als grosse Kinder zu fühlen vermochten; der Genuss dieses Moments vertrieb alles Selbstbewusstsein. Warum hatte ich ihn nie gefragt, was er von jenen Sentenzen wusste?

Zu Christina sagte ich: »Wenn jemand die Bedeutung solcher Worte kennt, lohnt es sich, zu ihm zu gehen und möglichst lange in seiner Nähe zu leben.«

»Ja ... vielleicht«, erwiderte sie, »aber wenn zu Hause der Krieg ausbricht, müssten wir nicht zurückgehen, um zu helfen?«

* * *

28 René Grousset: *Sur les traces du Bouddha.*

Wir kamen an einem grossen Hügel vorbei, dessen weisser Lehm in der Sonne blendete – Schar-i-Golgola, ein Totenhügel, der einst eine griechische Stadt gewesen sein soll. Hier wurde der König von Bamian von Dschingis-Khan besiegt. Die Zitadelle wäre uneinnehmbar gewesen, wenn nicht die Tochter des Königs sich in den Sohn des Dschingis-Khan verliebt hätte – sie zeigte ihm einen Geheimgang, der zum Wasserreservoir der Stadt führte. Die Stadt war verloren. Es war im Jahre 1222. Wütend darüber, dass er seinen Enkel Mutugen im Kampf verloren hatte, liess Dschingis-Khan alle Bewohner des Tals töten und sämtliche Häuser dem Erdboden gleichmachen. Er verfolgte damals den Sohn Muhammads von Chwaresm, und er konnte es sich nicht leisten, Feinde in seinem Rücken am Leben zu lassen.

Der Wagen führte uns zurück zum Fuss des purpurnen Schar-i-Zohak, des bugförmigen Berges am Eingang des Tals. Es war ein wunderbarer Anblick, diese bläulichroten Felsen, von Mauern und runden Türmen und zinnenbesetzten Burgen gekrönt (die vielleicht von den Arabern erbaut wurden). Die meisten dieser Befestigungen waren derart verfallen, dass es an vielen Stellen unmöglich war, sie von den gezackten Felsen zu unterscheiden.

Der Berg ist nach Zohak benannt, jenem Dämon, der im ›Zend Avesta‹ und im ›Schah Nameh‹ erwähnt wird. Hat er je an diesem düsteren Ort gelebt? – es hätte gut zu ihm gepasst.

Zu Beginn der Dinge war die Schlange Azi Dahak oder Zohak der Dämon der Stürme; die Verseuchung des Wassers war ihrem Gift zuzuschreiben. Im ›Schah Nameh‹ las ich, dass Zohak der Sohn eines Wüstenkönigs gewesen sei. Da er sich von dem bösen Ahriman unterjochen liess, tötet er seinen Vater. Ahriman wird sein Koch und verführt ihn dazu, die Gotteslästerung zu begehen, Fleisch zu essen. Von diesem unbekannten Gericht entzückt, bietet Zohak dem Koch eine Belohnung an. Der bescheidene Wunsch Ahrimans ist, die Schultern seines Herrn zu küssen. Sowie dieser Wunsch erfüllt ist, springt aus jeder Schulter eine schwarze Schlange hervor. Köpft man sie, wachsen sie von neuem, und Ahriman rät Zohak, sie jeden Tag mit Menschenhirn zu speisen. Zohak ist nun ein Dämon geworden.

Da der grosse König Jemschid stolz und daher verwundbar geworden ist, wird er von Zohak in zwei Teile gespalten, und Zohak herrscht nun unbestritten tausend Jahre. Zohak hat einen schrecklichen Traum, den einer seiner Weisen so auslegt, dass er vom jungen Feridun besiegt werde. Der König befiehlt, dass alle männlichen Kinder des Königreichs umgebracht würden. Doch Feridun entkommt und wird nach Indien in Sicherheit gebracht, wo er aufwächst, bis er alt genug ist, Zohak zu bestrafen. Zunächst befreit er Jemschids Töchter (sie waren die ganze Zeit gefangen), dann besiegt er mit seiner grossen Keule Zohak. Ein Engel bittet ihn, den Dämon nicht zu töten, sondern ihn in einer Höhle im Demawend in Ketten zu legen.

Als wir vom Schar-i-Zohak hinunterstiegen, sahen wir, dass braune Zelte an dem Fluss, den wir zu durchschreiten hatten, aufgeschlagen wurden. Es waren Leute verschiedener Abstammung. Nur zwei oder drei alte Männer trugen den afghanischen Waffenrock. Die meisten begleiteten uns zum Wagen. Die Frisur der kleinen Mädchen war überraschend: da sie so viele kleine Zöpfe trugen, war es ihnen unmöglich, sie auch nur einmal in der Woche zu kämmen; um sie daher ordentlich zu halten, wurden sie mit einer hart werdenden Schlammschicht bedeckt. (Ich vergass zu fragen, ob dieser Schlamm vielleicht Ungeziefer tötende Wirkung habe.)

Der Älteste gefiel mir sehr. Mit seinem wallenden weissen Bart wirkte er edel, obwohl er lebhaft und neugierig war. Die andern waren freundlich, sogar fröhlich, hatten aber etwas von der Wachsamkeit einer Katze an sich, die weiss, dass ihre Krallen bereit sind. Da alle Dawa haben wollten, öffneten wir unseren Medizinkasten. Eine Frau benötigte eine Salbe: ihre Handflächen waren von Schwielen bedeckt, die tiefe rote Risse aufwiesen. Halima, mit Silberschmuck um den Hals und in den Ohrläppchen, brachte ihren Säugling Kabuli, der Husten hatte; sie hatte ihn geschröpft (wir sahen die roten Kreise auf seinem kleinen Rücken); das Schröpfglas war ein Kupfergefäss mit einem Röhrchen zum Ansaugen der Luft.

Beim Abschied bot Weissbart an, uns nach Kabul zu begleiten – Frauen sollten nicht allein reisen, meinte er. Wir waren knapp drei Kilometer gefahren, als ich feststellte, dass meine zweite Leica fehlte – sie war gestohlen worden, während wir die Leute verarzteten. Und das gerade, als ich Christina gegenüber bemerkte, wie grossartig diese Nomaden seien im Vergleich zu den Gaunern in der Stadt, die alles klauen, was nicht niet- und nagelfest ist.

Wir fuhren zurück. Der Malik wurde gerufen. Wir waren entsetzt, sahen niedergeschlagen aus. Kein Wort wurde gesprochen – unsere Mimik genügte: während wir versuchten, seinen Leuten zu helfen, hatte einer von ihnen uns bestohlen ... jawohl, es gab keinen Zweifel ... ein Objekt wie dieses. Es sei eine Schande!

Schweigend, traurig sassen wir am Strassenrand. Auf der grünen Wiese hielt der Älteste Rat ab. Ich war überzeugt, dass er das schwarze Schaf seiner Herde kennen müsse. Bald kam ein lachender Mann, blond und schmutzig, auf uns zu und stiess einen verängstigten Knaben, der die Kamera in der Hand hielt, vor sich her. Der Malik spielte nun seine Rolle grossartig. Er simulierte, den Knaben zu bespucken, dann die Leica (um von ihr den Fluch einer so schandbaren Tat wegzubeschwören?), dann lud er uns ein, in seinem Zelt Salz und Brot mit ihm zu teilen. Wir lehnten sein Angebot ab, da es dunkel wurde, und wir in unser Lager bei Ain Garan zurückkehren mussten. Aber wir hegten keinen Groll mehr gegen diese Menschen.

27

Bend-i-Emir

»Die Theorie der wahren Zivilisation besteht nicht in Gas oder in der Dampfmaschine oder im Tischrücken, sondern in der Verminderung der Spuren der Erbsünde.

Nomaden, Hirten, Jäger, Bauern, sogar Kannibalen, alle können sie durch ihre Tatkraft, ihre menschliche Würde uns Menschen der Abendländer überlegen sein, die wir vielleicht vernichtet werden.«

Baudelaire (Mon cœur mis à nu, XV.)

Wir mussten nun fünfundsiebzig Kilometer auf Bergwegen zurücklegen, die in Richtung Herat zum Bend-i-Emir führen. Im Westen von Bamian fuhren wir durch eine anmutige Schlucht, in der wir oft mit den Hackins Forellen gefischt hatten. Als wir sie hinter uns hatten, gab es keinen Felsen, nicht einmal die Spur eines Felsbrockens, die uns an die Landschaft hinter uns erinnerte. Wir befanden uns in einer wunderbaren Gegend, deren kahle, gelbe Berge mit mauvefarbenen Schattierungen einander bis zum fernen Horizont folgten. Schneeflecken bedeckten die dunstige Bläue des Kuh-i-Baba-Gebirges, das im Süden eine Barriere bildet.

Aus der Ferne sah der Boden wie Gänsehaut aus, in der Nähe erkannte man, dass die kleinen Unebenheiten dürftige dornige Butas waren.

Wir brausten die jähe Steigung zum Schahidanpass hinauf – die viel zu steil für einen schwerbeladenen Wagen war. Wir bekamen Angst, glaubten sogar, unseren Versuch aufgeben zu müssen, und es kam uns als ein Sieg vor, als wir schliesslich nach vielen Anstrengungen zur Passhöhe kamen und vor uns wieder ein Meer von baumlosen kahlen Bergen sahen. Der peitschende kalte Wind erinnerte uns daran, dass wir uns in einer Höhe von dreitausend Metern befanden, etwa fünfhundert Meter höher als Bamian.

Wir waren im Herzen einer alten, einer uralten Welt. Sie war bereits alt, als sechzehn Jahrhunderte vor Christus (jung waren damals noch die Wälder Europas), vedisches Sanskrit sprechend, arische Stämme aus dem Norden auf ihrem Weg nach Kurdistan und Indien hier durchzogen. In diesem grossen leeren Raum waren jetzt nur ich und die Erde, ein Paar, das sich gut verstand. Auf das Wesentliche beschränkt, ein Gerippe von Bergen, mit dünnstem Fleisch bedeckt, gefiel mir diese Welt, wie sie war. Nichts Überflüssiges gibt es, überhaupt fast gar nichts: zuweilen ein schmaler Streifen von Luzernen in der Senke zwischen zwei Hängen; Bergrücken mit fliessenden, entschwindenden Linien, die uns rufen, uns anziehen; Wege, denen unsere eilenden Gedanken folgen, Rudimente einer so einfachen Landschaft, dass unsere Phantasie sie mit Erinnerungen an den Issyk-Kul oder Kuen-lün in Verbindung bringt. Die Lockung eines Horizonts, den wir erreichen wollen, der aber mit jedem Schritt zurückweicht.

Von der Erde angenommen werden, ihre Bedeutung verstehen, dann fühlen, wie alles eine Gesamtheit ist, die Kraft dieser Einheit erleben! Dann erst wird die Zeit kommen, jeden Teil dieser Gesamtheit zu lieben, endlich befreit zu sein von der Beschränkung auf eine einzelne Liebe.

Meine Betrachtungen wurden durch das zweimal hintereinander folgende Platzen von Reifen unterbrochen, das uns zwang, uns mit den Luftschläuchen zu beschäftigen. Gerade als wir begannen, uns über die Möglichkeit des Steckenbleibens auf diesem verlassenen Weg Sorge zu machen, kam ein Reiter auf uns zu. Etwas in seinem langen, feinen Gesicht liess uns ihn für einen Araber halten, und es war keine Überraschung für uns, als er sagte, er sei ein Sayid, ein Nachkomme des Propheten. Da wir am Tag vorher gehört hatten, dass zwei Engländer nach Bamian kommen würden, baten wir unseren Sayid, dem Hotel eine Botschaft zu überbringen: wir gaben unseren Standort an und ersuchten, uns einen Wagen zu Hilfe zu senden, falls wir am Abend des nächsten Tages noch nicht im Hotel angekommen wären.

Sehr erleichtert rumpelten wir dem Schibartupass zu.

Träumerische Kamele an einem Berghang – dann jagte ein Pferd vor dem Wagen einher, seine Mähne flatterte wild. Bald kamen wir zu einem kleinen Tal, wo zwei Zelte mittels vieler Stricke angepflockt waren. Auf der Erde kauernd, arbeitete eine Frau an einem dreifüssigen Webstuhl, von dem etwa zwanzig Meter fest angepflockten schmalen Zettels ausgingen. Der gleiche Anblick hatte sich mir im Tien-Schan und bei Schafhirten in Sinkiang geboten – mir war, als käme ich zu alten Freunden.

Die Frauen waren zurückhaltend, als wir die üblichen Fragen tauschten: Wie viele Kamele wir zu Hause hätten? Ob wir Russinnen seien? Oder Engländerinnen? »Oh, dann müsst ihr bitte das Essen mit uns teilen!« sagte die älteste Frau lächelnd. Reis wurde in einem Emailbecken gebracht – das konnte bedeuten, dass es unseren Freunden gutging, denn im allgemeinen können sich Nomaden nur

Weizenkuchen leisten; diese werden entweder auf einer eisernen Platte gebacken oder um einen runden Stein auf der Glut. Wenn man die runden Steine eines verlassenen Lagers zählt, weiss man, wie gross die Sippe ist.

Sie sahen alle gut aus, diese Frauen in ihrer schwarz-roten Tracht; ihre Gesichter mit den römischen Zügen waren von kleinen, ordentlich geflochtenen Zöpfen wie Metallketten umrahmt, die sie aufgesteckt hatten, um die Stirn freizuhalten; die Mädchen trugen lange, mit Hilfe von Amuletten geschürzte Gewänder und Münzen, die an einer kurzen Locke baumelten. Die Frauen gingen ungezwungen und würdevoll einher, immer wieder die grossen schwarzen Tücher hochhebend, die lose von ihren Köpfen herunterfielen. Die Männer waren mit den Herden unterwegs.

Die Leute gehörten einem Mandozaistamm an und würden, wie sie uns sagten, bald in die Ebene bei Khanabad zurückkehren, denn die Nächte begännen zu kalt zu werden.

Wir nahmen Abschied (Khoda hafiz!), nachdem wir einem Knaben ein rotes Halstuch und den andern Kindern russische Bonbons geschenkt hatten.

Mit den Hackins hatte ich einmal ein ähnliches Lager besucht. Die Nomaden waren schwer getroffen durch den Lastautoverkehr; da niemand mehr ihre Kamele kaufte, versuchten sie, ihre Schafzucht zu entwickeln.

Ohne die etlichen zehntausend Powindahs zu zählen, die jeden Herbst nach Indien ziehen, um Handel zu treiben, besteht noch immer ein Teil der Bevölkerung Afghanistans, ein Zehntel vielleicht, aus Nomaden oder Halbnomaden. Aber dem Beispiel Irans und der Türkei folgend, plant die Regierung, ihre Lebensgewohnheiten zu ändern.

Das Nomadentum ist zum Untergang verurteilt, sogar in Saudi-Arabien und in der Mongolei, und ich glaube, die Hauptgründe für das Verschwinden der Nomaden sind in allen diesen Ländern die gleichen. Die heutigen Grenzen sind genau festgelegt und erschweren dadurch das Nomadendasein. Die Zentralgewalt jedes Landes will stark werden, braucht gehorsame Soldaten und sesshafte steuerzahlende Untertanen; um sein Land unabhängig zu machen, muss das Staatsoberhaupt diese Entwicklung um jeden Preis erzwingen, und dass diese Art von Unabhängigkeit von den Nomaden nicht gewünscht wird, kann nicht berücksichtigt werden. Menschen, die nur ihren Stammesgesetzen gehorchen, können in einem modernen Staat nicht geduldet werden.

Abgesehen von jenen üblen Elementen, die vom Banditentum leben (wie gewisse Turkmenen), kann man sagen, dass die Nomaden viele gute Eigenschaften haben: ausser ihrem schönen Äusseren besitzen sie ein hochentwickeltes Ehrgefühl und die Gesetze der Gastfreundschaft sind ihnen zur zweiten Natur geworden. Sie sind tapfere Krieger, da sie den Tod nicht fürchten, weil ihre Religion und ihre Sitten sie gelehrt haben, was er ist. Sie wahren ihrem Stamm gegenüber unbedingte Treue, aber gerade diese Eigenschaften gereichen ihnen heute zum Unheil, obwohl sie ihnen bisher geholfen hatten.

Da sie ganz und nur ihr individuelles Selbst sind, ist es sehr schwer, Bauern oder Handwerker aus ihnen zu machen; ihre Kinder, die das alte Leben nicht mehr kennengelernt haben, werden sich wohl leichter anpassen. Inzwischen wird dieses wunderbare Menschenmaterial verschwendet. Die Kurden leben im tiefsten Elend, ihre bisherigen Lebensmöglichkeiten werden ihnen genommen, in der Türkei wie in Iran und im Irak. Andere Nomaden, etwa zweihunderttausend, wurden aus den Bergen Südpersiens verjagt oder flohen nach dem sonnenverbrannten Mesopotamien, wo sie alle innerhalb von zwei Jahren umkamen. In Turkestan sind die Kasak-Kirgisen wie die Turkmenen um Millionen zusammengeschmolzen. Die Mongolen mussten ihr Weideland zahllosen chinesischen Ansiedlern, die von den Behörden unterstützt werden, überlassen; nach einigen Jahren des Aufhackens war die dünne Humusschicht weggeweht und das Land wurde eine Wüste. In Arabien wusste König Ibn Saud, dass er nur von einem sesshaften Volk Gehorsam erzwingen könnte; er musste ihr Stammessystem und ihre Blutfehden brechen, sie in Bauern verwandeln, die Gott und dem König gehorchen statt ihren eigenen Häuptlingen.

Wer die Nomaden nicht kennt, wird fragen: Macht das etwas aus, dass ein oder zwei Millionen aus Asien verschwinden, nachdem bereits so viele durch Überschwemmungen, Hungersnöte und Seuchen dahingerafft worden sind? Jawohl, es macht etwas aus. Es ist höchst betrüblich, denn die Nomaden sind ein guter Sauerteig, der die müden Syrer, die erschöpften Perser, die dezimierten Chinesen regenerieren könnte. Wenn in der Vergangenheit die Epoche der Verwüstungen vorüber war, frischten die Nomaden mit ihrer jungen Kraft die unterworfenen Völker auf; alten Stämmen aufgepfropft, trieben sie neue Blüten in China, Persien, Indien, in der Türkei. Angefangen von den Ariern vor unendlichen Zeiten bis zu den Arabern, Seldschuken, Mongolen – wieviel ärmer wäre unsere Welt gewesen ohne den Impuls derer, die, wie König David, wandernde Hirten waren?

»Wir ertragen Zwietracht, Unruhe, Blutvergiessen, aber nie werden wir einen Herrn ertragen!« lautet ein

Sprichwort, das den Ghilzai-Nomaden zugeschrieben wird. Und wenn sie sich jetzt nicht biegen wollen, werden sie gebrochen. Aber es scheint Wahnsinn, mit Zwang Nomaden, die ihre Herden besorgten, sesshaft zu machen, da Schafe immer gezogen werden müssen, ob in Arabien, in der Mongolei, in Iran oder Afghanistan. Warum lässt man diese Arbeit nicht jenen, die sie lieben, statt ihr Leben und ihre Fähigkeiten zu vernichten?

* * *

Mit einem Ruck hielt ich den Wagen an: vor uns in einer Mulde zwischen zwei steilen, rosafarbenen Berghängen, strahlte in der schweigenden Einsamkeit ein kleines Juwel von einer unglaublich intensiven Bläue. Es war unser erster Blick auf den Königsdamm, den Bend-i-Emir. Zu unseren Füssen wuchs kärglicher Gebirgsweizen, kurz, steif, fest, mit Ähren, die breiten Klingen gleichen.

Als wir weiterfuhren, breitete sich eine erstaunliche Landschaft zu unseren Füssen aus – zwischen rosafarbenen Felsen eine Reihe von Seen, deren Farbe von Apfelgrün, Türkisblau, Enzian- und Preussischblau zu dunklem Indigo wechselte. Die beiden ersten, wenig tiefen, waren von einem Ring glänzenden weissen Kalksteins eingefasst, die zwei letzten waren durch eine weite Schwelle getrennt, die mit runden Büschen besetzt war, der einzigen Vegetation in einer kahlen Welt.

»Wie herrlich …«, rief Christina, ihr Gesicht strahlte vor freudiger Überraschung. Kein Haus, keine Menschenseele weit und breit zu sehen, ausser dem kleinen Ziarat jenseits des grossen Sees.

»Du hast noch nicht alles gesehen«, erklärte ich, »wir wollen aber erst den Weg zwischen den Felsen hinunterfahren.«

Das taten wir, bis wir fünfzehn Meter unter dem Niveau des Sees waren; allmählich hatten diese Wasser während endloser Zeiten einen wunderschönen gerundeten Damm an ihrem Südende errichtet. Über diese Schranke prasselten die überflutenden Wellen auf glitschige Terrassen; an einer Stelle sprudelten sie über die Unebenheiten, an einer anderen bildeten sie einen Wasserfall, der die Räder einer Mühle trieb.

Wir fuhren am Fuss des Dammes entlang, wobei unsere Reifen durch klare Bäche plätscherten, und stiegen zu der kleinen Plattform vor dem Ziarat von Hazrat Ali empor. Stufen führten zu einem kleinen Strand an dem dunkelblauen fjordartigen See, der sich zwischen mauvefarbenen Sandsteinfelsen hinschlängelt. Das Strahlen dieses Wassers war erstaunlich. Kleine Weilchen plätscherten gegen Schilf, während grosse Fische, die niemand fangen darf, auftauchten und uns anstarrten.

Ein bärtiger Mann in wattierten Lumpen, der Wächter des Grabmals, sagte, der See sei grundlos. Er führte uns in eines der drei gewölbten, von Rauch geschwärzten Gemächer des Ziarat. Dort, inmitten der tiefen Stille, liessen wir uns nieder.

Während der See zu einer Masse sich kräuselnden geschmolzenen Metalls wurde, bemalte der Sonnenuntergang die Berge mit Dahlien, Flieder und Hyazinthen. Und als wir schlafen gingen, gab es zwei zitternde Milchstrassen, die eine gerade zu unseren Füssen, genauso wie die andere, viele Millionen Meilen über unseren Köpfen.

Der windstille Morgen aber bot das schönste Schauspiel. Eine Spalte in dem steilen Ufer führte zum Tafelland über dem Grabmal; von dort sahen wir unter uns eine riesige Fläche polierter Bronze, einen ungeheuren runden Spiegel, der jede Tönung, jeden Hang, jede Ausbuchtung, jeden Stein und jede Stimmung der oberen Welt wiedergab.

Kaum hatten unsere Augen die Schönheit dieser Welt erfasst, als der Zauberspiegel sich veränderte: eine lebhafte Brise verwandelte ihn in eine undurchsichtige Arena aus Lapislazuli, die halbwegs zwischen einem blassen Tiefland und errötenden hohen Felsen lag. Wir wanderten durch diese ätherische Atmosphäre, bis wir die zweite Schwelle erklommen hatten, wo grüne Büsche zwischen weissen Bächen wuchsen. Jede Einzelheit wirkte unbeschreiblich stark, nicht nur, weil man sie zum erstenmal sah, sondern auch wegen ihrer unvergleichlichen Schönheit.

Beim Grabmal bettelten drei Hexen um Arzneimittel. Die eine, die blind war, betastete mit der Hand, die von ihrer Gefährtin geführt wurde, den Wagen ... die Windschutzscheibe hielt sie auf – ich stelle mir vor, dass es schwer wäre, ihr verständlich zu machen, dass eine feste Fläche durchsichtig sein kann. Das Grab soll die Gebeine Alis, des Schwiegersohns des Propheten, enthalten. Zwei Männer beteten in dem sauberen, weissgetünchten Heiligtum. Als ich wieder einmal sah, mit welcher Hingabe die Grabmäler Afghanistans gepflegt werden, wurde mir klar, dass der Islam die Hauptkraft ist, die eine nach Abstammung, Sprache und Sitten so verschiedenartige Bevölkerung eint. Ich habe viele Afghanen beten sehen, nicht nur in Moscheen, sondern auch auf dem Feld, im Laden, auf der Strasse, bis ich verstanden habe, wieviel ihnen das Gebet bedeutet. Und ich glaube, mein Nachbar im Autobus war eine Ausnahme, der mir auf meine Bemerkung, dass Europäer zuweilen beten, doch meist allein, erwiderte: »Aber wozu denn beten, wenn es niemand sieht?« Reform- oder Wiederaufbaupläne müssen mit dem Geist des Islams übereinstimmen, wenn sie dauernden Erfolg haben sollen. Nur dadurch, dass er den Glauben wiedererweckt hatte, konnte Ibn Saud sich die Loyalität erwerben, die früher die Stämme genossen; durch den Glauben brachte er im Heer und in den Weiten des Landes Menschen zusammen, deren Vorfahren Generationen hindurch miteinander in Fehde gelegen hatten.

Über die Entstehung des Bend-i-Emir gibt es eine Sage (ich zitiere nachstehend Major Rupert Hay)[29]: König Barbar, ein Ungläubiger, tyrannisierte seine Untertanen. Einem Mann, der Hazrat Ali gesucht und bei Heibag gefunden hatte, wurde befohlen, diesen Heiligen zu fesseln und ihn als Sklaven zum König zu bringen. Von Ali wurde dann verlangt, drei Aufgaben zu erfüllen: den Drachen von Bamian zu töten, einen Damm in einem Tal zu bauen und schliesslich seinen eigenen Kopf zu retten. Der Drache wurde getötet ... in grosser Wut wurde ein Felsen hinuntergeschleudert, mit dem der Bend-i-Haibat, der Damm des Zornes, errichtet wurde, und mit seinem Schwert meisselte er den Bend-i-Zulfikar heraus, den Damm des Schwertes ... dann verlangte Ali von Barbar, dass er ihn in schwere Ketten legen lasse. Nachdem er alle von Sinnen gebracht hatte, indem er das muslimische Glaubensbekenntnis aufsagte, befreite er sich und bekehrte König Barbar.

29 *Geographical Journal,* April 1936.

28

Begram

Statt zu unserem idyllischen Lager in Ain Garan zurückzukehren, fuhren wir zum Hotel: Christina hatte eine böse Erkältung. Als ich eines Morgens – wir lebten gerade im Zelt – meine Augen öffnete, sah ich, dass sie mich mit Neid betrachtete: sie zitterte in ihrem Kapokschlafsack, während mein Daunensack wie ein vor Wärme geschwollener Ballon aussah. Es war freilich nun zu spät, ihr Vorwürfe zu machen, dass sie mich nicht die Ausrüstung für sie hatte kaufen lassen.

Das Beste war, so rasch wie möglich in eine wärmere Gegend zu gelangen. Wir verabschiedeten uns von dem dekorativen Engländer, der gerade angekommen war (ein asketisch aussehender, rotbärtiger grosser Mann, der sein Leben der Jagd nach einer seltenen Zwergspringmaus widmete), und befanden uns bald auf den gewaltigen Hängen des Schibarpasses.

Wir schienen im Hasaraland zu sein, wenigstens hatten die Frauen, die das geräumige Kaleh von Bullula (ein viereckiges Fort mit runden Türmen an den Ecken) bewohnten, sowie auch die, die wir in einem Dorf auf der Passhöhe sahen, die Schlitzaugen und hohen Backenknochen jenes Stammes. Es sind Schiiten, die sich gewöhnlich mit den sunnitischen Afghanen zanken, ein Umstand, der ihre Isolierung noch vermehrt. Im Mongolischen bedeutet Hasara ›Eintausend‹ – eine Bezeichnung für die Einheiten des Heeres Dschingis-Khans.

In diesen im Sommer milden Höhen, wo der kurze Bergweizen sich beeilt zu wachsen, genoss ich einen Anblick, den ich hätte malen wollen: ein intensiv blauer Himmel, goldgelbes Stroh auf den Dächern, braune Lehmmauern, rote Kleider der Frauen, die auf dem Boden weben, herumlaufende Mädchen mit bunten runden Käppchen und vielen kleinen Zöpfen. Die Leute waren freundlich. Wir setzten uns auf den Boden und versuchten uns vorzustellen, was es bedeutet, das ganze Jahr hindurch am Schibarpass zu leben. Einige Reiter hielten lächelnd an, hinter ihren Sätteln hatten sie ihre wattierten Decken aufgerollt.

Vom Pass fuhren wir auf der Strasse mit ihren messerscharfen Kurven hinunter, von diesem Pass, auf dem sich einst Hsuan-Tsang in einem Schneesturm verirrt hatte, dem Pass, der über eine der grossen Wasserscheiden Asiens führt, über den jedes Maschinenteil, jeder Balken und jedes Stück Dachpappe, das für den Bau von Pol-i-Khumri dient, gebracht werden muss, nachdem es schon auf dem Weg von Deutschland vor Kabul über den Khaiber- und den Lattabandpass gekommen war.

Auf der Strasse überholten wir eine verschleierte Frau, die energisch allein wanderte, offensichtlich auf Absätzen, die nicht zu niedrig waren. Wir sahen dann, dass der vordere Teil ihres grauen Tschador hochgeschlagen war: das abgemagerte Gesicht mit zwei unbeugsamen blauen Augen war europäisch, ein Gesicht, das nur für eine kurze Zeit dem offenen Himmel ausgesetzt wurde. Sie blieb stehen und liess den Schleier offen, als sie sah, dass wir Frauen waren. Ihr Autobus war schon vorausgefahren, aber sie zog es vor, diesen steilen Teil der Strasse zu Fuss zu gehen. Sie war eine Deutsche, mit einem Afghanen verheiratet, der in Masar-i-Scherif arbeitete, und kehrte nach Kabul zurück, nachdem sie schwer malariakrank gewesen war. Sie meinte, dass es an der Zeit sei, den Tschador aufzugeben; aber es sei nicht Sache von Ausländerinnen, die mit Afghanen verheiratet sind, damit zu beginnen, wenn sie sich ihr Leben nicht unmöglich machen wollten. Es sei Sache der Damen des Hofes, das Signal dafür zu geben. Vor über zehn Jahren hatte die Frau von König Amanullah eine Kampagne gegen den Schleier begonnen; aber die Königin war unpopulär und hatte keinen Erfolg errungen, zum Teil wohl, weil ihre Mutter eine syrische Katholikin war. Damals hatten einige französische, deutsche und englische Mädchen ihre afghanischen Verlobten geheiratet, weil sie geglaubt hatten, die Frauen von Kabul seien nun emanzipiert.

Wir brachten sie zu ihrem Autobus. Mit dem heruntergelassenen Tschador war sie wieder eine anonyme Baumwollpyramide mit einem gestickten Gitter vor den Augen.

Zwölf Jahre geduldigen Wartens darauf, von dieser Maskerade befreit zu werden, darauf zu warten, wieder sie selbst zu sein, darauf zu warten, dass Wind und Sonne auf ihren Wangen spielen könnten! Ich war dankbar dafür, meine blossen Arme dem Wetter aussetzen zu dürfen. Wir waren dankbar für unsere Freiheit – so schwer zu ertragen, aber nötiger als der Atem.

Wir brausten das hundertzehn Kilometer lange Ghorband-Tal hinab, kamen an kleinen Feldern vorbei, durch schattige Dörfer, an gurgelnden, mit Gebüschen bestandenen Bächen vorüber. Der reissende Ghorband fliesst nach Osten und vereinigt sich bei Scharikar mit dem Pandschir, und der Pandschir fliesst nördlich des Lattabandpasses in den Kabulfluss; der ergiesst sich östlich von Peschawar in den grossen Indus und schliesslich gelangen diese Wasser zum Indischen Ozean.

Ich durchquerte den Fluss, um turkmenische Frauen zu filmen, die gerade biegsame Stangen in den Boden steckten, um ihre runden Zelte aufzuschlagen. Aber sie mochten mich nicht. Ich gab es auf. Die Kamera wieder an mich nehmend, sah ich sie dumm an, nicht imstande, ihnen zu sagen, wie sehr sie mir gefielen und dass eine Filzjurte wie die ihren seit Jahren der Traum meiner schlaflosen Nächte sei.

Als wir in Tschahardeh Ghorband haltmachten, ertönte die Stimme eines Muezzin und rief zum Mittagsgebet. Der Diener der Tschaikhana brachte uns Tee zu unserem Platz unter einem Baum, der die Mitte des Dorfes anzeigte. Die jungen Burschen, die an uns vorbeischlenderten, starrten uns neugierig an und wir erwiderten ihre Blicke.

Ein halbwüchsiger Jüngling stand planlos da, zufrieden mit sich selbst. Er sah sehr elegant aus unter einem mit magentafarbenen Blumen bestickten Chapan aus Indigobaumwolle – dem für das Tal typischen Gewand. Der Anblick reizte mich. Ich rief ihn herbei, Zuschauer verwandelten sich in Ratgeber, eine lebhafte Unterhaltung entwickelte sich; schliesslich zog ich zwei Banknoten zu je zwanzig Afghani hervor – etwa zwölf Franken. Da er noch nie Banknoten gesehen hatte, fragte der Jüngling einen der älteren, ob er sie annehmen solle. Dann ging er viel leichteren Ganges davon, als er gekommen war, mit nachdenklichem Gesichtsausdruck, der entweder bedeuten konnte: »Gerade das habe ich mir gewünscht«, oder »Was wird Mutter sagen?«

Auf dem Abhang über uns spähten neugierige Frauen hinter einer Mauer auf uns herab: mit weisser Haut und goldenen Augen, nickten sie uns freundlich zu und luden uns in ihren Hof ein. Da wir aber möglichst bald zu den Hackins kommen wollten, fuhren wir weiter.

Als wir am Nebental von Fondukistan vorbeikamen, reizte es mich, über Archäologie zu sprechen: vor zwei Jahren hatte Jean Carl dort Ausgrabungen vorgenommen – ein Schafhirt hatte einen Buddhakopf in der Spalte eines Bergkegels gesehen. Die Ausgrabung brachte ein vierseitiges Heiligtum mit einer zentralen Stupa zum Vorschein. In einer der bemalten Nischen standen zwei Fürstenstatuen aus bemalter Terrakotta, die zentralasiatische Gewänder mit breiten Aufschlägen trugen. Urnen enthielten Totenasche und Kuschanmünzen. Buddhas und Bodhisattvas waren in prächtigem Sassanidenstil oder zuweilen mit üppigen indischen Biegungen gearbeitet. Im Museum in Kabul hatte ich einen kleinen Kopf gesehen, der wissend vor sich hin lächelte; er wies Reste des Goldbelages auf, der einst den ganzen Kopf überzogen hatte.

Afghanen, die bei den Ausgrabungen arbeiteten, erklärten sich auf ihre Art, warum Carl so viel Zeit und Geld zum Ausgraben dieser alten Dinge verwende: es seien die Götter der Faranghis, die von den alten Muslimen zerstört worden seien!

In Siaghird, wo der Weizen geerntet war, dampften die geschäftigen Dreschtennen in der Sonne neben den grossen Kalehs. Durch eine letzte Schlucht und an einem letzten Felsen vorbeifahrend erblickten wir plötzlich dichte grüne Vegetation, die Ebene von Kohistan. Im Osten führte eine Öffnung im Gebirge zum Pandschir; in der

Nähe lag Begram, wo meine Freunde uns seit vorigem Monat erwarteten.

Von Scharikar aus telefonierte ich nach Kabul, um ausfindig zu machen, wo sich die Hackins befänden. Lastautos, Velos, Gigs, Esel, Menschenmengen, Staub und Lärm schienen überwältigend. Einige buntbeturbante Sikhs sassen mit gekreuzten Beinen in ihren Buden, ihre dunklen, durch die wuchernden Bärte schwarz erscheinenden Gesichter zeigten, dass wir uns vor den Toren Indiens befanden – jenes ungeheuren Landes, das mich mit seinen vierhundert Millionen Menschen noch immer ängstigte.

Hausierer sangen ihre monotonen Weisen, Tauben gurrten, kleine Kinder schrien im Arm ihrer Väter, Nähmaschinen rasselten in einem Schuppen, Wasserpfeifen blubberten, unzählige Fliegen quälten die Welt und saugten sie trocken, Öl brutzelte in den heissen Garküchen, Schuster hämmerten Nägel in kahnförmige Stiefel, Leute warfen ihre Melonenschalen in die Gosse – wir waren zurück in der Zivilisation.

Ein oder zwei aufrechte Männer, die mit der Geschmeidigkeit von Panthern einherschritten, gehörten nicht zu der Herde; würdig in dunkelblaue Schals mit roten Querstreifen gehüllt, die sehnigen Knöchel unter den weissen Hosen zeigend, schien ihr abweisender Ausdruck zu sagen: Wozu all diese fieberhafte Unruhe?

Brachland überquerend und über ausgetrocknete Gräben rollend, legten wir das letzte Stück unserer Reise zurück. Wir kamen zu einer einsamen Lehmhütte auf dem öden Plateau – das heutige Begram. Joseph und Ria Hackin, Carl und Meunié empfingen uns, als seien wir ihre Kinder. Wir kamen zu spät: sie waren gerade mit dem Einpacken der Funde ihrer Sommerarbeit fertig geworden.

Mit zwei Aspirintabletten ins Bett gelegt, wurde Christina von Ria mit so mütterlicher Sorge gepflegt, dass sie sofort ihr Herz erobert hatte. Inzwischen überfrass ich mich im Nebenzimmer: ich nahm dreimal Coq au Vin, dazu noch Schokoladensoufflé.

* * *

In Begram verbrachten wir einige wunderbare Tage.

Damals wussten wir es noch nicht: es sollten die letzten Friedenstage sein, und vier von uns sollten das Grauen dieses wahnsinnigen Krieges nicht überleben.[30]

Auch ohne zu wissen, dass man über einer untergegangenen Hauptstadt stand, konnten wir fühlen, dass dieser Ort bedeutungsvoll war – besonders bei Sonnenaufgang oder Sonnenuntergang, wenn das Licht das Relief der Erde betont, statt es zu verwischen. Nirgends sonst habe ich so dichte ultramarine Schatten neben dem metallischen Schimmer gewaltiger Bergmassen gesehen wie dort, wenn die ersten Strahlen der Sonne die Bergketten im Norden des Pandschir treffen. Sogar der Tod konnte dort schön sein: im bläulichen Morgennebel erstarrte die seidige Schwärze eines Lämmchens in dem blutroten Strom, der aus seiner durchschnittenen Kehle sprudelte. Nirgendwo sonst habe ich gespannter dem Brausen des gewaltigen Windes gelauscht, der von hohen Bergen herunterstösst. War vielleicht mein Drang, ›das Land jenseits des Horizontes‹ zu sehen, endlich befriedigt?

30 »Commander Joseph Hackin und seine Frau verloren auf hoher See ihr Leben; das Schiff, auf dem sie in einer Mission für das ›Freie Frankreich‹ nach dem Orient fuhren, wurde torpediert.« (Aus einem Vortrag von C. F. A. Schaeffer, am 6. Oktober 1942, in der Royal Central Asian Society).

Lhasa oder Papeete könnten vor mir aufgetaucht sein, glaube ich, ohne dass mein Herz auch nur einen Augenblick ausgesetzt hätte. Nun war ich nicht mehr stolz darauf, dass ich durch eigene Kraft die Welt zu einem Tummelplatz für mich gemacht hatte. Wenn nicht zwei Männer in der Nähe auf der Erde gesessen und gewebt hätten, wäre ich eines Abends am liebsten in die Knie gesunken, um meinen Augen dafür zu danken, dass sie so gut sahen.

Statt dessen setzte auch ich mich nieder und genoss den Frieden Kohistans. Jenseits des Flusses konnte ich den Khwaja-i-Reg Rawan sehen, einer weissklaffenden Wunde in einem Felsenberg gleich; es war ein Hang mit dem wohlbekannten ›tönenden Sand‹ – diese Sanddünen, die zuweilen in der Tageshitze dröhnen oder singen oder poltern. Die gleiche Erscheinung hat man auch schon in andern Teilen der Welt beobachtet, ohne bis heute eine stichhaltige Erklärung dafür zu finden.

In der Ferne sah ich das Nidschrau-Tal, wohin uns Hackin auf seinem sechsrädrigen Camion mitgenommen hatte – ein entlegener Teil der Welt, der noch nicht, wie Scharikar, durch Kanister verdorben war. Dort erinnerten mich geschnitzte Holztore daran, dass im nächsten Tal Kafiristan beginnt. Über Nidschrau schreibt Kaiser Babur, dass »es ein ganz abseits liegender Flecken Erde ist, auf dem in Überfülle Trauben und sonstige Früchte wachsen. Die Bewohner machen viel Wein, sie kochen ihn aber; im Winter mästen sie viel Geflügel; sie sind Weinsäufer, beten nicht und kennen keine Skrupel.« Im selben Kapitel seiner Memoiren berichtet er, dass er auch einen Anfall von Rheumatismus hatte, als er bei den Bewohnern von Nidschrau den Tribut erhob: »Am 13. des

Ramazan befielen mich derartige Ischiasschmerzen, dass man mich während vierzig Tagen von einer Seite auf die andere wälzen musste.«

Jawohl, ich blickte zu dem Himmel empor, der über Kafiristan strahlte, aber würde ich je dorthin kommen? Würde ich mehr Glück haben als jenes amerikanische Ehepaar, das nun in Kabul zurückgehalten wird, während es die Hasaras in den Bergen erforschen wollte? Ihre ursprüngliche Absicht war gewesen, die Turkmenen in Iran zu studieren, aber in Teheran wurde ihnen gesagt, es gäbe heutzutage keine Turkmenen mehr. Doch in Kabul würde es schwerfallen, die Existenz der Hasaras zu leugnen. Hackin behauptete aber halb im Scherz, halb im Ernst, dass bei der modernen Politik die Hasaras gefährlich wie Dynamit seien: die Afghanen müssten vermeiden, sie erwähnen zu lassen, da sie Angst hätten, die Japaner würden auf Grund ihrer panmongolischen Politik die Hasaras als eine ihrer Minderheiten erklären und zu ihrem Schutz in Afghanistan eindringen!

Ria kam zu mir. Gemeinsam gingen wir zu den Webern, bei denen ich das erste Stück unserer Sammlung für Christinas Museum kaufte – einen primitiven Haspel. Bei den Parsiwans oder Tadschiks weben nur die Männer. Der eine von ihnen hatte neben sich ein türkisblau glasiertes Wassergefäss stehen, das aus Istalif stammte. In der Ferne sahen wir an einem Berghang dieses Istalif ohne Kalehs, das einem provenzalischen Dorf glich, wie es sich zwischen Weinbergen sonnt. Es war von den Soldaten Alexanders des Grossen gegründet worden und hiess ursprünglich Staphylia, das griechische Wort für Trauben.

* * *

Hackin führte Christina in die Archäologie Begrams ein. Es war beschlossen worden, dass sie bei ihm im Museum arbeiten sollte, um sich mit der gräko-buddhistischen Kunst vertraut zu machen. Später, wenn ich in meinen Bergen nicht weiterkommen sollte, würde ich mit ihnen allen nach Kundus gehen.

Wir standen an der Stelle der Grabungen – trübselige, staubige, sonnenverbrannte Löcher – und sahen die vielen Räume, in denen nichts gefunden worden war. Erst im zehnten war man auf eine Schicht zerbröckelten Glases gestossen, und noch tiefer hatte Ria eine Sammlung von geschliffenen Vasen und Gefässen gefunden, die sich neben Muranoglas sehen lassen konnten; sie standen neben bemaltem Glas mit Figuren in griechischer Tracht, Zierfischen aus geblasenem Glas und gerillten kobaltfarbigen Schalen. Während zwei Monaten arbeitete Ria an diesen Funden, beseitigte die Erde mit Löffel und Zahnbürste. Kostbare Elfenbeinkästchen im indischen Stil zeigten Frauengestalten mit den gerundeten Linien von Pfirsichen oder prallen Kirschen. Es waren in dieser Schatzkammer viele Gegenstände aufbewahrt worden, und dann hatte man den Gang zugemauert.

Die Beschaffenheit sowohl wie der Ursprung dieser zweitausend Jahre alten Stücke macht sie sehr bedeutsam. Sie beweisen, dass sich im ersten Jahrhundert vor Christus indische und griechische Kunst hier im Königreich Kapisa vermählten, und nicht im Gandhara am oberen Indus. Hier entstand diese hybride Kunst, die ganz Sinkiang, China und Japan beeinflusste.

Lange bevor Alexander der Grosse hier in der Nähe Alexandria ad Caucasum gründete, war Kapisi die Hauptstadt des Landes Kapisa gewesen; Cyrus hatte sie im sechsten Jahrhundert vor Christus erobert. Zu Beginn unserer Zeitrechnung, während der Herrschaft der Kuschan oder der indo-skytischen Könige, war der Buddhismus bis in die Gegend von Balch fest begründet. Im Jahre 50 nach Christus liess Kadphises in Begram Münzen prägen. Kapisi war die Sommerresidenz von Kanischka, des berühmtesten dieser Kuschans, die nach Aussage des Historikers Sir Percy Sykes alle krumme Nasen hatten, obwohl sie nicht hebräischer Abstammung waren. Diese Bemerkung bezieht sich auf die Kontroverse, dass die Afghanen, obwohl sie semitischen Typus haben, doch nicht, wie sie behaupten, einer der zehn verlorenen Stämme Israels sind. Das könnte nur als der literarische Ursprung der Afghanen bezeichnet werden.

Hsuan-Tsang, der chinesische Meister des Gesetzes, verbrachte den Sommer des Jahres 632 in einem Kloster bei Kapisi, das sehr wohl jenes entzückende Kloster sein konnte, dessen Ruinen wir bei Schotorak neben den reissenden Gewässern des Pandschir gesehen hatten. Wir lasen in Hsuan-Tsangs Buch, dass der König von Kapisa, ein frommer Buddhist »mit tapferem, ungestümem Charakter ... über ein Dutzend Königreiche herrscht«. Dieser König schickte Tai-Tsung, dem Kaiser von China, afghanische Pferde. In Kapisi unterhielt sich Hsuan-Tsang auch mit Asketen der Dschaina- und der Saivitersekte.

Gegen Ende desselben Jahrhunderts griffen die Araber, die Seistan erobert hatten, vergebens Rutbil, den Kuschan-König von Kabul, an. Erst zwei Jahrhunderte später wurde der Islam im ganzen Land eingeführt, nachdem ein türkischer König von Kabul von den Muslimen besiegt worden war.

29

Kabul

Die Häuser und Bäume von Kabul kamen in Sicht.

Nachdem wir nun auf einer guten Strasse waren, glitt der schwere Wagen wieder gleichmässig dahin, geräuschlos, sicher, machtvoll wie ein Schiff, das sich nicht um Erde unter seinem Kiel kümmern muss. Nach Tausenden von Meilen auf holprigen Strassen konnte sich mein Körper wieder einmal seines Daseins freuen.

Wir hatten Kabul erreicht, und einen Augenblick hatte ich ein Gefühl des Triumphes. Wie dumm war ich! Meine Wachsamkeit liess nach, gerade als ich sie hätte erhöhen müssen, und ich begann, über meine Pläne zu brüten.

Christina hatte noch immer ihre starke Erkältung, weshalb wir den Arzt der britischen Gesandtschaft konsultierten. Er stellte Bronchitis fest und verordnete zehn Tage Bettruhe mit Rauchverbot. Die Hackins, die in einem kleinen Häuschen ihrer Gesandtschaft wohnten, hatten keinen Platz für uns; so waren wir froh, dass wir im Wohnzimmer von Marthe und Gabriel, die ich von Paris her kannte, unterkommen konnten.

Obwohl Christina noch immer hustete, wollte sie nicht den Anordnungen des Arztes Folge leisten. Sie sah müde aus, blickte gelangweilt drein, ausser wenn wir die Hackins besuchten. Da sie nicht mehr wie in all diesen Monaten durch die Notwendigkeit, unseren Plan zu verwirklichen, aufrechtgehalten wurde, begann sie wieder an ihre Sucht zu denken. Sie hatte kein Vertrauen zu den Medikamenten des Arztes, wollte ihn nicht mehr sehen und zwang mich, beim Apotheker in der Stadt für sie einen Kodeinsirup zu besorgen – ich wusste damals nicht, was Kodein enthält.

Jedenfalls war es unerlässlich, die Hustenanfälle zu beseitigen, die uns beide am Schlafen hinderten.

Dann brach der Krieg im fernen Europa aus und Ungewissheit bemächtigte sich unseres Lebens. Hackin und Gabriel stellten sich ihrem Konsul zur Verfügung. Ausländern wurde verboten, Kabul zu verlassen und sich ins Landesinnere zu begeben – das setzte meinen Plänen, nach ›meinem‹ Kafiristan zu gehen, ein Ende.

Obwohl die Haupttriebfeder gebrochen war, lebte der Geist unserer Reise wieder auf, als wir die Stadt besichtigten.

Baburs Grab war ein einfacher Marmorsarkophag in einem terrassenförmigen Garten. Als echter Bergbewohner hatte der Kaiser nicht in Hindustan begraben werden wollen, einem Land, in dem, wie er sagte, gute Menschen, gute Pferde, gute Hunde und gute Früchte fehlen. Ich verstehe diese Einstellung sehr wohl, aber werde ich je mit seiner Ansicht, die er in nachstehendem Vers ausdrückte, übereinstimmen?

Reisst das Schwert auch die Welt aus den Fugen,
Keine Ader durchschlägt's, eh Gott es will.

Dieser Vers entstand, weil der zukünftige Kaiser, als er sich seinen Weg nach Kabul erkämpfte, vom Schwert des Dost Sirpuli getroffen wurde, ohne im geringsten verwundet zu werden, ein Umstand, den niemand verstehen konnte. Babur bedeutet ›Tiger‹.

Jugendliche Stimmen erfüllten die Luft – wir kamen zu einem Schwimmbassin, wo Kinder mit ihren Lehrern das Springen vom Turm übten. Wir wurden begrüsst mit einem strammen Ruf: »Guuten-Tak!«, was ich erst verstand, als ich erfuhr, dass es Schüler der deutschen Schule waren. Zwei oder drei Jahre später sollten einige dieser Kinder weinen, als sie ihren deutschen Lehrern Lebewohl sagten, die gezwungen wurden, Afghanistan zu verlassen. Aber diese, siegessicher, erwiderten: »Weint nicht! In vier Monaten sind wir wieder da!«

Wir besuchten auch die Mädchenschule, die hinter dem Frauenspital lag – sie war noch nicht amtlich anerkannt, aus Furcht, die Gefühle der Mullahs zu verletzen. Hunderte von eifrigen Kindern waren in einem einzigen Gebäude zusammengepfercht. Jede Klasse war überfüllt, und ich spürte, dass einige der Lehrerinnen (natürlich Afghaninnen) vor Begeisterung für ihre Arbeit glühten. Es gab auch ein paar Lehrer – alt wie Methusalem –, so dass sie keinen Anlass zu Skandal geben könnten, wenn sie zufällig eine Schülerin berührten, während sie durch die Reihen schritten.

Die meisten der sehr verschieden aussehenden und gekleideten Kinder waren hübsch. Viele von ihnen hatten einen goldenen Schimmer in den Augen. Sie blickten offen in die Welt und fast alle zeigten den gleichen Eifer, die gleiche herausfordernde Haltung, als wollten sie sagen: »Es ist ein Wagnis von uns, hier zu sein. Aber wir sind stolz darauf, das neue Afghanistan zu sein.«

Wie sehr wünschte ich, etwas für sie tun zu können! Wie sehr wünschte ich, dass ihnen richtiges Denken, Fühlen und Leben beigebracht würde. Das musste besonders schwierig sein in einer Stadt, in der bis vor kurzem

Schulunterricht lediglich bedeutete, den Koran herunterplappern zu lernen. Da gab es auch einen Schulinspektor, der das französische Collège inspizierte – er konnte kein Französisch, doch als er bemerkte, dass einige Knaben zögerten, bevor sie eine Frage des Lehrers beantworteten, folgerte er, dass die faulen Burschen ihre Lektion nicht gelernt hätten! Man kann sich die Gefühle des Lehrers vorstellen, der Jahre damit verbracht hatte, seinen Schülern Denk- und Urteilsfähigkeit beizubringen. Auch wurden die afghanischen Professoren einer anderen Schule als die besten von Kabul erklärt, weil »alle ihre Knaben ausgezeichnete Noten erhalten hatten«!

Afghanistan war in Anhänger des Alten und Freunde des Modernen geteilt. Um die Mullahs geschart, waren die Anhänger des Alten gegen jede Neuerung. Bei einer Versammlung von sechzehnhundert Mullahs wurde ein Programm mit achtundvierzig Punkten aufgestellt. Einer davon verlangte, dass die Mädchenschule geschlossen werde, die moderne Erziehung richte in weiblichen Köpfen nur Unheil an. Die Regierung lehnte diese Forderung ab. Ein anderer Punkt verlangte die Schliessung des Kinos – dort sah ich Männer, die, nicht an Stühle gewöhnt, mit untergeschlagenen Beinen auf diesen unbequemen Möbelstücken kauerten. Auch dieser Antrag wurde abgelehnt, da die Regierung die Ansicht vertrat, dass das Kino erzieherischen Wert hätte – es lasse diejenigen, die nicht das Glück hätten, reisen zu können, einen Blick in die weite Welt tun.

Die Regierung ist der Ansicht, dass die Mullahs zu den neuen Ideen bekehrt werden müssen, damit man sie als Befürworter des jetzigen Regimes in ihre Dörfer senden könnte; nur sie könnten unter den augenblicklichen

Bedingungen das Kader bilden, um das neue Land aufzubauen.

Die waghalsigen Modernen, die fast alle im Ausland gewesen sind, bilden den Regierungs-Clan. Sie bemühen sich, das Land zu stärken, »damit es nicht vom gleichen Schicksal wie Abessinien 1935 getroffen werde«. Als Nadir-Schah vor zehn Jahren König wurde, war nicht nur kein Geld und keine Armee vorhanden, sondern Amanullahs übereilte Reformen hatten alle gegen jede Veränderung voreingenommen.

Die beste Art, Christina vom Wert der Resultate zu überzeugen, die diese Handvoll mutiger Moderner erzielt hatten, bestand darin, ihr in das Leben des einfachen Mannes Einblick zu gewähren. Wir besuchten daher die Oberschwester des Lungensanatoriums Aliabad.

Ich bewunderte diese Frau, die aus der Schweiz kam, sehr. Sie wohnte ziemlich weit ausserhalb Kabuls und herrschte über ihre Männerwelt, als sei sie ein alter Major; sie lernte sie alle an, vom Hilfsapotheker bis zum Koch und dem Wäschemann.

Sie hatte den Koran studiert, um das letzte Wort bei Auseinandersetzungen mit ihren Patienten haben zu können. Einige von diesen wollten selbst bei hohem Fieber unbedingt fünfmal am Tag auf dem steinernen Fussboden niederknien, um ihre Gebete zu verrichten; doch sie fand in dem heiligen Buch eine Stelle, wonach Bettlägrigen erlaubt ist, ihre Kniefälle symbolisch mit den Augenlidern zu verrichten. Sie führte einen langen Kampf, um sie zu lehren, nicht überall hinzuspucken und nicht die Krankensäle durcheinanderzubringen, indem sie ihre Betten in Richtung Mekka drehten.

Zuweilen gab es nicht genügend Wasser, um die Bett-

und Leibwäsche zu waschen – die Gärtner brauchten es, um ihre Blumenbeete zu überschwemmen. Die Vorsteherin meinte: »Vielleicht ist vom afghanischen Gesichtspunkt aus der Anblick einer Blume nützlicher als ein sauberes Hemd.«

Sogar Rekonvaleszente durften ihre Angehörigen nicht besuchen: die Familie würde nie verstehen, dass sie alleine essen und schlafen müssten. Ihrer Ansicht nach wurden Krankheiten durch böse Dschinnen gebracht, die man durch Amulette oder durch das Schlucken eines Mundvoll Erde vom Grab des Familienheiligen besiegen könnte. Am schlimmsten fand die Oberschwester, dass sie immer alles besser wussten als sie selbst!

Lange ärgerte sie sich darüber, dass die Männer den Tee aus der Küche und nicht aus dem Samowar ihrer Abteilung tranken. Um den Grund herauszufinden, verbarg sie sich in einem Schrank – die Männer schütteten ihre Arzneien in den Samowar, da sie fürchteten, sie könnten Alkohol enthalten, dessen Genuss ihnen der Koran verbot. Sie beruhigte sie, indem sie ihnen erklärte, dass das Wasser auf jeden Fall nicht vergiftet sei, da in dem heiligen Buch geschrieben stehe, dass alles Gekochte, selbst wenn es Urin wäre, gereinigt sei.

Die gute Oberschwester! Und keine Spur Angst hatte sie – sie ohrfeigte Hausdiener und Knechte, wenn sie ihre Befehle nicht ausführten, wenn die Kochtöpfe schmutzig waren, wenn sie Holz stahlen, Geschirr zerbrachen oder sich in Ecken versteckten, um sich vor der Arbeit zu drücken. Es war die einzige Möglichkeit, zu erreichen, dass überhaupt eine Arbeit verrichtet wurde.

* * *

Ich machte mir Sorge um Christina: sie hatte Fieber, rauchte mehr denn je, und obwohl sie an schlechter Verdauung litt, wollte sie keine Diät einhalten, wenn wir ausserhalb assen. Trotz meiner Liebe zu ihr wusste ich nicht, wie ich ihr helfen sollte, vielmehr glaubte ich, dass ich sie reizte, und sie daher besser in Frieden liesse. Sie war krank, wollte es aber nicht zugeben; sie wollte sich nicht schonen und sich den Naturgesetzen unterwerfen. Sie konnte es nicht ertragen, sich ruhig zu verhalten, es kam ihr vor, als würde sie sterben. Sie fürchtete sich vor dem Stilliegen – ständig nagte Furcht an ihrem Herzen.

Ich versuchte wieder einmal, mit ihr zu sprechen: was wir auch beschlössen, so müsste sie zunächst kräftig und gesund werden. Als ich an ihre Vernunft appellierte, etwas vom Elend der Polen im brennenden Warschau murmelte, erwiderte sie wütend: »Ich will nicht wie du und Gabriel werden. Ich will menschlich bleiben. Die grössten Schöpfungen der Menschen sind aus Leiden entstanden ...«

»Ich weiss«, unterbrach ich sie, »du willst mit de Musset weinen:

Les plus désespérés sont les chants les plus beaux,
Et j'en sais d'immortels qui sont de purs sanglots.

Aber du drehst und windest dich wieder. Das, was die sagen, ist eine entsetzliche Halbwahrheit; sowie sie ein Meisterwerk vollbringen, haben sie ihr Leiden überwunden.«

Ausser sich, mit harten, funkelnden Augen, schrie sie: »Aber *lass* mich leiden!«

Ich tat es.

Abgesehen von der Bedeutung dessen, was sie sagte, durchraste dieses »*Lass* mich leiden!« sie mit einer solchen Intensität, einer solchen Überzeugung, dass ich oft darüber nachgrübelte. Ich mischte mich nicht mehr ein, und sie zog zur französischen Gesandtschaft, wo sie als die Frau eines Kollegen eingeladen wurde. Dort, sagte ich mir, wird sie in einem richtigen Bett zwischen richtigen Leintüchern schlafen, das gute Essen wird ihr wohltun, sie wird den Frieden und die Ruhe haben, die sie braucht. Und es ist der Moment für eine Trennung – wir waren ja Monate und Monate Tag und Nacht zusammen gewesen. Zudem war gerade Gabriels Koch in Ghasni, um dort einen Mann zu finden und zu kaufen, der für ihn Militärdienst leisten würde.

Doch in Wirklichkeit sammelte ich diese ausgezeichneten Gründe, um die Tatsache zu verbergen, dass ich mir wieder einmal egoistisch vorkam. Jawohl, ich war Christinas müde. Ich hatte mich während des letzten halben Jahres gänzlich auf sie eingestellt, und mehr Kraft brachte ich nicht mehr auf. Ich war jetzt mit meiner nächsten Zukunft beschäftigt.

Wir gingen an die Sortierung unserer Habseligkeiten. Aus einer Kiste, in der unsere Bergstiefel waren, zog sie zu meiner Überraschung eine Injektionsspritze hervor und gab sie mir mit den Worten: »Diese Reise hat mich von der Sucht nach Drogen befreit.«

Ich beschloss, ihr zu glauben.

Das Zimmer, in dem ich wohnte, war voll interessanter Bücher. Vielleicht um meinen Ärger, dass ich keine Lösung für meine Pläne fand, zu vergessen, stürzte ich mich während Wochen in eine Orgie des Lesens. Ich kannte Kabul bereits; die alte Zitadelle Bala-Hissar, die halb fertiggestellten (und bereits verlassenen) Gebäude König Amanullahs in Dar-ul-Aman, die Vorortvillen von Paghman, die wunderbaren kahlen Berge in der Umgebung der Stadt – nichts lockte mich hinaus.

Nicole und Raymond kamen zuweilen vorbei (sie waren schon vor langem mit ihren bös zugerichteten Velos aus dem Hasarejdschat gekommen), und wir versuchten, ausfindig zu machen, worum der Krieg in Wirklichkeit ging. Ich hatte eine Theorie, dass die Deutschen zivilisiert werden könnten, wenn sie nur aufhörten, sich als ›Habenichtse‹ zu fühlen – nach dem Beispiel der mongolischen Horden und Chinas. Ihre Grausamkeit sei eine vorübergehende Notwendigkeit, solange sie sich für den Krieg vorbereiten müssten. Ich fragte mich sogar, ob durch sie nicht schliesslich die Einigung Europas erreicht werden könnte. Aber lächelnd und mich ein träumerisches Kind nennend, behauptete Christina, dass von den Deutschen nichts Gutes kommen könne: ihr Verstand sei völlig verdreht.

Wie ein gerissener Anwalt sondierte Nicole die Gründe: »Die Nazis hätten den Ideen der Freiheit und der christlichen Liebe, die allein die Menschheit aufrechterhalten können, nicht den Rücken gewandt, wenn nicht diese Ideen in den letzten Jahrhunderten ein solch jämmerliches Schauspiel zustande gebracht hätten.«

Während der ganzen Zeit in Kabul fühlte ich in mir ein stechendes, unbehagliches Gefühl, das sich Monate später in der Erkenntnis ausdrückte: Ich habe Christina im Stich gelassen. Gemäss unserer Abmachung durfte ich sie nicht allein lassen, was immer sie auch sagen oder tun mochte. Aber gerade die Intensität meines Wunsches, ihr zu helfen, hatte meine Absicht zunichte gemacht. Sie hatte derartige Anstrengungen mit sich gebracht, dass ich müde geworden war. Hätte Güte zu meinem Wesen gehört, hätte ich ihr entspannt geholfen, ganz einfach, weil ich nicht anders gekonnt hätte – wie die Sonne scheint, oder wie man einem stolpernden Kind die Hand reicht –, hätte ich meine Bemühungen nicht durch den Gedanken entwertet: »Ich werde Erfolg haben, ich muss Erfolg haben!«

Ich besuchte sie täglich; war es bewölkt, ging ich zu Fuss durch die Stadt (obwohl fast achtzehnhundert Meter hoch, kann es in Kabul zuweilen sehr heiss sein), oder ich fuhr in einem lustigen Tonga, dessen gebieterische Glocke die Haufen von Müssiggängern auseinanderjagte. Christina litt nun nicht nur an ihrer Bronchitis, sondern hatte auch einen doppelten Furunkel, der sich ausbreitete und auf ihren Hals übergriff – es war ein klaffender Krater; sie konnte den Kopf nicht bewegen und fühlte sich jämmerlich. Zuweilen zogen wir einen Eiterpfropfen heraus, der wie ein Kerzendocht aussah. Aber selbst dann klagte sie nie.

Sie ging noch immer aus, besuchte einen deutschen Emigrantenarzt und einen Schweizer, der Vertretungen hatte. Aber sie fühlte sich oft sehr krank und nahm dauernd ab. Dr. Moody nahm mich beiseite: Sie sei völlig erschöpft und brauche zwei Monate Erholung, bevor sie in der Lage sei zu reisen, sonst könnte sich ihr tägliches Fieber zur Schwindsucht auswachsen.

Zum Glück hatte Christina Ria liebgewonnen, die neben ihr wohnte und eine verständnisvollere Gesellschaft war, als ich es je sein könnte.

Eines Tages schien Christina zusammengebrochen zu sein, es sah aus, als habe sie es schliesslich aufgegeben zu kämpfen, als habe sie resigniert. Aber nein. Sie hatte diese Haltung nur angenommen, um zu verbergen, dass keine Offenheit mehr zwischen uns bestand: ich hatte meine schwarzen Gedanken für mich behalten und sie …

Endlich sprach sie doch. Es war ein Geständnis ihres völligen Elends: sie hatte die ganze Zeit gelogen. Als der Krieg unsere Pläne zunichte machte, hatte der alte Dämon wieder sein Haupt erhoben. Mit dem Verlangen nach Kodein hatte es angefangen; dann war wieder die alte Geschichte gekommen – mit irrsinniger Hemmungslosigkeit, mit wildem Scharfsinn hatte sich ihr zweites Ich die grosse Zahl von Ampullen beschafft, die sie benötigte.

Aber jetzt war sie derart krank, derart herunter, dass etwas Drastisches geschehen musste. Sie konnte sich nicht dazu bringen, der Vorschrift des deutschen Arztes zu folgen und nach und nach schwächere Dosen zu nehmen. Wieder blieb ihr keine andere Wahl, als das radikalste Heilmittel anzuwenden: der Stadt zu entfliehen! Da man Hackin und Ria noch nicht nach Frankreich zurückgerufen hatte, waren sie nach Kundus gegangen (sie durften reisen, da sie für die Afghanen arbeiteten), und Christina hatte beschlossen, ihnen zu folgen – sie wünschte meine Hilfe. Mit ausdruckslosem Gesicht bat sie mich um Verzeihung für ihr mangelndes Vertrauen zu mir.

Aber es war meine Schuld. Nach dem Zwischenfall in Sofia hatte ich mich entschlossen, hart zu sein und keinen Rückfall zu verzeihen. Und so hatte Christina, als die Stunde der Prüfung kam, natürlich Angst vor mir gehabt. Ich hatte also gerade durch dieses mein Vorgehen, das ich für erfolgversprechender hielt als die Zärtlichkeiten ihrer früheren Freunde, Christina den Weg zu mir versperrt.

Ich versuchte, sie in ihrer Scham, ihrer Verzweiflung zu trösten. Aber ich konnte keine neuen Worte finden, nur die, die ich schon allzuoft benutzt hatte: viele Jahre einer bestimmten Gewohnheit könnten nicht in einigen Monaten weggewischt werden – ein Auf und Ab sei normal. Der alte Mensch müsse umerzogen werden, bis Jahre einer neuen Gewohnheit die Vergangenheit ausgelöscht hätten. »Du wirst wieder törichten Ärzten (wie dem in Therapia) begegnen, die dich in Versuchung führen, da sie sich für gütig halten. Du wirst krank sein und Depressionen haben, die deine Entschlossenheit schwächen. Aber du weisst ganz bestimmt, dass du keine Süchtige bist, da du ja sehr gut Monate lang ohne ›es‹ leben kannst. So sicher wie ich hier sitze, weiss ich, dass du dich erholen wirst!«

Es schien, als spräche ich gegen eine Wand. Die Rolle und der Ton des Schulmeisters wirken aufreizend, es sei denn, er wisse sehr viel: in dem Fall wird seine Persönlichkeit vom Schüler vergessen und dieser richtet seine ganze Aufmerksamkeit auf die Wahrheit, die gelehrt wird.

Ihre mürrischen Augen aber ärgerten mich derart, dass ich, bevor ich wusste, was ich tat, auf sie einhämmerte – diesmal nicht im Traum wie in Istanbul: »Wann wird dir einmal gründlich übel werden vor dir selbst? Wann wirst du endlich einmal zu Boden kriechen, ja noch tiefer als der Boden? Wann wirst du zugeben, wie tief du gesunken bist, zugeben, dass du am Ende deiner Weisheit bist? Und wann wirst du endlich, klein und bescheiden, um Hilfe bitten …? Wann wirst du dich an jenen wunderbaren Teil deines Ich wenden, den du ja schon früher an der Arbeit gesehen hast, als er dich aus deiner Hölle errettete? Nicht nur die Drogen müssen ausgespuckt werden, auch alles Falsche, das in dir ist …«

Nein, sie konnte es nicht. Nicht in dieser Weise. Noch nicht. Sie war noch immer verliebt in die Qualen des Gefallenen Engels.

Empfand sie meine Verzweiflung, wusste sie, dass ich weinte, weil sie ihr strahlendes Ich erwürgte?

Ich küsste sie auf ihre feuchte Stirn … ich ging fort.

Ich ging zum deutschen Arzt, zum englischen, zu dem Schweizer Vertreter, zu alten Bekannten in Kabul. Der erste gab zu, er habe alles ohne Erfolg versucht; der zweite erklärte, dass Christina nicht reisen und campieren könne, da in den Bergen bereits Winter war; der dritte half mir, das trübe Mosaik ihrer Handlungen zusammenzusetzen; die Bekannten sagten mir, niemand erhalte die Erlaubnis zu einer Reise ins Landesinnere – ich war deprimiert.

Aber das Glück kam zu Hilfe: von Meunié gefahren, kam ein leichter Wagen aus Kundus, um für Hackin Material zu holen. Ich erklärte ihm alles, ohne ein Hehl daraus zu machen, was für ein Wahnsinn es sei, Christina in das Lager bei Kundus zu schicken. Aber ich wüsste mir keinen anderen Rat: sie zeige kein Interesse für die Studien, die wir in Indien treiben könnten. Würde Meunié die Verantwortung übernehmen, Christina mitzunehmen?

Er sagte zu.

Auch ich ›gab sie weiter‹ …

* * *

Gespenstischer denn je aussehend, wollte Christina zu einem Diner gehen. Am nächsten Morgen sollte sie zu ihrer Zweitagefahrt nach Turkestan aufbrechen. Schaffelle,

Decken, Lederjacken wurden zurechtgelegt; ihr Unterzeug war nicht warm genug, aber soviel ich ihr auch erzählte, sie wollte nicht glauben, dass ein asiatischer Winter etwas ganz anderes ist als ein Engadiner.

Ich hatte sie zum Haus gefahren, in dem sie eingeladen war; vor dem Gartentor stieg ich mit ihr aus dem Wagen, und wir blieben auf dem hölzernen Steg über dem Graben stehen. Das stille Wasser spiegelte die klaren, reinen Sterne wider. Sie war schon spät dran – mir war die Kehle wie zugeschnürt. Ich versuchte ein fröhliches Lebewohl zu sagen. Die Stille einer gleichgültigen Kabul-Nacht hüllte mich ein, als ich mich abwandte.

Da rief sie mich zurück.

Sie hatte ihre steife Maske fallen lassen ... sie war wieder sie selbst. Wieder war ihre strahlende Ehrlichkeit geweckt ... sie sagte: »Ich glaubte, du hättest unter den Monaten unserer Spannung weniger gelitten als ich. Ich dachte, du seist abweisend und hart. Aber jetzt weiss ich, dass ich mich geirrt habe, ich war zu sehr mit mir selber beschäftigt! Kini, ich wollte dir schon immer sagen: du erstaunst mich ... ich verstehe nicht, wieso du mich liebst.«

»Christina, ich weiss es selbst nicht. Was soll ich dir antworten? Aber ich glaube, ich sehe jetzt ganz klar etwas Grosses in dir. Es ist vielleicht das, was die Menschen meinen, wenn sie sagen, sie lieben jemanden ›in Gott‹!«

30

Mandu

Wir begegneten einander noch einmal.

Die letzte Tirade, die ich auf Christina losgelassen hatte, beruhte auf den tiefen Erlebnissen, die ich gerade durchgemacht hatte; danach schien alles bei mir leichter zu gehen. Die Ereignisse nahmen ihren Lauf, ich brauchte nur klug zu wählen.

Ich wurde nach Indien eingeladen. Da ich mir vorstellte, dass es für mich nach dem Krieg wahrscheinlich unmöglich sein würde, zu reisen, beschloss ich, einige Jahre dort zu bleiben. Um mir die für den Aufenthalt nötigen Mittel zu verschaffen, begann ich *Gypsy Afloat* zu schreiben, in der Hoffnung, dass genügend Leute das Buch kaufen würden.

Neujahr 1940 war ich in Zentralindien. Auf ihrem Weg nach Bombay, wo sie das Schiff zur Heimfahrt nehmen wollte, besuchte mich Christina. Wir verbrachten zwei Tage zwischen den Ruinen von Mandu, der ›Stadt der Freude‹, einstmals die Residenz der afghanischen Könige der Khildschi- und der Ghori-Dynastie. Zwischen verlassenen Palästen, die sich in schweigenden Seen spiegelten, zwischen schmutzbedeckten Moscheen, die ehemals Hindutempel gewesen waren, neben den strengen Mausoleen und den Befestigungswerken, die das Felsenplateau von Malwa krönen, in einer von grosser Geschichte durchdrungenen Atmosphäre sprachen wir von der augenblicklichen Geschichte, vom gegenwärtigen Krieg.

Christina hatte sich auf ihrer Reise nach dem Norden eine Influenza geholt und wäre in Kundus beinahe an Schwäche gestorben. Und ich glaubte ihr, als sie sagte, ich könnte mir nicht vorstellen, was sie durchgemacht habe. Aber irgendwie hatte ihr die Reise doch ungemein gut getan: ihre Augen hatten wieder Glanz, sie hielt sich aufrecht, die Vergangenheit bedrückte sie nicht mehr. Sie war dünner denn je, aber gesund, und glich den jungen Bhils, mit denen wir an jenen schilfbedeckten Ufern spielten, die mit Pfeil und Bogen fischen und in ihrer Nacktheit lange schlanke Hüften zeigen, auf deren magerer Brust sich jede Rippe abzeichnet und die einen Haarschopf haben, der ihnen in die Augen fällt.

Die Vergangenheit hatte ihre Bitterkeit verloren. Lächelnd erinnerte mich Christina an eine Bemerkung, die ich in Kabul gemacht hatte, um sie aus ihrer Lethargie zu reissen: »Kini, weisst du noch, wie du mir eine Fotografie von mir gezeigt und gesagt hast, dass ich verlange, jedermann solle mich lieben; aber wie könnte ich geliebt werden, wenn infolge des Giftgenusses meine Augen die eines toten Fisches seien? Wie recht hast du gehabt! Ich möchte zwar nicht übertreiben, aber diesmal habe ich das bestimmte Gefühl, dass ich ›es‹ für immer los bin.«

Ihre ›Auferstehung‹ erfüllte mich mit Freude, aber sie war erst vor knapp vierzehn Tagen erfolgt, und ich machte mir Sorge. Es wäre klüger gewesen, ihre Rückreise noch für eine Weile zu verschieben.

»Hör mal, Christina, du gehst zurück in die Schweiz, die Nachrichtenzentrale Europas, wo alle haarsträubenden Geschichten der gemarterten Länder gesammelt werden. Du wirst als erstes beim Frühstück in den Zeitungen all die Greuel lesen und beim Abendessen den Hass eines in Finsternis gehüllten Erdteils zu dir nehmen. Du wirst dich zu Tod schämen, dass du der menschlichen Spezies angehörst, bevor du durch grosse Taten von ihr wieder aufgerichtet werden kannst. Jene Atmosphäre ist destruktiv, sie wird dir zum Unheil gereichen, und du wirst kaum imstande sein, anderen zu helfen. Mich würde das weniger durcheinanderbringen als dich – ich wünschte, ich könnte an deiner Stelle zurückgehen!« Zärtlich schloss ich: »Aber wenn du noch ein Jahr bei mir bliebest, würdest du stark werden, würdest alles schaffen können, was du dir vornimmst.«

»Nein, ich habe nicht den Mut zu bleiben, ich muss nach Hause. Und ich glaube, du hast dich nun genug mit mir abgemüht. Aber ich werde zurückkommen. Ich weiss über den Nazismus gut Bescheid, und meine Artikel könnten zeigen, warum wir kämpfen. Ich kann nicht hier bleiben, während dort gelitten wird. Ich gehöre dorthin.«

»Während ich nirgendwohin gehöre – das heisst überallhin. Es tut mir leid, dass ich dich nicht zurückhalten kann. Aber du wirst von alleine darauf kommen, ob du hättest bleiben sollen oder nicht. Für mich gibt es keinen Zweifel: du bist eine Dichterin, keine Journalistin, und du musst in dich schauen, nicht auf einen Krieg.«

»Kini, glaubst du nicht, dass du in Genf nützlich sein könntest?«

»Ich bin sicher, dass die ohne mich auskommen können. Einer mehr, einer weniger, das macht nichts aus. Lass diejenigen zurückgehen, die sich gezwungen fühlen zu helfen. Ich will nicht andere, ausser dir, veranlassen, das zu tun, was ich tue … Aber um dir die Wahrheit zu sagen: ich hatte geglaubt, dieser Krieg würde mich fortreissen, würde mich zwingen, dorthin zu eilen, wo ich mein Scherflein beitragen könnte, und mir inzwischen helfen, meine Unbefriedigtheit zu vergessen. Das ist nicht geschehen. Nichts, was sich in der letzten Zeit in Europa ereignet hat, scheint meine Begeisterung erwekken zu können – die Hauptsache fehlt immer. Und da ich glücklicherweise keine verpflichtenden Obliegenheiten habe, werde ich weiter das tun, was mir unbedingt nötig zu sein scheint, und was ich mir vorgenommen hatte, als ich von zu Haus fortging. Wenn ich jetzt zurückkehrte, würde ich so verzweifelt sein wie zuvor, würde dauernd auf etwa sich nähernde Schritte lauschen – unerträglich auf etwas warten, das von *aussen* kommt!«

»Glaubst du nicht, dass wir unseren persönlichen Neigungen erst dann wieder nachgehen dürfen, wenn wir wieder Frieden haben?«

»Ich bin zutiefst überzeugt, dass der Friede nicht das Notwendigste für uns ist, auch nicht der Sieg. Schau mal, wie teuer wir vor zwanzig Jahren den Sieg und den Frieden bezahlt haben! Als wir beides endlich errungen hatten, wussten wir nicht, was wir damit anfangen sollten. Wir haben die Fundamente unseres Daseins verloren. Ich weiss: ich könnte Flüchtlinge nähren, Waisenkinder kleiden oder Kranke und Verwundete pflegen, all das sind gute Werke. Aber wenn der Verwundete wieder geheilt ist, weiss er nicht, wofür er leben soll, es sei denn, er glaube, eine Revolution könne alle Probleme lösen! Genug von dieser Schraube ohne Ende: ›Stirb, um zu leben‹ oder ›Leb, um zu sterben‹. Etwas mehr ist nötig. Der Witz ist ja, dass ich nach einer Lösung suche, aber nicht weiss, was ich lösen will! Ich muss daher erst sehen, ob das, was indische Weise wissen, nicht nützlich für uns sein könnte.«

»Glaubst du nicht, dass du dich einfach vor dem Krieg drücken willst?«

»Das habe ich mich auch schon gefragt. Wenn ich finde, dass das mein Grund ist, werde ich dir nachkommen. Logischerweise würde es leichter für mich sein, mit dir zurückzugehen, unter meinem Volk zu leben, zu tun, was die andern tun, und so durch den Gemeinschaftsgeist gestützt zu werden. Hier, in einem Land, das das Gegenteil dessen ist, was ich liebe, werde ich ganz allein sein, gezwungen sein, von einem Minimum zu leben.«

Zwischen diesen Ruinen, denen die Jahrhunderte sengender Sonne einen weichen Farbton verliehen hatten, in einer Atmosphäre, die sich für Dornröschen eignete, schien der Krieg ein unmöglicher Alptraum zu sein. Ich versuchte zu erklären: »Siehst du, Christina, ich bin einige Jahre älter als du, und das macht einen grossen Unterschied aus. Obwohl ich zu jung war, um vom letzten Krieg direkt betroffen zu werden – nicht wie Gerbault, dessen drei beste Freunde an seiner Seite gefallen sind –, glaube ich, dass ich in Gedanken miterlitten habe, was meine Freunde haben durchmachen müssen, und das hat mich tief beeinflusst. Der andere Krieg hat mich zu dem sauberen Leben auf dem Meer gebracht, hat mir für immer alle Illusionen über unsere Kultur und Zivilisation geraubt. Dieser Krieg zwingt mich, nach ›dem Sinn von all dem‹ zu suchen, für den gemeinsamen Nenner von uns allen, für die Basis, auf der ein neues Leben begonnen werden soll.«

Der Moment des Abschieds war gekommen. Wir waren durch das Gefühl gestärkt, dass etwas Festes und Dauerndes zwischen uns entstanden sei.

»Christina, du hast mir nicht erzählt, wie du gesund geworden bist, wieso du dich entschlossen hast, Ria zu verlassen, und wie du so weit gereist bist, aber es ist doch geschehen. Wieder einmal hast du gesehen, wie sich in dir eine immense Reserve von positiven Kräften auswirkt. Diese Kräfte sind stets in dir vorhanden. Denke immer daran!«

Ein strahlendes Lächeln erhellte Christinas Gesicht: »Ich werde zu dir zurückkommen, und dann wirst du stolz auf mich sein.« Auf dem Armaturenbrett drehte sie den flachen Schlüssel um, den wir in dem Laden in Triest verloren und wiedergefunden hatten ... Sie brach nach Silvaplana auf.

* * *

Später, zu spät, als dass die Entdeckung noch nützen konnte, wurde mir klar, dass Christinas ›Lass mich leiden!‹ eine tiefe Bedeutung hatte. Dieser Schrei war das Symbol für den ungewöhnlichen Weg, den sie gewählt hatte, unbewusst vielleicht, um sich freizumachen. Ihre unaufhörliche Beschäftigung mit sich selbst mag krankhaft geschienen haben. Doch indem sie ihren Kummer pflegte, vollbrachte sie viel: sie verkleinerte ununterbrochen das kleine Ego, das in uns allen durch den Drang nach Freude das Reifen des Bewussten in uns verhindert. Der Wunsch nach Schmerz steht im Gegensatz zu den Forderungen des Egoimus, der uns im allgemeinen beherrscht.

Ich bin überzeugt, dass es ihr durch Leiden gelang, die Leiden zu überwinden. Ich pflegte sie zu bedauern, aber das war nicht nötig – sie erlebte das Tiefste, das Köstlichste: die unwandelbare Wahrheit. Die Erhabenheit dieser Wahrheit erleuchtete sie schliesslich, obwohl ich nicht weiss, ob die Zeit noch dafür reichte, ihr Alltagsleben zu ändern.

1942 war Christina gezwungen, viele Monate im belgischen Kongo zu bleiben, da es nicht möglich war, zu den ›Freien französischen Streitkräften‹ zu gelangen, zu denen sie als Berichterstatterin gehen sollte. Von einem wahren Strom reicher Eingebungen erfüllt, über die sie staunte, schrieb sie dort viel, was ihrer neuen Lebensanschauung entsprang – eine Anschauung, die sie in New York durch die schlimmste Krise, die sie je hatte durchmachen müssen, teuer erworben hatte. Ihre ganze Energie verwandte sie auf ihr Buch. Wenn sie zum Arbeiten zu müde war, schrieb sie mir zuweilen flüchtig über die Entdeckungen, die sie in den unbekannten Winkeln ihres Herzens gemacht hatte.

Obwohl sie mir nicht mehr antworten kann, glaube ich, sie hätte mir erlaubt, einige ihrer Aussprüche wiederzugeben – ohne diese würde ihrem Leben der volle Sinn fehlen. Diese Aussprüche sind überraschend, wenn man weiss, dass sie durch ihr ganzes letztes Buch hindurch von dem Gedanken an den Verlust der kindlichen Unschuld besessen war, von der Notwendigkeit, Busse zu tun. Diese Aussprüche benötigen keinen Kommentar:

»Ich weiss jetzt, dass es nutzlos ist, zu rauchen oder Drogen zu nehmen. Ohne diese Genussmittel kann ich mich viel besser konzentrieren, komme dem näher, was ich brauche, um zu schreiben, näher der Konzentration und der inneren Befreiung, die du mich gelehrt hast ... denn die Drogen bedeuteten für mich nur eine Flucht aus meiner übergrossen Empfindsamkeit; von ihnen kam der verhängnisvolle Wunsch, das Leben zu töten, Schmerz und Freude auszulöschen, die Triebfedern menschlicher Handlungen.«

An einem andern Tag:

»Das Problem meiner Krankheit, meiner Verzweiflung, meiner Zusammenbrüche, meines verschwendeten Lebens, all das hat dich verfolgt, während es mich fast getötet hat. Es ist merkwürdig, dass ich dieses doppelte Erlebnis des erzwungenen New Yorker Aufenthalts und einer psychologischen Revolte benötigte, weil ich mich als Opfer einer ausweglosen Liebe fühlte und alle Hoffnung darauf setzte, am Krieg teilzunehmen (ein Opfer, das ich für edel und gerecht hielt, und durch das ich meinen Beitrag zum äusseren Geschehen leisten wollte); dass dieses Erlebnis nötig war, damit ich verstünde, dass sich unsere ganze Beziehung zur Welt in einem Bereich vollziehen muss, der unendlich viel wahrer und unverletzlich ist – nämlich der Seele … Trotz allem äusseren Glück oder Unglück bleibt unsere Seele unberührt – und daher auch unser besseres Wollen und unsere Überzeugungen … Diese Art von liebendem oder hasserfülltem Kampf, dieser wilde Wunsch, zu dieser Welt, die ausserhalb von einem ist, zu gelangen, und von ihr um jeden Preis anerkannt zu werden, ist falsch, weil seine Basis verbogen ist.

Meine Erfahrungen in Afrika haben mich besser als irgendein anderer Tiefpunkt meines Lebens gelehrt, die Nichtigkeit der Aussenwelt, ihre Eitelkeit zu erkennen. Um meine früheren Tiefstände, Krankheiten und so weiter zu erklären, muss ich gestehen, dass ich schwere Fehler begangen habe. Dadurch wuchs in mir der irrige Glaube, ich würde gerettet, wenn ich solche Fehler nicht mehr beginge, dass alles gut sein und ich Karriere machen könnte, und so weiter. Aber hierher kam ich im Gegenteil voll des guten Willens … Und ich stiess auf eine

Mauer, schlimmer als die eines Gefängnisses, schlimmer als materielle Not. Jedes meiner Worte war vergebens, denn die Menschen antworteten mir: ›Warum sollen wir dir glauben?‹ Richtig. Vielleicht heisse ich gar nicht Christina, aber dennoch – meine Identität, mein ganzes menschliches Sein bleibt. Nur ist es falsch, auf Menschen zu zählen. Wir sind Brüder, jawohl, aber nur wegen unseres gemeinsamen Ursprungs als Kinder Gottes.

Mir blieb nur übrig, das Mittel zu finden, um von dieser Willkür der Aussenwelt nicht verwundet zu werden. Denn wenn ich auch durch Menschenhand oder durch Hunger oder durch einen vom Dach fallenden Ziegel getötet würde – es würde das Ewige in mir nicht berühren. Wir sind ja frei geboren, jenseits aller Gesetze dieser Welt.«

Im Frühjahr 1943 machte ich mir Sorge wegen Christinas langem Schweigen und sandte ihr folgendes Telegramm: »Denk daran, die Wahrheit siegt.«

Aus der Schweiz erhielt ich folgende Antwort: »Christina friedlich am 15. November 1942 verschieden an den Folgen eines Velounfalles im Engadin.«

Christina

in memoriam

Christina, mir fehlt die Tiefe, die aus deinen Augen leuchtete, dein schrankenloses Fordern, dein unstillbarer Drang, der nur durch Absolutes befriedigt werden konnte.

Die Nachricht von deinem Tod traf mich wie eine Lüge, und meine Gedanken weilten von neuem bei dir. Und langsam nur, zögernd, ist die Zahl dieser Blätter gewachsen. Wenn du auch nicht oft darin erwähnt wirst, bist du dennoch auf jeder Seite gegenwärtig, denn jede Seite gibt Kunde von dem Schmerz und den Gewissensbissen, die mich an deine Schritte hefteten. Kannst du mir meine Plumpheit verzeihen, meine falschen Auslegungen, wenn ich versuche, einige deiner Handlungen wiederzugeben? Du kennst mein Herz, seine Bewunderung für deine Redlichkeit, und du weisst, wie unmöglich es ist, dich zu beschreiben. Mögen diese Seiten mir helfen, daran zu denken, dass nur dadurch, dass wir alles fordern, wir hoffen können, das Eine zu erlangen, ohne das, wie wir einst sagten, unser Leben nicht lebenswert wäre.

Trivandrum, Mai 1945

Nachwort

»Je faisais tout en attendant (...) de savoir pourquoi on est là, qu'est-ce qui est la réalité, qu'est-ce qui est important.«[31]
Ella Maillart

Der steinige Weg vom Manuskript zum Buch

Auf abenteuerlicher Fahrt durch Iran und Afghanistan: So hiess die deutsche Erstausgabe des vorliegenden Reiseberichts von Ella Maillart, erschienen 1948 im Zürcher Orell Füssli Verlag. Der Titel versprach Dokumentarisches, tatsächlich Erlebtes, und doch stolpern Engadinkundige gleich auf den ersten Seiten über geographische Ungereimtheiten. Ella Maillart verbrachte, so lesen wir zu Beginn des Reiseberichts, Ferien bei ihrer zukünftigen Reisegefährtin »Christina« in »Silvaplana im Engadin«[32]: »Wir blicken aus dem kleinen Fenster ihres Bauernhauses im Engadin. Es war tiefster Winter. Wolken verhüllten die gegenüberliegenden Hänge des Fextals.«[33] Ein solcher Blick in das weiter südlich gelegene Fextal ist aber von Silvaplana aus gar nicht möglich. Ist Ella Maillarts Erinnerung nicht zu trauen?

Tatsächlich liegen die Gründe für den offensichtlichen Widerspruch anderswo.

Ella Maillart war im Frühjahr 1945 aus Indien in die Schweiz zurückgekehrt und hatte das Manuskript zu ihrer Reise nach Iran und Afghanistan beendet, als sie im Herbst

31 Aus einem Gespräch mit Ella Maillart, 21. Juni 1984 in Chandolin. Video »Ella Maillart et ses itinéraires«. Association Films Plans-Fixes, Yverdon-les-Bains 1984.

32 Maillart, Ella: *Der bittere Weg.* – Lenos Verlag, Basel 2001, S. 13.

33 Maillart, Ella: *Der bittere Weg,* a.a.O., S. 7.

1945 einen Brief von Renée Schwarzenbach, der Mutter ihrer Reisegefährtin Annemarie Schwarzenbach, erhielt: Diese forderte darin vor der Drucklegung Einblick in das Manuskript. Ella Maillart fragte daraufhin ihren Verleger, ob sie »recht hatte zu sagen, dass das Buch bereits Ihnen gehört und dass ich es ihr deshalb nicht schicken kann«[34].

Maillart schlug aber bereits Änderungen vor, so die Abänderung des Namens Annemarie »in Marie-Louise zum Beispiel« und die Streichung eines Buchtitels von Annemarie Schwarzenbach. Maillart war verletzt wegen des mangelnden Vertrauens von seiten der Mutter, und sie fragte sich, ob »sie [die Mutter] sich davor fürchtet, was ich über ihre leidenschaftliche und grausame Liebe zu ihrer Tochter schreiben könnte«[35].

Diese Annahme bestätigte sich, denn Ella Maillart musste alle Passagen, in denen eine schwierige Beziehung zwischen Mutter und Tochter angetönt wurde, streichen. Ausserdem wurde Sils, der wirkliche Standort von Annemarie Schwarzenbachs Engadiner Haus, durch Silvaplana ersetzt, Annemarie hiess Christina, und *Das glückliche Tal*[36] wurde zum »langen Gedicht in Prosa«, damit keine Rückschlüsse auf die wahre Identität ihrer Reisegefährtin mehr möglich waren.

Und so konnte schliesslich Renée Schwarzenbach am 24. April 1946 befriedigt an Ella Maillart schreiben, dass

34 »Was I right to say that the book is yours already and that therefore I cannot send it to her?« Brief von Ella Maillart an ihren Verleger in London vom 13. November 1945, Nachlass Ella Maillart, Bibliothèque publique et universitaire de Genève (im folgenden als »Nachlass E.M.«) – Übersetzung B.K.

35 »Is she afraid of what I might write about her passionate and cruel way of loving her daughter?« ebenda (Übersetzung B.K.).

36 Schwarzenbach, Annemarie: *Das glückliche Tal.* – Morgarten-Verlag, Zürich 1940. Reprint im Verlag Huber, Frauenfeld 1987.

sie seit den kleinen Korrekturen durchaus mit einer Veröffentlichung des Reiseberichts einverstanden sei.[37]

Am Anfang war der Ford

Irgendwann während ihres Aufenthaltes in Sils erzählte Annemarie Schwarzenbach ihrer Freundin Ella, ihr Vater würde ihr nächstens einen neuen Ford schenken. Dieses in Aussicht gestellte Auto war die Initialzündung für die gemeinsamen Reisepläne. »Es war mein Egoismus«[38], war Ella Maillarts Kommentar, als sie später auf diesen Moment zurückblickte: Mit dem eigenen Wagen unbekannte und unbefahrene Gebiete zu erkunden – das war für sie eine unwiderstehliche Versuchung.

Tatsächlich stand das Auto, mit dem die beiden Frauen unterwegs waren, nicht nur am Anfang des Unternehmens im Zentrum, sondern das Gefährt, das sich übrigens innert Kürze als eher ungeeignet für die Reise entpuppte, erhielt immer wieder einen zentralen Platz in Reisebeschreibungen, Briefen und auf Fotos der beiden Frauen. Wenige Tage nach Beginn der Reise schrieb Ella Maillart an ihre Mutter, sie seien »hinten zu schwer beladen, trotz der gegenteiligen Beteuerungen der idiotischen Garage in Zürich«[39]. Der Wagen sass immer wieder am Boden auf, und bald waren die Türen so verzogen, dass sie nicht mehr zu schliessen waren. Der Ford bekam aber trotz der Schwierigkeiten, die er immer wieder bereitete, Sym-

37 Brief von Renée Schwarzenbach an Ella Maillart vom 24. April 1946, Nachlass E.M.

38 Georgiadou, Areti: *Das Leben zerfetzt sich mir in tausend Stücke. Annemarie Schwarzenbach.* – Campus Verlag, Frankfurt a.M./New York 1995, S. 188.

39 »Nous sommes trop chargés à l'arrière, en dépit des assurances contraires de l'idiot garage de Zürich.« Brief von Ella Maillart an ihre Mutter aus Sofia, 13. Juni 1939, Nachlass E.M. (Übersetzung B.K.).

bolcharakter: Dank des Autos konnte die Route frei gewählt werden, die Übernachtungsorte waren dort, wo es Maillart und Schwarzenbach am besten gefiel. Der Ford wurde zum Symbol für Selbstbestimmung und Mobilität.[40]

Das Abenteuer von »zwei Schweizerinnen und ein[em] Ford«[41] begann am 6. Juni 1939 in Genf. Schon etliche Jahre vor der gemeinsamen Reise hatten die zwei Frauen voneinander gewusst, ohne sich wirklich zu kennen. Wo und wann sie sich persönlich kennengelernt haben, lässt sich nicht genau feststellen. Sicher ist aber, dass Miette Seyrig-de Saussure, die Jugendfreundin Ella Maillarts, und deren Mann Henri eine wichtige Vermittlerrolle gespielt haben. Annemarie Schwarzenbach lernte Professor Henri Seyrig in Beirut kennen, als sie im Jahr 1933 an archäologischen Ausgrabungen teilnahm.[42] Zwei Jahre später schrieb sie an Klaus Mann, dass das Ehepaar Seyrig sie in Farmanieh besucht habe.[43] Es bestand offenbar grosse gegenseitige Sympathie.

Maillart ihrerseits erwähnte in *Der bittere Weg,* Miettes Mann habe ihr vor »etwa drei Jahren« zum erstenmal von Christina (Annemarie Schwarzenbach) erzählt.[44]

40 Mehr dazu bei: Sykora, Katharina: »Ausser Kurs. Reisefotografien von Annemarie Schwarzenbach«. In: Willems, Elvira (Hg.): *Annemarie Schwarzenbach. Autorin, Reisende, Fotografin.* – Centaurus, Pfaffenweiler 1998, S. 209–225.

41 »Zwei Schweizerinnen und ein Ford unterwegs in Afghanistan«. Titel eines Berichts von Annemarie Schwarzenbach, erschienen in »Auto«, dem offiziellen Publikationsorgan des Schweizer Automobilclubs, Nr. 9/10, 1940.

42 Brief vom 6. Dezember 1933 an Klaus Mann, in: Fleischmann, Uta (Hg.): *Wir werden es schon zuwege bringen, das Leben. Annemarie Schwarzenbach an Erika und Klaus Mann. Briefe 1930–1942.* – Centaurus, Pfaffenweiler 1993, S. 105.

43 Brief vom 12. Juni 1935 an Klaus Mann, Fleischmann, Uta (Hg.): *Wir werden es schon zuwege bringen, das Leben,* a.a.O., S. 132.

44 Maillart, Ella: *Der bittere Weg,* a.a.O., S. 44.

Wahrscheinlich haben sich Schwarzenbach und Maillart in der ersten Hälfte des Jahres 1938 persönlich kennengelernt. Miette Seyrig bat nämlich in einem Brief vom März 1938 ihre Freundin Ella, sie solle »mille amitiés« an Annemarie ausrichten.[45] Den weiteren Verlauf ihrer beginnenden Freundschaft skizzierte Maillart in *Der bittere Weg:* Schwarzenbach schrieb ihr aus der Klinik Bellevue in Yverdon, sie möge sie doch besuchen kommen. Bis zu Schwarzenbachs Entlassung aus der Klinik sahen sich die beiden Frauen mehrmals und stellten eine grosse Übereinstimmung in ihren Ansichten fest.[46] In einem Brief an Klaus Mann berichtete Annemarie Schwarzenbach, Ella Maillart werde sie wohl in Sils besuchen.[47] Dort entstand die Idee der gemeinsamen Reise.

Doch die Zeit bis zur Abfahrt war nicht unbelastet. Maillart zweifelte immer wieder daran, ob Schwarzenbach die Strapazen der Reise aushalten würde. Auch wurde sie von mehreren Bekannten, von Schwarzenbachs Ärztin, Dr. Favez, ja sogar von Schwarzenbachs Mutter[48]

45 Brief von Miette Seyrig an Ella Maillart vom 24. März 1938: »(...) Mille amitiés à Anne-Marie. J'ai pensé à elle quand j'ai vu en Amérique que les Mann y étaient. C'est une perche de salut qui lui échappe. C'est sa destinée ...« (»Herzliche Grüsse an Anne-Marie. Ich habe an sie gedacht, als ich in Amerika gesehen habe, dass die Manns dort sind. Ein Rettungsanker geht ihr verloren. Es ist ihr Schicksal ...«), Nachlass E.M.

46 Perret, Roger: »Meine ins Ferne und Abenteuerliche verbannte Existenz«. Essay in: Schwarzenbach, Annemarie: *Alle Wege sind offen,* a.a.O., S. 139.

47 »(...) Vielleicht auch Ella Maillart, eine Frau von grösstem Charme und ebensolcher Begabung.« in: Fleischmann, Uta (Hg.): *Wir werden es schon zuwege bringen, das Leben,* a.a.O., S. 173.

48 Im englischen Typoskript von *The Cruel Way* hat Ella Maillart folgenden Abschnitt gestrichen: »As for Annemarie's mother, late during my last evening at home, she telephoned from Zürich to say: ›I know how tiresome my daughter is, I allow you to send her back whenever you want. Please don't tell her that I rang up.‹ However I tried to interpret this message, I could not help being shocked. Was this an example of the difficulties Annemarie had sometimes

vor Annemarie, ihrer Drogensucht und ihrer Schwermut gewarnt. Doch Ella Maillart liess sich nicht abschrecken. Sie wagte die »doppelte Reise«[49] mit ihrer Freundin.

The double journey: Reisemotivationen

Als Maillart und Schwarzenbach ihre gemeinsame Reise nach Afghanistan planten, konnten beide Frauen bereits auf eine ausgedehnte Reisetätigkeit zurückblicken.

Bei Ella Maillart wurde der Grundstein für ihre spätere Lebensgestaltung früh gelegt. Im Jahr 1913, Ella war zehn Jahre alt, mietete ihr Vater am Creux de Genthod am Genfersee ein Haus mit direktem Seeanstoss. Dort verbrachte die Familie fortan die Sommermonate. Zusammen mit ihrer fast gleichaltrigen Nachbarin, Hermine »Miette« de Saussure, segelte sie in jeder freien Minute, und mit dreizehn Jahren gewannen die beiden Mädchen eine erste Regatte auf dem Genfersee. Die sportliche Betätigung wurde Ella quasi ärztlich verordnet, um ihre etwas schwache Konstitution zu stärken, und so fuhr sie im Winter oft mit ihrer Mutter zum Skifahren – eine Sportart, die damals noch als exquisiter Spleen belächelt wurde. Mit sechzehn Jahren gründete Ella den ersten Frauen-Landhockeyclub der Westschweiz. Später nahm sie an den Olympischen Spielen in der Disziplin »Einhandsegeln« teil. Der Sport erfüllte Ella Maillarts Leben, im Gegensatz zum Schulunterricht, dem sie wenig Posi-

alluded to?« – »Her mother's ›permission‹ gave me the sinking feeling that accompanies failure; it remained in me, it hardened into a shield ready for the days of trial when my selfishness could hide behind it.« Typoskript, S. 15, Nachlass E.M.

49 »The Double Journey«. Ursprünglicher, von Ella Maillart vorgesehener Titel für das Buch über diese Reise. Wurde noch im Typoskript handschriftlich in »The Cruel Way« umbenannt. Nachlass E.M.

tives abzugewinnen vermochte. Sie bestand die Matur nicht und blieb auch später ohne Berufsabschluss. Unumwunden gestand sie, sie habe »nie vernünftig darüber nachgedacht, ein geordnetes Leben zu führen«[50].

Als Miette de Saussure ein Segelboot, »La Perlette«, kaufte, hielt die beiden Frauen nichts mehr. Sie unternahmen, knapp zwanzigjährig, eine Tour von Marseille nach Korsika.

Die Drohung von Ella Maillarts Vater, sie müsse als Fremdsprachensekretärin arbeiten oder heiraten, falls sie sich ihren Lebensunterhalt in Zukunft nicht selber verdienen könne, führte Maillart zur Einsicht, dass sie ihre Reisen finanziell nutzbar machen musste. Auf das Reisen konnte und wollte sie nicht verzichten. Es war für sie die einzige Möglichkeit, im Kontakt mit anderen Kulturen der Frage nach dem Sinn des Lebens auf die Spur zu kommen. Sie sei immer »en attendant« gereist, sagte sie später, als Zwischenlösung, in Erwartung einer Antwort auf ihre existentiellen Fragen.[51]

Das erste Unternehmen dieser Art führte Ella Maillart 1930 nach Moskau. Sie bekam ein Visum, weil sie angab, eine Reportage über den jungen sowjetischen Film und über die sowjetische Sportlerförderung schreiben zu wollen – ein Vorwand, wie sie selbst sagte. Mit grösser Offenheit reiste sie in die junge Sowjetunion und berichtete darüber im Buch *Parmi la jeunesse russe*[52]. Das Buch löste in der Schweiz einen Skandal aus: Ella Maillart wurde als Sym-

50 »Jamais je n'ai raisonnablement songé à mener une vie rangée.« In: Maillart, Ella: *La vagabonde des mers.* – Voyageurs Payot, Paris 1991, S. 12 (Übers. B.K.).

51 Interview mit E.M. 1984, Video, a.a.O.

52 Maillart, Ella: *Parmi la jeunesse russe.* – Fasquelle Editeurs, Paris 1932. Deutsch: *Ausser Kurs.* – eFeF-Verlag, Zürich 1989.

pathisantin des Sowjetregimes gestempelt, eine Vereinfachung, die sie tief verletzt hat. Sie zog für ihr weiteres Leben die radikale Konsequenz, »(...) nie über Themen {zu} schreiben oder {zu} sprechen, die an politische Fragen rühren, welche mich im übrigen gar nicht interessieren«[53].

Es folgten weitere Reisen nach Russisch-Turkestan, China (zusammen mit dem Journalisten Peter Fleming) und Afghanistan. Ella Maillart lebte bescheiden, aber doch finanziell unabhängig, von journalistischen Aufträgen oder von Vorträgen über ihre Reisen und von den Büchern, die sie über alle ihre Reisen schrieb.

Darin unterschied sie sich grundlegend von Annemarie Schwarzenbach. Diese blieb trotz Schreibaufträgen finanziell von ihren Eltern abhängig, ein Umstand, der wohl auch zur fatalen Abhängigkeitsbeziehung zwischen ihr und ihrer Mutter beigetragen hat. Im Frühjahr 1939 in Sils blickte Annemarie Schwarzenbach nicht nur auf zahlreiche Reisen, sondern auch auf mehrere Entziehungskuren zurück. Immer wieder hatte sie die Morphiumsucht eingeholt, und sie fühlte, dass sie mit ihren 31 Jahren an einem Punkt angekommen war, wo sie mit ihrem Leben »etwas anfangen«[54] musste. Sie schrieb an Erika Mann: »Ich würde, bliebe ich jetzt im Silser Frieden oder im vertrauten Umkreis, anlehnungsbedürftig bleiben u. ein halbes Krisendasein fristen, wie bisher. (...) Deshalb entschloss ich mich, mir eine Chance zu geben, die einer Reifeprüfung gleicht.«[55]

53 »Ces incidents me furent sensibles (...), et j'en tirai une leçon: ne jamais écrire ni parler sur des sujets touchant aux questions politiques qui, après tout, ne m'intéressent pas.« In: Maillart, Ella: *Croisières et caravanes.* – Editions Payot & Rivages, Paris 1993, S. 96.

54 Maillart, Ella: *Der bittere Weg,* a.a.O., S. 11.

55 Fleischmann, Uta (Hg.): *Wir werden es schon zuwege bringen, das Leben,* a.a.O., S. 87.

Als Annemarie Schwarzenbach und Ella Maillart am 6. Juni 1939 aufbrachen, verfügten sie zwar beide über zum Teil vorfinanzierte Schreibaufträge. Doch im Zentrum der Reise stand zweifellos Schwarzenbachs existentielle Krise. Maillart war entschlossen, ihrer Freundin beim Versuch beizustehen, endgültig von den Drogen wegzukommen. Beide Frauen waren überzeugt, dass das politische Klima in Europa das individuelle Unglück nur noch verschlimmerte. Und damit ist das zweite Ziel der Reise angesprochen: Insbesondere für Ella Maillart, bei Ausbruch des Ersten Weltkrieges elf Jahre alt, waren das Kriegserlebnis und die weitere Entwicklung Europas ein tiefer Schock, der sie zur Überzeugung gebracht hatte, dass die abendländische Zivilisation in einer schweren Krise steckte. Und da Maillart und Schwarzenbach überzeugt waren, dass das gesellschaftliche, äussere Chaos in einem Zusammenhang mit dem eigenen, inneren Chaos stand[56], wollten sie sich selbst auf die Spur kommen, indem sie vorerst das äussere Chaos des krisengeschüttelten Europa hinter sich liessen, um sich fremden Gegenden und Menschen zuzuwenden, die noch »unberührt von unserem unsinnigen Materialismus«[57] waren. Für Ella Maillart bestand ein weiteres Ziel der Reise darin, in Nuristan während eines Jahres in einem Dorf zu leben, dessen Bevölkerung zu studieren und darüber zu berichten. Sie erhoffte sich so die endgültige Aufnahme in den Kreis der Ethnologen, dadurch auch bessere finanzielle Verhältnisse und – endlich – einen anerkannten Beruf, in dem sie reisen musste.[58]

56 Maillart, Ella: *Der bittere Weg,* a.a.O., S. 11.

57 Maillart, Ella: *Croisières et caravanes,* a.a.O., S. 96.

58 »Ce travail une fois achevé, j'avais une chance d'être admise dans la confrérie des ethnologues. Et lorsque j'appartiendrais à une organisation, tout irait mieux; ce serait enfin mon métier de voyager – au lieu de vivoter au jour le jour

Gemeinsam war beiden Frauen ein grosses Misstrauen gegenüber den Entwicklungen der westlichen Zivilisation, jedoch unterschied sich ihr jeweiliger Umgang damit recht deutlich. Annemarie Schwarzenbach wurde immer wieder von tiefen Einsamkeitsgefühlen und existentiellen Ängsten erfasst, denen sie durch Drogenkonsum für kurze Momente zu entfliehen suchte. Zwar hatten diese Schwierigkeiten oft private Gründe, aber krisenhafte gesellschaftliche Entwicklungen verschärften die Situation jeweils deutlich. Sie engagierte sich politisch, so etwa gemeinsam mit Erika und Klaus Mann gegen den aufkeimenden Faschismus. Das wiederum führte immer wieder zu heftigen Zusammenstössen mit ihrer Familie, welche mehr oder weniger offen mit Hitler sympathisierte: eine unerträgliche Zerreissprobe für die Tochter.

Ella Maillart reagierte wie Annemarie Schwarzenbach äusserst sensibel auf alle gesellschaftlichen Entwicklungen in Europa. Doch die Entscheidung, sich konsequent von aller Politik fernzuhalten, liess sie einen anderen Weg einschlagen. Viel radikaler wandte sie sich von Europa ab und richtete ihren Blick auf die Wiege der abendländischen Kultur, den Orient. Schon auf ihren früheren Reisen tauchte Maillart so sehr in die fremden Kulturen der östlichen Völker ein, dass ihr das Zurückkommen immer schwerer fiel: »Ich hatte sogar jegliche Lust verloren, je wieder dorthin zurückzukehren. Meine Gewohnheiten wären nicht mehr die gleichen wie die meiner Mitmenschen, ich würde mich in ihrer Mitte isoliert fühlen, in diesem Westen, wo nichts mich hinzog.«[59]

du produit de mes livres si péniblement rédigés.« In: Maillart, Ella: *Croisières et caravanes,* a.a.O., S. 282 (Übersetzung B.K.).

59 »J'avais même perdu tout désir de jamais y retourner. Mes habitudes ne se-

Maillart engagierte sich nicht primär für ihre eigene Kultur. Sie war vielmehr der Überzeugung, dass dem Westen nur dann zu helfen sei, wenn er sich auf seine Ursprünge besann. Bei ihrer eigenen Suche nach diesen kulturellen Ursprüngen wollte sie die Weisheit der orientalischen Völker kennenlernen. Erst dann traute sie sich zu, sich auch im Westen zu engagieren. So nah sich also Maillart und Schwarzenbach in ihrer gesellschaftlichen Sensibilität waren, so unterschiedlich war ihr Umgang damit. Suchende waren sie beide, und diese Suche verband sie, zumindest zu Beginn ihrer gemeinsamen Reise.

Frauen im Orient

Zwei europäische Frauen machten sich auf, Länder kennenzulernen, wo die einheimischen Frauen traditionellerweise ein von der Aussenwelt abgeschlossenes Leben führten und die Strassen nur vollständig bedeckt mit dem Tschador betreten durften. Diese so andere Frauenrolle konnte Maillart und Schwarzenbach nicht unberührt lassen, sie, die ein unabhängiges Leben geführt haben – frei von vorgeschriebenen Rollenklischees. Tatsächlich war ihre jeweilige Biographie geprägt von Grenzüberschreitungen in bezug auf ihre Geschlechterrollen. Ella Maillart bewegte sich seit ihrer Jugend im Sport und allein auf ihren Reisen mit grosser Selbstverständlichkeit in sogenannten Männerdomänen. Sie kümmerte sich nicht um Konventionen, liess sich allein von ihrer Entdeckerlust und Neugierde leiten. Sie machte Frauenanliegen nicht explizit zum Thema, führte aber ein Leben, das sich um keine geschlechterspezifischen

raient plus celles de mes contemporains, je me sentirais isolée au milieu d'eux, dans cet Occident où rien ne m'attirait.« In: Maillart, Ella: *Croisières et caravanes,* a.a.O., S. 243 (Übersetzung B.K.).

Fesseln kümmerte. Sicher verdankte sie es – zumindest in jungen Jahren – auch ihrer gutbürgerlichen Herkunft, dass sie ein solches Leben ausserhalb der gesellschaftlichen Konventionen führen konnte.

Auch Annemarie Schwarzenbach verliess mit ihrer offen gelebten Liebe zu Frauen und der Morphiumabhängigkeit schon früh die Bahn eines konventionellen Frauenlebens.

Auf ihrer Reise nun begegneten diese beiden unabhängigen Frauen dem Orient, dem – aus europäischer Sicht – Inbegriff des radikal Anderen und Fremden. Und dieses radikal Andere musste Maillart und Schwarzenbach gerade in bezug auf die Frauen mehr als deutlich geworden sein. Die Ansprechpartner auf ihrer Reise waren ausschliesslich Männer. Begegnungen mit Frauen konnten nur auf ihren ausdrücklichen Wunsch stattfinden. So berichtete denn Maillart nur gerade von *einer* Begegnung mit der abgeschlossenen Welt der Frauen.[60]

Alle anderen Frauen beschrieb sie als vorüberhuschende, »vermummte« Gestalten im Tschador, die wie »gackernde Hühner« zur Seite sprangen, wenn sie von Autos erschreckt wurden.[61] Es erstaunt, wie wenig Ella Maillart die Situation der Frauen in ihrem Reisebericht zum Thema gemacht hat. Ja, sie ging stellenweise so weit, die Rolle der orientalischen Frauen ins Lächerliche zu ziehen oder mit einer gewissen Herablassung abzuhandeln. Es fällt schwer zu glauben, dass dies ihre wirkliche Haltung gegenüber diesen Frauen widerspiegelt. Vielmehr

60 Vgl. Maillart, Ella: *Der bittere Weg,* a.a.O., S. 173. Die gleiche Begegnung erzählt auch Annemarie Schwarzenbach in ihrem Text »Im Garten der schönen Mädchen von Kaisar«. In: Schwarzenbach, Annemarie: *Alle Wege sind offen,* a.a.O, S. 62–66.

61 Maillart, Ella: *Der bittere Weg,* a.a.O., S. 158.

müssen wir annehmen, dass sie ihrem Grundsatz treu geblieben ist, sich nie wieder politisch zu äussern – und da gehörte Frauenpolitisches offensichtlich dazu. Diese radikale Absage an alles Politische kann rückblickend nur bedauert werden. Sie lässt Maillarts Reisebericht an manchen Stellen seltsam unengagiert wirken und wirft ein zweifellos falsches Licht auf die Autorin.

Annemarie Schwarzenbach hat das Frauenthema mit weniger Zurückhaltung gehandhabt, und dank ihr wissen wir, dass die Thematik auch Ella Maillart interessiert hat. Zwar konnten die reisenden Frauen wochenlang nur »theoretische Gespräche über die Frauen Afghanistans führen«, weil sie sich lange Zeit »in einem Land ohne Frauen«[62] wähnen mussten. Doch einmal wagte es Ella Maillart, einem »jungen, aufgeschlossenen und klugen Gouverneur« die Frage zu stellen, ob die Frauen Afghanistans die kurze Zeit nach 1929, da sie ohne Tschadorzwang leben konnten, einfach vergessen hätten. Sie konnte sich nicht vorstellen, dass eine – wenn auch kurze – Zeit der Befreiung spurlos an diesen Frauen vorbeigehen konnte. Aber Maillart und Schwarzenbach erhielten nur eine ausweichende Antwort, und sie durften auch die Frauen des Gouverneurs schliesslich nicht besuchen.[63]

Auch Schwarzenbach, die die Frauenfrage sehr wohl thematisierte, schien zwischen Fortschrittskritik und Menschenwürde geschwankt zu haben: »War es richtig, nötig, sie zu bilden und aufzuklären und ihnen den Stachel der Unzufriedenheit zu geben?«[64] Doch letztlich fand Schwarzenbach, dass es »genügt, die dumpfe

62 Schwarzenbach, Annemarie: *Alle Wege sind offen,* a.a.O., S. 62.

63 ebenda, S. 64.

64 ebenda, S. 66.

Knechtschaft von nahem gesehen zu haben, die aus Gottes Geschöpfen freudlose, angsterfüllte Wesen macht – und man wird die Entmutigung abschütteln wie einen bösen Traum, und wieder der Vernunft das Wort reden, die uns auffordert, an die schlichten Ziele eines menschenwürdigen Daseins zu glauben und sich dafür einzusetzen«[65].

Ein gescheitertes Unternehmen?

In Kabul angekommen, schrieb Ella Maillart Ende August 1939 in ihr Notizbuch: »Es geschieht, was ich befürchtet habe: Die Reise wird ein Misserfolg statt eine Rettung (...) denn ein Teil meines Engagements war dazu da, meinen Stolz zu nähren, um mir sagen zu können: ›wenn ich etwas anfange, dann gelingt es‹.«[66] Resignierte und selbstkritische Worte der gleichen Frau, die zu Beginn der Reise überzeugt war, Annemarie Schwarzenbach helfen zu können, weil sie nicht, wie so viele Menschen vor ihr, ihrem grossen Charme erliegen würde.[67] Was war geschehen?

Annemarie Schwarzenbach hatte sich während der Reise immer wieder Drogen beschafft. Das erste Mal, in Sofia, hatte Maillart davon erfahren. Ihre äusserst heftige Reaktion löste bei Schwarzenbach so grosse Schuld- und Versagensgefühle aus, dass sie fortan die Drogen heimlich besorgte und konsumierte.

65 ebenda, S. 71.

66 »Arrive ce que je craignais: le voyage devient un échec, au lieu d'être un sauvetage – j'ai gâché une chose de plus, comme mon équipe FIS, car je m'y suis attachée en partie pour nourrir mon orgueil, pour pouvoir dire: ›quand moi je commence quelquechose (sic), ça réussit‹.« Notizbuch zur Reise mit Annemarie Schwarzenbach, Nachlass E.M. (Übersetzung B.K.).

67 »Mais, sûre de ne pas tomber sous son emprise, je me sentais capable de réussir là, où d'autres avaient échoués.« In: Maillart, Ella: *Croisières et caravanes,* a.a.O., S. 283.

Sowohl Maillart wie Schwarzenbach fühlten sich, in Kabul angekommen, als Versagerinnen, eine Konstellation, die zu heftigen Auseinandersetzungen führte. Maillart warf sich vor, dass sie sich, wie schon immer in ihrem sportlichen Leben, auf »Sieg« eingestellt hatte. Schmerzlich musste sie nun einsehen, dass bereits dieses Ziel ein grosser Irrtum war, dem sie manches an menschlicher Wärme geopfert hatte, in der Meinung, Annemarie gegenüber hart sein zu müssen: »Ich hatte also gerade durch dieses mein Vorgehen, das ich für erfolgversprechender hielt als die Zärtlichkeiten ihrer früheren Freunde, Christina den Weg zu mir versperrt.«[68]

Tatsächlich scheint Maillarts Umgang mit Schwarzenbach eher herb und spröde gewesen zu sein. Jedenfalls schrieb Schwarzenbach an Erika Mann von der Reise: »… dieses strenge Leben, reich u. neu, aber ohne Zärtlichkeit – es kommt mich hart an, u. da es kein Zurück und kein Versagen mehr gibt (die Kontrakte, die Verpflichtung gegenüber Kini) – so wird es gut für mich sein. –«[69]

Die Unterschiedlichkeit der beiden Frauen wurde im Laufe der Reise immer augenfälliger. Ella Maillarts lebensbejahende Art rieb sich an Schwarzenbachs »Lass mich leiden!«[70]

68 Maillart, Ella: *Der bittere Weg,* a.a.O., S. 241.
69 Brief vom 14. Juni 1939. In: Fleischmann, Uta (Hg.): *Wir werden es schon zuwege bringen, das Leben,* a.a.O., S. 87. Vgl. dazu auch Annemarie Schwarzenbachs Tagebucheintrag vom 2. September 1939: »Ella ist ein lauterer und gütiger Kamerad, innerlich besorgt um mich und entschlossen wie am ersten Tag, mir zu helfen, aber sie ist ohne jede Zärtlichkeit, unsere Beziehung ist für mich ungewohnt und herb.« Zitiert nach Perret, Roger: »Meine ins Ferne und Abenteuerliche verbannte Existenz«. Essay in: Schwarzenbach, Annemarie: *Alle Wege sind offen,* a.a.O., Anm. 12, S. 162.
70 Maillart, Ella: *Der bittere Weg,* a.a.O., S. 238.

Hinzu kamen etliche praktische Hindernisse, zum Beispiel Schwierigkeiten mit Grenzbeamten, sowie technische Probleme mit dem Ford. Zum Teil fand eine frappante Vermischung von technischen und persönlichen Schwierigkeiten statt. Das ging so weit, dass man sich bei einem Brief, den Maillart an ihre Mutter schrieb, fragen kann, ob Pannen mit dem Ford quasi als Chiffre für Schwierigkeiten mit Schwarzenbach gelesen werden müssen: »In einem gewissen Sinn ist es langweilig, zweimal die gleiche Reise zu machen, aber das Wichtige war ehrlich gesagt, ein wenig A-M zu trainieren. In dieser Hinsicht waren wir vorsichtig. Wir haben bisher erst eine Reifenpanne gehabt.«[71] Tatsächlich schrieb Ella Maillart in keinem ihrer Briefe an ihre Mutter direkt etwas über Schwarzenbachs neuerliche Drogenprobleme. Der abrupte Übergang vom Thema »Annemarie« auf die Reifenpanne lässt vermuten, dass es sich bei dieser Panne wohl um Schwarzenbachs ersten Drogenkonsum in Sofia gehandelt hat[72]. Wenn wir bedenken, dass die Briefe der beiden Frauen in die Schweiz praktisch alle von den Behörden des jeweiligen Landes zensuriert worden sind, ist eine solche Vorsichtsmassnahme nicht erstaunlich.

Getrennte Wege

Von Kabul aus fuhr Ella Maillart weiter nach Indien, wo sie die Jahre des Zweiten Weltkriegs zubrachte. Annemarie Schwarzenbach verbrachte den Herbst in Afghanisch-

71 »Dans un sens c'est ennuyeux de refaire un même voyage, mais l'important c'était à vrai dire d'entraîner un peu A-M. De ce côté nous avons été prudentes. Nous n'avons eu encore qu'une panne de pneu.« Brief von Ella Maillart an ihre Mutter vom 8. Juli 1939 aus Teheran, Nachlass E.M. (Übersetzung B.K.).
72 Schwarzenbach selbst schreibt in ihren Briefen an Klaus Mann immer von »Thun« oder »Thunfisch«, wenn Morphium gemeint ist.

Turkestan und kehrte im Februar 1940 in die Schweiz zurück. Der weitere Weg der beiden Frauen wurde einmal mehr durch ihr unterschiedliches politisches Engagement geprägt: Ella Maillart sah keinen Sinn darin, nach Europa zurückzukehren, solange die Grundlagen der europäischen Entwicklung nicht radikal anders wurden. Sie blieb in Indien und suchte dort den Kontakt zu verschiedenen Weisen. Schwarzenbach hingegen war überzeugt, »dass wir unseren persönlichen Neigungen erst dann wieder nachgehen dürfen, wenn wir wieder Frieden haben«[73]. Sie musste am Kriegsgeschehen zumindest schreibend Anteil nehmen.

Der Kontakt zwischen Annemarie Schwarzenbach und Ella Maillart brach aber in der ganzen Zeit bis zu Schwarzenbachs Tod nicht ab, und so lässt sich aus Briefen ihre weitere Beziehung nachzeichnen.

Eine einschneidende Veränderung erfuhr Schwarzenbachs Leben nach traumatischen Erfahrungen mit der amerikanischen Psychiatrie und später im Kongo, wo sie als faschistische Spionin verdächtigt wurde. Es gelang ihr aber allmählich, Abstand zu nehmen von den äusseren Erlebnissen, die sie früher immer wieder existentiell bedroht hatten. Von Leopoldsville aus schrieb sie an Ella Maillart, sie sei daran, ein Gleichgewicht zwischen dem schreibenden Ich und der sie umgebenden Welt zu finden: »Ich hatte Lust, Ihnen davon zu berichten, weil Sie mehr als ich über die wirkliche Lebenskraft wissen. Wenn ich bei Ihnen sein könnte, würden wir uns wohl besser verstehen, und ich würde Ihnen weniger Sorgen bereiten.«[74]

73 Maillart, Ella: *Der bittere Weg,* a.a.O., S. 246.

74 »J'ai eu envie de vous en parler parce que vous savez plus que moi sur la

In den Briefen der beiden Frauen war eine deutliche Annäherung zu spüren. Ella Maillart schrieb viel von ihren Erfahrungen in Indien und bat Annemarie einmal mehr, zu ihr nach Indien zu kommen[75]. Doch der Tod Annemarie Schwarzenbachs im November 1942 liess diesen Wunsch nicht mehr Wirklichkeit werden.

Lebensbejahung und Geduld: Ella Maillarts weiterer Weg

Oft finden sich in den Briefen von Maillart an Schwarzenbach, aber auch in ihren Werken, Begriffe wie »le vrai moi«, »le vrai être«, »l'absolue ultime réalité«, »l'unité«, »la soif d'éternité«. Damit wird das Ziel von Maillarts lebenslanger Suche recht genau umrissen: Es war eine Suche nach einer höheren Einheit, bei der die Fesseln des individuellen Selbst abgestreift werden können, bei der die Liebe nicht auf ein einzelnes Wesen beschränkt, sondern allumfassendes Geben ist.[76] Auch bei Annemarie Schwarzenbach beobachten wir diesen Drang nach dem Vollkommenen, Ganzen, dem sie sich nicht zuletzt mit ihrem Schreiben zu nähern suchte. Doch bei ihr war es eine verzweifelte, die Existenz ständig bedrohende Suche, die auch etwas fatal Selbstzerstörerisches in sich barg. Zwar kannte auch Maillart Momente der Trauer und der Ver-

vraie force de vie. Si je pouvais être avec vous, je crois que nous nous entendrions plus, et que je vous donnerais moins de soucis.« Brief von Annemarie Schwarzenbach an Ella Maillart vom 2. August 1941, Fotokopie, Nachlass E.M. (Übersetzung B.K.).

75 Brief Ella Maillart an Annemarie Schwarzenbach vom 5. März 1942, Fotokopie, Nachlass E.M.

76 Vgl. dazu: Maillart, Ella: *Geliebte Seidenpfote.* Mit einer Katze allein durch Indien (englischer Originaltitel *Ti-Puss*). – Piper, München/Zürich 1998. In diesem Buch zeigt Maillart den schwierigen Weg der selbstlosen Liebe am Beispiel ihrer Katze Ti-Puss auf und gibt Einblick in ihr einfaches Leben bei den Weisen Indiens.

zweiflung, und sie zweifelte immer wieder an der Sinnhaftigkeit der menschlichen Existenz. Aber dieser selbstzerstörerische Anteil, der bei Annemarie Schwarzenbach so sehr im Vordergrund stand, fehlte bei Ella Maillart. Bis zu ihrem Tod mit 94 Jahren im Jahr 1997 war ihr Leben geprägt vom metaphysischen Streben nach dem »Einen«, nach der »Wahrheit« oder – wie sie oft auch sagte – der »Realität« hinter der dualistisch gespaltenen (westlichen) Welt. Aber sie hatte die Geduld und die Gelassenheit zu ertragen, dass bei diesem hohen Anspruch wohl der Weg das Ziel sein musste: »J'ai de la patience. Je possède des points de repère pour suivre le chemin qui mène au centre immuable, à l'Un sans second, qui est le premier et le dernier mot de la vie.«[77] Ella Maillart nahm ihr ganzes Leben lang unzählige Wege unter die Füsse, »en attendant«, auf der Suche. Und schliesslich war sie, die in jungen Jahren religiöse Begriffe nur als leere Worthülsen empfunden hatte, eingebettet in ihren eigenen Glauben, der ihr die Ruhe und die Sicherheit gab, die Annemarie Schwarzenbach letztlich im Leben nicht gefunden hatte.

Ella Maillart bewunderte Annemarie Schwarzenbach, etwa für ihre ungeheure Sprachbegabung oder für ihre Hingabefähigkeit. Sie selbst schätzte sich als eher unbegabte Schreiberin ein und analysierte klar, wenn auch mit leiser Wehmut, dass sie bei allem, was sie tat, nie die Kontrolle über sich verlor. Den exzessiven Lebenswandel ihrer Freundin lehnte sie nicht aus moralischen Gründen ab, aber sie fühlte, dass ihr Weg ein anderer war, weniger nah am Abgrund. Ihre Suche nach dem Vollkommenen war immer eine innere Suche, sie erwartete die Erfüllung weder von der Gesellschaft noch von einem geliebten In-

77 Maillart, Ella: *Croisières et caravanes,* a.a.O., S. 313.

dividuum. Und so führte sie ein langes, kontemplatives Leben, oft allein, manchmal sogar einsam, aber von ihrem Chalet »Atchala« in Chandolin aus hatte sie einen herrlichen Blick auf die sie umgebende Bergwelt.

Riehen, November 2000 *Brigitta Kaufmann*

Zeittafel

Arier dringen nach Persien vor	ca. 1400 v. Chr.
Achämeniden-Herrschaft	550–330 v. Chr.
Xenophons Zug der Zehntausend	402 v. Chr.
Eroberungszug Alexanders d. Grossen	330 v. Chr.
Seleukiden	330–200 v. Chr.
Parthisches Reich	200 v. Chr.–222 n. Chr.
Sassaniden-Reich	22–650 n. Chr.
Hsuan-Tsang in Afghanistan	630 n. Chr.
Beginn der islamischen Eroberungen	637 n. Chr.
Kalifat der Abassiden	750–949 n. Chr.
Harun al Raschid stirbt	809 n. Chr.
Imam Reza stirbt	819 n. Chr.
König Kabus (Ziriden-Dynastie 928–1042) stirbt	1012 n. Chr.
Mahmud von Ghasni herrscht	998–1030 n. Chr.
Seldschuken-Herrschaft	1037–1197 n. Chr.
Die mongolischen Ilkhane	1221–1387 n. Chr.
Sultan Üldscheitu stirbt in Sultanieh	1316 n. Chr.
Timuriden	1369–1500 n. Chr.
Gauhad Schad, Schwiegertochter Timurs, stirbt in Herat	1556 n. Chr.
Safawiden in Persien	1501–1736 n. Chr.
Usbeken erobern Herat	1506 n. Chr.
Babur erobert Kabul	1504 n. Chr.
Kadscharen	1798–1925 n. Chr.
Schah Reza Pahlewi	1925–1944 n. Chr.

Höhen und Entfernungen

Simplon-Pass	2009 m
Kop-Pass (Pontisches Gebirge)	ca. 2800 m
Ararat	5156 m
Kandewan-Pass (Elbursgebirge)	ca. 2990 m
Firuskuh	ca. 2070 m
Demawend	5670 m
Bamian	ca. 2580 m
Schibar-Pass	ca. 2980 m
Kabul	1797 m

Genf–Istanbul		2815 km
Trapezunt–Persische Grenze		645 km
Grenze–Täbris (via Choi)		285 km
Täbris–Teheran		630 km
Teheran–Gumbad-i-Kabus		490 km
Gurgan–Schahrud		195 km
Schahrud–Meschhed		508 km
Meschhed–Afghanische Grenze		250 km
Islam Kaleh–Herat		122 km
Herat–Masar-i-Scherif		821 km
– Kala-Nau	160 km	
– Bala-Murghab	115 km	
– Maimeneh	172 km	
– Andchoi	136 km	
– Balchv	214 km	
– Masar	24 km	
	821 km	

Masar-i-Scherif–Kabul (direkt)		756 km
– Heibag	144 km	
– Do-au	219 km	
– Bamian (ca.)	80 km	
– Bend-i-Emir	77 km	
– Bamian–Kabul	236 km	
	756 km	
Kabul–Peschawar (Indien)		402 km
		7919 km

Entfernungen auf der Südstrecke:

Herat–Kandahar	540 km
Kandahar–Kabul	515 km

Literatur

(Die angegebenen Verlage befinden sich in London, wenn kein anderer Ortsname angegeben ist)

Armstrong: *Lord of Arabia,* 1934, Barker.

Aurobindo Ghose: *Gedanken und Einblicke.* Arya Publ. House, Calcutta 1932. Deutsche Übersetzung von Alwina v. Keller, 1943, Zürich, Rascher.

Babur: *Memoirs,* trans. John Leyden, 1827.

Boveri, Marg.: *Vom Minarett zum Bohrturm,* 1939, Atlantis Verlag Zürich.

Bretschneider: *Medieval Researches,* 1910, Kegan Paul.

Brown, J. P. and Rose, H. A.: *The Darvishes,* 1927, Oxford Univ. Press.

Browne, E. G.: *Year Amongst the Persians,* 1926, Cambridge Univ. Press. – *Literary History of Persia,* 1920, Cambridge Univ. Press.

Byron, Robert: *Road to Oxiana,* 1937, Macmillan.

Darmesteter, J.: *Zend Avesta,* 1895, Oxford.

Donaldson, B. A.: *The Wild Rue,* 1938, Luzac.

Filmer, Henry: *Pageant of Persia,* 1937, Kegan Paul.

Firdausi: *Shah Nameh,* Jules Mohl, 1838–1878, Paris, Bibliothèque Nationale.

Grote, G.: *History of Greece,* vol. IX, Murray, 1856.

Grousset, René: *In the Footsteps of the Buddha,* 1932, Routledge.

Hamilton, Angus: *Afghanistan,* 1906, Heinemann.

Herrlich, A.: *Land des Lichtes,* 1938, München, Hirth und Knorr.

Ibn Batuta: *Travels,* 1929, Routledge.

Komroff: *Contemporaries of Marco Polo,* Cape, 1928.

MacGregor, C. M.: *Central Asia,* part IV, Calcutta, 1871, Gov. Print.

Maillart, E. K.: *Turkestan Solo,* Rowohlt, Berlin, 1939.

Malcolm, Sir John: *History of Persia,* 1815, Murray.

Mann, Thomas: *Der Zauberberg,* Beermann-Fischer Verlag, Stockholm.

Nicholson, R. A.: *The Mystics of Islam,* 1914, London.

Pallis, Marco: *Peaks and Lama,* 1939, Cassell.

Polo, Marco: *Travels,* Dent's Everyman's Library, 1914.

Pope, A. U.: *Introduction to Persian Art,* 1930, Peter Davies.

Reitlinger, G.: *A Tower of Skulls,* 1932, Duckworth.

Stratil-Sauer: *From Leipzig to Kabul,* 1929, Hutchinson.

Sykes, Sir Percy: *History of Persia,* 1915, Macmillan.

Sykes: *History of Afghanistan,* 1940, Macmillan.

Tarik-i-Rashidi: *Sir Denison Ross,* 1895, Low.

Tolstoij, Leo: *Krieg und Frieden.*

Trinkler: *Through the Heart of Afghanistan,* 1928, Faber and Gwyer.

Xenophon: *Anabasis.* Übersetzung von Dr. M. Oberbreyer, Leipzig, Reclam.

Der Lenos Verlag wird vom Bundesamt für Kultur mit einem Strukturbeitrag für die Jahre 2026–2028 unterstützt.

Hersteller
Lenos Verlag
Spalentorweg 12
4051 Basel
Schweiz
lenos@lenos.ch

MIX
Papier | Fördert gute Waldnutzung
FSC® C083411

Importeur
Prolit Verlagsauslieferung
Siemensstraße 16
35463 Fernwald
Deutschland
gpsr@prolit.de